논어 愛人과 知人의 길 ②

모르면 모른다 하는 것이 곧 아는 것이다

논어 - 인간관계의 철학 ②
모르면 모른다 하는 것이 곧 아는 것이다

지은이 윤재근
펴낸이 양동현
펴낸곳 도서출판 나들목

출판등록 제 6-483호
　　　　주소 136-034, 서울 성북구 동소문동4가 124-2번지
　　　　전화 02) 927-2345 팩스 02) 927-3199

초판 1쇄 발행 2003년 6월 20일
초판 3쇄 발행 2011년 10월 25일

ISBN 978-89-90517-69-2 04150
　　　　978-89-90517-03-6(전3권)

www.nadeulmok.co.kr

논어 愛人과 知人의 길 ②

모르면 모른다 하는 것이 곧 아는 것이다

윤재근 지음

나들목

《論語 인간관계의 철학》을 3권으로 묶어 초판을 출간했던 때가 1991년 동짓달이었다. 10년이 넘어 제목을 《論語 애인(愛人)과 지인(知人)의 길》로 바꾸고 표지와 편집도 달리해 새로운 모습으로 독자들 앞에 다시 나오게 되었다. 내용은 그냥 두고 새 옷을 입힌 셈이다.

30대를 보내면서 삶의 명암(明暗)이 나를 서글프게 하거나 힘들어 지치게 할 때면 나는 성현(聖賢)들을 뵙고 나를 철들게 하려고 했던 버릇이 있었다. 나는 그런 버릇을 내 행운으로 여기고 산다. 젊어서부터 성현을 뵐 때마다 내 나름대로 성현의 말씀을 듣고 체험한 바를 비망록(備忘錄)으로 간직해 두곤 했었다. 나는 항상 성현을 할아버지로 여기고 뵈었지 철인(哲人)으로 여기지 않았다. 그랬던 내 버릇은 지금도 변함이 없다.

《논어》를 '애인(愛人)과 지인(知人)의 길'이라고 한 것은 《논어》를 철학으로만 볼 것이 아니라 그 세계를 담론(談論)으로 여기고 체험한다는 뜻을 간직하고 있기 때문이다. 성현을 연구해 보자고 할 것이 아니라 성현의 말씀을 체험해 보자는 것이다. 나는 《논어》를 연구하는 전문가가 아니다. 《논어》를 성현의 말씀이 담긴 이야기로 여기고, 그 성현을 할아버지로 뵙고 나는 손자가 된 마음가짐으로 성현의 말씀을 체험하려고 했다. 만일 《論語 애인(愛人)과 지인(知人)의 길》이 연구서(研究書)였더라면 복간(復刊)이 아니라 개정판(改訂版)으로 나와야 의미가 있을 것이다. 그러나 《論語 애인(愛人)과 지인(知人)의 길》은 연구서가 아니라 성현의 당부를 잊지 않고 간직하기 위한 우리 모두의 비망록(備忘錄)이 될 수 있다는 믿음에 복간하는 것이 좋겠다는 생각이 들었다.

살아가면서 괴롭고 쓰라릴 때일수록 《논어》를 만나 성현을 뵙고 손자가 되어 보기를 권하고 싶다. 《논어》를 만나 성현들의 말씀을 들으면 막막하던 미래가 밝아지고 옹색하게 묶여 끙끙거리던 나에게서 벗어나 자유로운 삶을 누리는 또 다른 나를 발견할 수 있다. 이런 비밀을 나는 내 체험을 빌어 장담해 두고 싶다.

《논어》는 나에게 내 자신을 닦으라고 한다. 내 밖을 닦지 말고 내 속을 먼저 닦으라고 한다. 그리고 내가 좇고 싶어하는 명성에 얽매이지 말고 내 자신을 닦아 남을 먼저 사랑해 보라고 한다. 그러면 매우 작아 보였던 내 자신이 엄청 커지는 살맛을 느끼는 순간과 마주하게 된다. 여기서 살아가는 새로운 힘이 솟는 법이다. 새롭게 사는 힘을 남김없이 주는 《논어》를 만나면 저마다 삶을 자신과 세상을 함께 해 가는 힘을 성현의 큰 마음으로부터 얻어 낼 수 있다.

성현의 큰 마음보다 더 소중한 삶의 선물은 없음을 확인하리라고 확신한다. 그래서 《論語 애인(愛人)과 지인(知人)의 길》의 복간이 내 자신에게도 새삼스럽다. 온 정성을 다해 복간해 준 도서출판 나들목 양동현 사장님이 고맙다.

2003년 5월

세상에서 변하지 않는 것은 없다. 이는 만물이 시간을 떠날 수 없음을 말한다. 시간이란 무엇인가? 이러한 물음은 옛날부터 해 왔지만 모두 변화하는 것으로 파악했고 깨우쳤을 뿐이다. 우리는 시간이 흐른다고 한다. 그 흐름이란 변함을 의미한다. 그러나 시간이 어디로 흐르는지는 아무도 모른다. 아무도 알 길 없는 시간의 앞을 우리는 미래라는 이름으로 부른다. 인간이 미래를 모른다는 것은 시간의 흐름이 어떤 모습을 보일 것인지를 모른다는 것과 같다. 시간의 흔적을 살펴서 인간은 앞을 내다보는 지혜를 갖고 있다.

공자는 시간의 흔적을 '온고(溫故)'라고 했다. 그리고 거기서 앞을 내다보는 것을 공자는 '지신(知新)'이라고 했다. '온고'는 옛것을 살핀다는 것이며 '지신'은 새것을 안다는 말이다. 즉 새것을 알자면 옛것을 살펴야 한다는 말이다. 석가여래의 말을 빌린다면 모든 것이 무상(無常)하므로 깨우쳐야 하고, 노자의 견해를 빌린다면 모든 것이 반자(反者)이므로 생각해야 한다. 그렇다면 어떻게 깨우쳐야 하는가? 노자나 여래는 변하는 것들을 다스리는 법을 깨우칠 것이며 도를 깨우치라고 했다. 그러나 공자는 변하는 것을 통해서 다시 변할 것을 깨우치라고 했다. 이러한 공자의 생각을 곧 온고이지신(溫故而知新)이라고 한다.

우리는 엄청나게 변했다. 생각도 많이 변했고 몸가짐도 많이 변했다. 쉽게 말해 조선 시대의 우리와 지금 우리는 무척 달라졌다는 말이다. 지금 우리를 엄청나게 달라지도록 한 것은 서양 문물의 영향이라고 보아도 된다. 그래서 조선 시대의 우리는 옛날의 우리이고 지금 우리는 새로운 우리이다. 그러나 이러한 변화가 유별난 것은 아니다. 시간은 사람을 변화시키기 때문이다.

변화하지만 변할 수 없는 것을 공자는 인의(仁義)라고 했다. 변하는 것은 변하지 않는 것에 다스림을 받아야 한다고 믿는 것이 신이요 법이며 도이다. 공자는 인간의 도를 인의라고 보았다. 〈논어〉는 이러한 인의가 왜 사람과 삶의 근본 가치인가를 알게 한다. 사랑하는 것과 옳은 것은 변하지 않는다.

2003년 5월
尹在根

■ **차례**

제2장 〈태백(泰伯)〉 편

제3장 〈자한(子罕)〉 편

제4장 〈선진(先進)〉편

제5장 〈안연(顏淵)〉 편

제6장 〈자로(子路)〉 편

정상(頂上)의 대담(對談)

1. 정상(頂上)의 대담(對談)

세계가 대전(大戰)에 휘말려 인간의 앞날이 절망적일 때 칼 구스타프 융(Carl Gustav Jung)은 세계의 석학들이 만나 대담을 나누는 자리를 마련했다. 그가 마련했던 자리를 에라노스(Eranos)라고 부른다. 에라노스란 말은 서로가 가진 것을 나누어 갖는다는 것을 뜻한다.

왜 융은 이러한 생각을 했을까? 패권(覇權)에 대한 욕망이 인간의 앞날을 위협하고 그로 인해 인류가 전멸할 수 있다는 공포를 극복하기 위해 그러한 석학들의 만남을 주선했던 것이다. 패권이란 서로 나누어 가지려는 것이 아니라 남의 것을 빼앗아 독차지하려는 행위이다. 그리고 패권에 뜻을 둔 자는 아군과 적군을 정해 놓고 주도권 다툼을 벌여 모든 것을 독점하려 하기 때문에 결코 야심을 버리지 않는다. 에라노스를 통해 참석자들은 이러한 위기를 극복할 수 있는 인류의 지혜를 모았다. 이 얼마나 인류를 위하여 환상적이고 희망적인 대담인가.

이제 인간은 위기의 절정에서 헤매고 있다. 전쟁의 공포보다 더 무서운 인간의 공황을 두려워해야 하는 지경에 이른 것이다. 그러한 지경을 우리들은 인간 부재 현상이라며 걱정한다. 인간이면서도 인간이 아닌 상태로 우리들이 변해 버린다면 얼마나 무서울 것인가. 욕망의 성취를 극대화하려는 서구의 휴머니즘(Humanism)은 절망의 벽에 부딪칠 수밖에 없다. 욕망이란 한이 없는 까닭이다.

오늘날의 인간 부재 현상은 바로 인간들이 욕망의 노예로 전락한 데서 그 연유를 찾을 수 있다. 인간 부재에서 인간 회복의 길로 돌아가기 위해서는 먼저 욕망의 절제가 맨 앞자리에 서야 한다. 그래서 오늘날 동양의 사상이 주목을 받고 있는 것이다. 왜냐하면 동양의 갖가지 사상은 욕망의 절제로 통하기 때문이다.

사상의 정상들을 서로 만나게 해서 서로의 생각을 말하게 한다고 상상해 보면 어떨까? 사상의 정상 대담이라고 상상해도 될 것이다. 공자가 노자를 만나 대담을 하고 다시 공자가 여래를 만나 대담을 한다고 상상해 보는 것이다. 서로 만나면 생각을 주고받을 뿐 주장하지는 않으리라 싶다.

2. 노자와 공자의 정치 대담

공자가 노자를 방문했다는 기록도 있다. 물론 사실인지는 알 수 없다. 나아가 노자는 실존했던 인물인가에 대해서도 의견이 분분하다. 그러나 노자가 공자보다 한 스무 살쯤 위인 것으로 짐작할 뿐이다. 어쨌든 이 두 사상의 정상이 만났다고 가정해 보자.

공자가 노자의 집으로 찾아가 서로 수인사를 나눈다. 노자는 미소를 지으며 찾아온 공자를 자리에 앉으라고 청한다. 노자의 집에는 녹차와 같은 마실 것은 없다. 그냥 물이면 된다. 앉을 의자도 없다. 그냥 바닥이면 된다. 노자의 집에 온 이상 차 대신 그냥 물을 마시고 의자 대신 방바닥에 앉으면 된다고 공자는 생각한다. 노자는 집이 누추하다고 말하지도 않는다. 그럴 필요가 없다. 노자에게는 예가 문제되지 않는다. 공자는 이를 알고 있으므로 누추한 방이라고 흉볼 생각을 하지 않는다.

둘이서 마주보고 앉아 있지만 노자는 그저 미소만 짓고 있다. 먼저 공자가 세상이 소란스러워 걱정이라고 말문을 연다. 노자도 머리를 끄덕이며 동감을 표시한다. 다스림이 잘못되어 세상이 무서운 지경이라고 공자가 한탄한다. 노자도 그렇다고 머리를 끄덕인다.

"나라를 다스리자면 백성의 배를 부르게 하고〔足食〕방비를 튼튼히 할 것이며〔足兵〕백성으로부터 신용을 얻어야 할 것〔足信〕입니다. 셋 중에서 하나를 버린다면 무기를 버려야 할 것이고, 둘 중에서 하나를 버린다면 양식을 버려야 할 것입니다. 백성으로부터 신용을 잃어버린다면 나라 자체가 무너져 버립니다."

이렇게 공자가 정치에 관해 말문을 열었다.

"정치를 하는 사람이 먼저 마음을 비워야 하지요〔虛其心〕. 소유하려는 욕심, 지배하려는 욕심, 명성을 얻으려는 욕망 따위를 버려야지요. 백성의 배를 부르게 해서 굶주리지 않게 해야 하지요〔實其腹〕. 그러자면 야망이 약해져야겠지요〔弱其志〕. 그러면서도 백성과의 골격을 튼튼히 해야 할 것이지요〔强其骨〕. 백성들로 하여금 지식이라든지 야망을 품지 않게 하는 것이고 있는 그대로의 자연으로 돌아가게 해야겠지요. 말하자면 지식인들이 잔꾀를 부리지 못하게 해야 하는 것이지요. 이처럼 무위로 정치를 하면 천하는 제대로 다스려지는 법이지요."

이렇게 노자가 정치에 관해 밝혔다.

공자는 치자가 백성의 신용을 얻기 위해 노력해야 한다고 말하고 노자는 그저 마음을 비우고 잔꾀를 부려 욕심을 내지 말아야 한다고 말한 셈이다. 결국 공자는 인위를 앞세우고 노자는 무위를 앞세우는 사상이다. 그러나 공자나 노자 같은 사상의 정상들은 서로 생각을 들어줄 뿐 시비를 걸지 않는다. 무엇 하나만을 절대라고 고집하게 되면 다른 것들이 들고일어나는 까닭이다. 무위로 정치를 하자는 노자의 의견을 받아들일 수는 없지만 치자가 마음을 비워야 한다는 것과 백성의 배를 부르게 하고 마음을 바르게 갖도록 해야 한다는 생각에는 노자나 공자가 모두 같다. 그러므로 서로 뜻을 나누면 된다.

"서로 싸우고 헐뜯기만 하니 세상은 원한으로 그득합니다. 원한을 원한으로 갚으면 원한은 두 배가 되고 맙니다. 원한은 덕으로 갚아야 합니다〔以德報怨〕." 이렇게 공자가 말하자 노자는 머리를 끄덕이며 자신도 동감이라고 맞장구를 친다. 원한을 덕으로 갚아야 한다는 것은 공자도 말했고 노자도 말했다. 다만 노자는 덕을 만물의 근본으로 보았고 공자는 사람의 근본으로 보았음이 다를 뿐이다. 그러나 다 같이 원수를 원수로 갚지 말고 덕으로 갚아야 한다는 생각을 간직한 까닭에 세상의 아픔을 어떻게 치유해야 하는가에 대한 뜻은 공자나 노자나 하나인 셈이다.

무위(無爲)와 인위(人爲)를 놓고, 아니면 자연과 문화를 놓고 나아가 도와 인을 놓고 노자와 공자는 시비를 걸 생각은 하지 않는다. 이러한 생각도 있고 저러한 생각도 있을 수 있다. 다만 공자는 사람의 문제를 제일로 쳤고 노자는 만물 속에 사람을 포함시켰을 뿐이다. 그러나 세상을 다스리는 문제에 관해서는 공자와 노자는 어떤 합의점에 이른 셈이다. 왜냐하면 공자는 치자에게 마음이 곧기를 주문하고 노자는 텅 빈 마음을 갖기를 주문하기 때문이다. 곧은 마음이란 욕심을 버린 것이요, 비운 마음 역시 욕심을 버린 것이다. 그러므로 치자들이여, 마음을 비우고 야심이나 야망을 권력의 추구로 탕진하지 말라는 말을 노자와 공자가 서로 주고받은 것이다. 이렇게 공자와 노자가 서로 만났다고 상상하면 할수록 캄캄한 세상이 밝아질 것이다.

3. 공자와 여래의 인간 대담

마음속에서 공자와 여래가 만났다고 상상하면 거의 환상적인 즐거움이 온다. 공자는 여래를 몰랐을 것이고 여래도 공자를 몰랐을 것이다. 그러나 공자로부터 연유된 말이나 여래로부터 연유된 말을 듣다 보면 서로 만나서 의견을 나누면 서로 통하는 미소를 지었을 것이라고 상상된다. 유교가 다르고 불교가 다르다는 것은 사실이다. 그러나 인간에 대한 생각은 서로 통한다.

삶이란 고(苦)가 아니냐고 한 여래는 인생을 불쌍히 여겼고 삶이란 뜻 있는 것으로 여겼던 공자는 인간과 그 삶을 믿었다. 물론 여래는 현실의 무상함을 앞세워 죽음 뒤의 세상을 많이 설파했지만 그 깨우침의 경지는 생사가 없는 절대의 경지이다. 그러나 그러한 절대의 경지를 공자는 생각할 겨를이 없다고 실토한다. 사는 문제도 잘 못 풀면서 죽음 뒤의 문제를 어찌 알 것이냐고 공자는 밝힌다.

공자가 여래를 만난다면 그 장소는 어디가 좋을까? 보리수나무 밑이어도 될 것이고 길거리여도 된다. 여래는 항상 고생하는 천민들에게 희망을 안겨 주려고 궁궐을 뛰쳐나와 천하를 돌아다녔다. 공자는 백성을 고생시키는 폭군들을 고치기 위해 이 나라 저 나라를 돌아다녔다. 여래가 궁궐에서 나온 것이나 공자가 궁궐을 찾아다녔던 것이나 그 뜻은 모두 같다. 세상 사람들이 고통 없이 살 수 있게 하려고 그렇게 했던 것이다. 그러니 그저 공자와 여래가 길가에서 서로 만났다고 상상하자.

여래가 자비로운 미소로 공자를 맞이하면 공자는 예를 갖추어 응대한다. 항상 미소를 머금은 여래의 얼굴을 보고 공자는 마음이 편하고 항상 겸허한 공자의 모습을 보고 여래 또한 마음이 편해진다. 이처럼 깨우친 사람들이 만나면 허물이 없어진다. 본래 공자가 말하는 대인이나 여래가 설파하는 보살은 마음이 넓고 깊고 커서 옹졸하지 않다.

"사는 일이 얼마나 고통스럽습니까? 태어나 병들고 늙어 죽어 가는 모습을 보면 애처롭기 짝이 없습니다. 이러한 운명의 구속에 걸려 참으로 자유로운 삶을 놓치고 사는 중생들이 불쌍합니다. 이러한 지경을 넘어서 그러한 고통이 없는 경지로 안내하려고 모든 중생에게 다음처럼 알려 줍니다. 바르게 보라〔正見〕, 바르게 생각하라〔正思惟〕, 바르게 말하라〔正言〕, 바르게 일하라〔正業〕, 바르게 닦아라〔正精進〕, 바르게 마음을 써라〔正念〕, 그리고 바르게 다짐하라〔正定〕. 그러면 누구나 자비로운 사람이 되겠지요."

이렇게 여래가 나지막하고 부드러운 목소리로 인간이 되는 길을 말한다.

이 말을 들은 공자는 고개를 끄덕인다. 아마도 동감이란 표시일 것이다. 인간의 길을 닦자면 그 길은 바른 것〔正〕이 되어야 하고 곧은 것〔直〕이 되어야 하기 때문이다. 그래서 공자도 인간의 길을 다음처럼 밝힌다.

"부끄러움을 알아야 하지요. 해야 하는 일이 있고 하지 말아야 할 일이 있음을 알면 누구나 수치스러워합니다. 그래서 부끄러울 것이 없는 사람은 그 몸가짐이 바르고〔其身正〕, 살아가는 것이 곧고〔人生直〕, 말하는 것과 행하는 것이 같게 되는 경지〔正名〕에 들게 마련입니다. 그러면 누구나 어진 사람이 되겠지요."

공자가 부드러운 목소리로 이렇게 말하자 여래도 역시 고개를 끄덕인다. 아마 여래도 공자의 말에 동감을 표시하는 눈짓일 것이다.

모든 중생에 자비하라는 여래의 말이나 나보다 먼저 남을 사랑하라는 공자의 말이나 다를 바 없다. 인의예악(仁義禮樂)이 어떻고 공색해탈(空色解脫)이 어떻다고 서로의 입장을 밝힐 필요가 없다. 깨우치고 나면 모든 것이 꿈처럼 허무한 것이고 짓는 업마다 고통스럽다고 해서 삶을 포기하고 죽을 수는 없는 것이 아닌가. 어떻게 하면 제대로 살 수 있단 말인가? 바르게 보라고 한 여래의 말이나 바르게 몸가짐을 하라는 공자의 말이나 모두 그 방법의 급소를 찌르고 있는 셈이다.

위와 같이 말해 주는 여래나 공자를 마음속에 초대하여 서로 대담을 나누게 하면 사는 일이 유유해지고 든든해진다. 어느 세상에서나 중요한 것은 사람이 문제이다. 행복도 사람의 손에 달려 있고 불행도 사람의 손에 달려 있다. 물론 행복만 탐하고 불행을 멀리하고 싶은 소망은 누구에게나 있지만 모두가 그렇게 될 수 없다. 수많은 사람들이 서로 얽혀 더불어 사는 이 세상에서 공자와 여래가 만나 주니 마음속이 후련해진다.

제1장
〈술이(述而)〉편

1. 〈술이(述而)〉편의 체험

(1) 버릴 것과 얻을 것

새 술은 새 독에 담으라고 한다. 이는 탈바꿈하라는 말이다. 그러나 사람은 나비처럼 탈바꿈할 수 없다. 왜냐하면 인간은 어쩔 수 없는 문화의 동물인 까닭이다.

문화는 돌연변이로 이루어지지 않는다. 그것은 수많은 시간을 들여서 쌓은 삶의 흔적이기 때문이다. 인간은 이러한 흔적을 떠날 수 없다. 소도 언덕이 있어야 근지러운 등을 비비는 것처럼 문화라는 삶의 흔적도 그러한 언덕과 같다.

공자께서 따라했을 뿐 조작하지 않았다〔述而不作〕고 말씀한 것을 우리는 다시 새겨 보아야 한다. 이 말씀을 들으면 다음처럼 두 갈래의 의문이 생긴다. 따라하는 것〔述〕을 무작정 흉내내는 것으로 새겨도 될까? 조작하는 것〔作〕을 창조라고 여겨도 될까?

짚신을 고무신으로 바꾸고 고무신을 구두로 바꿔 신었다고 발까지 바뀌는 것은 아니다. 모든 일에는 근본이 있고 말단이 있게 마련이다. 발이 근본이라면 신발은 말단일 뿐이다. 말단은 근본을 바탕으로 변화되어야 한다. 공자의 '술이부작(述而不作)'은 그렇게 받아들이면 될 것이다.

발에 맞추어 신발을 신으면 된다. 구두를 신는 시대에 짚신을 신어야 한다고 우기는 것은 공자의 말씀에 어긋난다. 공자께서 따라한 것은 믿을 수 있고 좋은 옛것이기 때문이다. 짚신이 발보다 크면 뒤축이 한사코 벗겨져 편안하게 걸음을 걸을 수 없다. 반대로 짚신이 너무 작아도 뒤축이 발뒤꿈치를 갉아 발목이 부어 걸음을 걸을 수 없다. 그러므로 짚신이 신발 구실을 제대로 하려면 발에 딱 맞아야 한다. 여기서 발에 신발을 맞춰야지 신발에 발을 맞출 수 없다는 진실을 알게 된다.

이러한 진실은 구두에도 통한다. 구두 역시 발에 맞춰야 신발 구실을 제대로 할 수 있다. 공자는 이러한 진실을 따랐다고 밝힌 것이다. 그러면 공자가 믿고 즐겨 따랐던 것은 무엇일까? 그것은 인의(仁義)의 도(道)이다. 그리고 그 도를 널리 펼치는 것이 곧 덕(德)인 것이다.

사람의 마음을 아프게 하면 부덕이요 사람의 마음을 편하게 하면 덕인 것이다. 공자는 덕을 따랐을 뿐 조작하지 않았음을 '술이부작'은 밝힌다. 공자가 스스로 인의나 덕을 개창(開創)한 것이 아니라 옛 성군의 덕치에서 찾아 밝힌 것으로 여기면 된다. 물건이나 지식은 교류되지만 덕은 사고팔 수 없다. 덕이라는 것은 삶을 타고 면면히 내려오는 까닭이다. 그러므로 공자는 철저한 전통주의를 확립한 것이다.

〈술이〉편에서는 보수주의가 아니라 진정한 전통주의가 무엇인가를 체험하게 한다. 서구는 전통을 파괴로부터 창조로 이어지는 발전의 모체로 보지만 동양은 전통을 전수받을 권위로 보았다. 이러한 권위는 분명 미래로 향하는 발전에 대한 소극적인 태도를 지녔다고 여길 수도 있다. 그러나 오늘을 부정하고 내일로 되돌아가자는 것은 아니다. 다만 근본을 존중하면서 변화하자는 것이다. 그러한 생각을 공자는 '옛것을 살펴서 새것을 알아야 한다〔溫故而知新〕.'고 밝히고 있다.

'온고이지신'이란 말의 참뜻은 신발은 바꾸어 신어도 발은 잊지 말라는 뜻이며 호랑이 등에 업히더라도 정신은 잃지 말라는 뜻으로 새기면 될 것이다. 발에 맞는 새 신을 고르기 위해서는 발의 크기를 먼저 알아야 한다. 새 신이 좋다고 무턱대고 덤비다 보면 발병이 나고 만다. 이러한 발병을 막기 위해서는 돌다리도 두드리며 건너가는 마음이 필요하다. 이러한 마음가짐이 곧 공자의 전통주의요, 그것을 '온고이지신'의 '술이부작'이라고 보아도 된다.

옛것을 위해 새것을 배척하거나 배타할 필요는 없다. 본래 덕이란 하늘의 햇빛과 같은 것이지 관청에서 발급한 증명서 같은 것이 아니다. 말하자면 덕은 어떤 이념에 따라 형성되는 것이 아니다. 그러므로 덕을 알고 실천했던 성인, 현자들의 빛을 받아 인간의 정신을 성성하게 하면 된다. 햇빛을 받지 못한 푸성귀는 죽듯이 사람도 덕이라는 빛을 받지 못하면 인간성이 모질어지고 말라 버리고 만다. 공자의 전통주의는 이러한 인간의 고사(枯死)를 두려워하고 무서워하는 데서 출발한다.

(2) 사람이 되는 길

사람은 물품이 아니다. 물품은 하루가 멀다 하고 모델이 바뀌고 질도 부단히 개선되어 쓰기 편하게 만들어진다. 그러나 사람은 그렇게 될 수 없다. 무엇이 옳고 그르며 무엇이 선이고 악인가를 아는 살아 있는 목숨인 까닭이다. 그래서 인간에게 있어서 시비를 가리고 선악을 가리는 마음의 길은 유행처럼 바뀌지 않는다.

황인도 사람의 길을 걸어왔고 백인도 사람의 길을 걸어왔으며 흑인도 사람의 길을 걸어왔다. 옛날에는 서로 고립되어 제각기 길을 걸었지만 지금은 세상이 좁아져서 서로 섞여서 사람의 길을 걷는다. 그렇다고 황인이 백인이 되고 백인이 황인으로 탈바꿈되는 것은 아니다. 그것은 피부 색깔 때문에 그런 것이 아니라 걸어온 걸음걸이가 서로 다르기 때문이다.

모든 인류가 나름대로 사람의 길을 걷지만 그 걷는 모습은 서로 다르다. 이를 우리는 문화의 이질성(異質性)이라고 한다. 이 때문에 아무리 섞여 살아도 민족이나 종족 사이에는 엄연히 골이 파여 있고 거리가 있게 마련이다. 그래서 인간은 쉬지 않고 힘을 앞세워 서로 싸우고 경계한다. 공자는 이러한 힘을 걱정했다.

　공자는 천하를 돌아다녔다. 힘으로 다스리는 집단을 덕으로 다스리는 집단으로 바꾸어야 한다는 일념으로 전국 시대(戰國時代)의 중국 천하를 돌아다녔다. 그 당시의 중국 천하라면 오늘날의 지구보다도 더 멀리 떨어진 것으로 보아도 될 것이다. 서로 힘으로 나라를 만들어 나라끼리 서로 싸우며 목숨을 해치는 인간들이 반인간의 길을 걷고 있음을 공자는 분명히 알았다. 그래서 사람이 되는 길을 걷게 하려고 천하를 돌아다녔던 것이다.

　사람의 길을 어떻게 걸어야 사람이 되는가? 이러한 물음에 대해 공자는 다음처럼 밝힌다. 도에 뜻을 두고 덕을 지켜라. 그리고 인(仁)에 의지하고 예(藝)에 놀아라. 이러한 말씀은 인종에 두루 통하는 해답일 것이다.

　그렇다면 공자가 밝힌 도는 어떤 것일까? 그것은 사람을 사랑하라는 도이다. 어느 인종이 이러한 도를 거부할 것인가. 덕은 무엇일까? 그것은 사랑하라는 도의 실천이다. 어느 인종이 이러한 덕을 거부할 것인가. 인이란 무엇인가? 남을 먼저 사랑하라 함이다. 예란 무엇인가? 예는 즐거워 만족하게 하는 것을 말한다.

　조선 시대의 사대부들이 공자가 밝힌 길을 제대로만 걸었더라면 아마 지금 우리는 공자의 길을 오해하고 외면하지는 않을 것이다. 선조 때 굶주림을 면할 수 없어 사람들 사이의 인심이 흉흉했었다. 그러나 백성들의 배고픔을 몰랐던 사대부들은 엄격한 예론(禮論)으로 세상을 다스리라고 임금에게 진언을 했다. 그때 율곡은 덕을 앞세워 반대를 하고 나섰다. 율곡은 덕을 떠난 예는 없음을 알았기 때문에 덕은 쌀밥이요 고깃국이라고 천명했던 것이다. 금강산 구경도 배가 부른 다음이 아닌가. 공자는 누구의 의견에 찬성했을까? 분명 율곡의 의견에 찬성했을 것이다. 율곡은 세상이 도를 상실한 원인이 어디에 있는지를 알고 선조에게 백성을 사랑하는 길을 걸어가라고 진언을 한 셈이기 때문이다.

인간은 배가 고프면 사나워지고 배가 부르면 방탕해진다. 사나운 인간도 사람의 길을 벗어나고 방탕한 인간도 사람의 길을 벗어난다. 그러나 배가 고프면 살 수 없다. 인간답게 살 수 있어야 사랑의 도는 유지된다. 지금 우리는 배고픔의 고통을 벗어난 상태를 맛보고 있다. 그 결과 요즈음 세상에는 턱없이 방탕해지고 겁 없이 삶을 살아가려고 하는 부류들이 많아지고 있다. 결국 배부름이 우리를 타락하게 하는 두려움을 주고 있는 것이다. 이 두려움을 어떻게 걷어치울까? 이러한 물음에 대한 공자의 대답은 여전히 설득력을 갖는다. 사람이 되라는 경종을 울리기 때문이다.

도에 뜻을 두라. 그러면 덕을 지키게 된다. 덕을 지켜라. 그러면 인에 의지하게 된다. 인에 의지하라. 그러면 예에 노닐게 된다. 인의란 진리와 그 진리의 실천을 공자는 이렇게 말하고 있다. 사람다운 일을 하고 나면 마음이 시원해진다고 한다. 후련하고 만족한 마음속을 경험한 이는 예(藝)에 노닌다는 말을 헤아릴 수 있을 것이다. 공자의 도덕인 인의를 행하면 왜 사람이 될까? 이에 대한 해답을 체험하게 하는 〈술이〉편은 인종에 관계없이, 그리고 문화의 배경에 관계없이 오직 사람이 되라는 말씀을 들려준다.

(3) 졸부는 되지 마라

많이 모은 재물이 보기 좋을 때도 있고 때로는 부끄러울 때도 있다. 이는 어떻게 재물을 모았느냐가 중요함을 말해 준다. 땀을 흘려 모은 돈이면 한 냥이라도 귀하고 남을 울려 모은 돈이라면 천 냥이라도 천한 것이다. 이를 안다면 이 세상에서 사람들의 손가락질을 받고 욕을 먹는 부자는 없을 것이다. 부자가 천당에 가기는 낙타가 바늘구멍에 드는 것보다 더 어렵다고 한 성경의 말씀을 보아도 동서를 막론하고 보기 좋은 부자는 언제 어디서도 찾기 힘든 모양이다.

성인들은 거의 재물을 멀리하거나 길가의 돌처럼 보라고 한다. 그러나 공자만은 재물을 멀리하라고 하지 않는다. 다만 추하고 더럽게 모은 재물이거나 남의 등을 쳐서 남을 울리고 훔친 재물이라면 천만금이 있어도 소용없다고 말한다. 당당하고 떳떳하게 재물을 구할 수 있다면 채찍을 들고 길을 비키라고 외치는 천직이라도 마다하지 말라고 공자는 말한다. 그렇지 않다면 내가 즐기는 바를 좇아 살 것이라고 공자는 단언한다. 공자가 즐기는 바란 무엇일까? 인의를 펴서 남을 편하게 하는 일이라고 보면 된다. 그러한 일을 하기 위해 공자는 돈버는 일을 물려두고 천하를 돌며 폭군을 향해 덕치를 하라고 타이르며 동분서주했다.

그러나 공자의 말씀을 귀담아들은 군왕은 없었다. 권력을 쥔 권문도 공자의 말씀을 외면했다. 죄 없는 백성만 쥐어짜서 세금을 뽑아 궁궐을 싸고도는 부류들만 부귀와 영화를 독식했다. 어디 공자의 시대에만 이러한 꼴이 있었던가? 아니다. 공자를 종주로 하는 유교를 나라의 이념으로 삼았던 조선조를 보라. 공자를 앞세운 사대부들이 오히려 궁궐을 움켜쥐고 얼마나 백성을 울리면서 공자를 팔았던가. 조선조

오백 년을 거쳐간 수많은 정승 판서들 중에 공자 앞에 나서 당당할 사람이 몇이나 될까?

조선조는 양반의 세상이었다. 양반들이 공자의 생각을 독점하고 입으로는 군자를 일삼으면서 행하기는 졸부처럼 권력 싸움에만 집중했을 뿐 세상을 다스리는 일은 뒷전에 두고 세력 다툼만 하다가 나라를 통째로 팔아먹는 짓을 했다. 조선조에서 권문세도를 잡고 부귀와 영화를 누렸던 족벌들은 아마도 공자의 앞에 가면 졸부 집단이라는 호된 질타만 받을 뿐 공자의 문하에 넣어 주지는 않을 것이다.

그렇다면 지금의 우리는 조선조의 쓰라린 어리석음을 극복했다는 말인가? 이러한 물음에 우리는 우울하다. 높은 자리에 있으면 누구나 부자가 되고 정치와 결탁만 하면 재벌이 된다고 수근거린다. 돈이면 권력도 사고 명예도 사고 높은 지위도 산다고 호언장담하는 무리들이 우글거린다. 인맥만 닿고 인연만 좋으면 출세가 쉽고 기댈 언덕이 없는 사람은 아무리 능력이 특출나도 별 볼일 없다고 한탄하는 사람들도 있다. 여전히 궁궐의 담장을 맴돌던 부류들의 습성은 남아서 수단과 방법을 가리지 않고 부를 축적하고 권력을 잡으려는 무리들 때문에 백성만 골탕을 먹고 손해를 본다. 이는 특권층이 허세를 부리는 탓에 백성들이 앓아야 하는 아픔이고 통증이다. 이러한 아픔과 통증이 있는 한 덕치는 없다.

덕치는 모든 사람이 편안하게 걱정 없이 사는 세상을 말한다. 억울한 사람도 없고 탄압 받는 사람도 없고 능력대로 능력에 맞게 살 수 있는 세상이 바로 덕치의 세상이다. 공자가 밝힌 덕치를 요샛말로 한다면 민주화의 이상이라고 할 수 있다. 이러한 민주화는 소인이나 졸부는 할 수 없다. 소인이나 졸부는 남의 밥에 있는 콩이 커 보이고 사촌이 논을 사면 배가 아픈 족속들인 까닭이다. 남이야 어떻든 나만 잘

살면 된다는 생각에 담장을 높이고 남을 울리고 해롭게 하는 자가 어찌 대인이며 군자가 될 수 있을 것인가.

왜 우리에게 빈익빈 부익부(貧益貧 富益富)라는 말이 있단 말인가? 이는 우리 주변에 소인배의 집단이 우글거리고 있음을 말해 준다. 공자를 배반하지 않으면 지도자는 쉽게 나타날 것이다. 백성의 지도자가 되려면 먼저 권력의 졸부가 되지 말아야 하고 재물의 졸부가 되지 말아야 하며 출세나 지식의 졸부가 되지 말아야 한다. 〈술이〉편은 이 점을 뼈아프게 가르쳐 준다.

(4) 덕(德)과 공자의 4교(四敎)

〈술이〉편에서는 공자의 뜻과 그 뜻을 편 이야기를 많이 들려준다. 공자는 그러한 뜻을 스스로 개발한 것이 아니라 덕을 베풀어 남긴 성군이나 현인들을 통해 배웠다는 점을 강조한다. 즉 공자는 사교(邪敎)의 교주처럼 이상한 말을 내세워 세상의 사람들을 혹하게 할 생각은 조금도 없다는 것을 천명한 셈이다.

공자께서 살았던 당시, 사람의 목숨이 파리 목숨처럼 가볍게 여겨졌던 전국 시대에는 별의별 말들이 많았을 것이고 기댈 곳이 없었던 백성들은 자신들을 구해 줄 언덕을 찾으려고 했을 것이다. 이러한 현상은 난세라면 항상 일어나는 일이다. 왜 세상이 난세로 소용돌이치는가? 이는 백성들 탓인가 아니면 권세의 탓인가? 이러한 질문을 던지게 되면 공자가 왜 군왕들을 찾아가 힘으로 세상을 다스리지 말고 덕으로 세상을 다스려 달라고 말해야 했던가를 헤아리게 된다. 왜냐하면 한 세상이 난세가 되는 것은 권세를 쥔 주인공들 탓에 빚어지기 때문이다.

지금 공자가 서울에 온다면 행정부의 대표를 찾아갈 것이며 입법부의 대표를 찾아갈 것이고 사법부의 대표를 찾아갈 것이다. 권세의 세 갈래가 덕치로 가느냐 아니면 그 반대로 가느냐의 열쇠인 까닭이다. 전국 시대에 그랬던 것처럼 여전히 공자는 그들을 찾아가 덕을 이야기할 것이다. 사람이 덕을 베풀자면 먼저 사랑할 줄 알고 올바르고 그 앎을 실천할 수 있는 사람이 되어야 한다. 〈술이〉 편에서 공자는 세상에 덕을 베풀 수 있는 사람의 길을 '문·행·충·신(文行忠信)'으로 밝히고 있다.

문은 학문(學文)을 게을리하지 말라 함이다. 학문이란 무엇인가? 이것은 오늘날 말하는 학문(學問)과는 다르다. 공자가 말하는 학문은 삶의 방법이요 수단인 지식을 탐구하는 학문이 아니라 삶의 행복을 터득하게 하는 마음을 닦는 것을 뜻한다. 물질 문명의 첨단 과학 시대는 지식을 앞세워 사람과 세상을 재단하려고 한다. 그래서 삶은 각박하게 경쟁하는 현장이 되고 자연히 무엇이든 힘으로 환산하려고 한다. 모두들 강자가 되기를 원하고 추구하는 세상에서는 사람들이 병을 앓게 마련이다. 그 병은 무엇인가? 반인간의 병이다. 공자의 문(文)은 이러한 병을 고칠 수 있는 지혜를 많이 배우라는 말씀이다. 그러므로 공자의 문을 옛날의 육예(六藝)로 돌아가라는 말로 결정할 것은 없다.

행(行)은 문을 실천하는 개인의 행위를 말한다. 문(文)이란 인의를 배우는 것이고 그 인의를 실천하면 행이 된다. 그러므로 문과 행은 수기(修己)의 방법인 셈이다. 이처럼 행은 나를 바람직한 인간이 되는 행동을 하게 한다.

충(忠)은 남과의 관계에서 감출 것이나 숨길 것이 전혀 없는 정직한 마음을 말한다. 그러한 마음은 곧 남을 위해 필요하다. 이러한 마음이 있어야 문과 행이 사회로 환원된다.

신(信)은 충이 있으면 자연스럽게 이루어지는 성실한 마음의 열매이다. 우리는 왜 서로 믿을 수 없는가? 먼저 나와 너 사이에 충이 결여되어 있는 까닭이다. 충을 군신의 것으로 생각할 것은 없다. 대인관계의 진실성으로 파악하면 된다. 이러한 진실성을 믿는 것이 곧 신이다.

충과 신은 사람을 편하게 하는[安人] 방법이 된다. 남을 편하게 하려면 먼저 서로간에 진실한 마음이 있어야 하고 서로 그것을 믿어야 한다. 이렇게 되기 위해서는 사람은 저마다 자신을 문과 행으로 닦아야 한다. 말하자면 나보다 남을 먼저 생각하는 마음은 남을 해롭게 하지 않는다. 남을 이롭게 하는 행동은 곧 올바름의 증거인 것이다. 이렇게 되면 온 세상은 사랑함을 실천하는 세상이 되고 그러한 세상은 덕치로 이룩된다고 공자는 밝혔다. 덕치의 세상을 이룩하려고 공자는 문과 행, 그리고 충과 신이라는 4교(四敎)를 〈술이〉편에서 제시한 것이다.

결국 공자의 '4교'는 덕을 실천하는 요목인 셈이다. 왜 우리는 덕을 실천하는 사람이 되어야 하는가? 그것은 우리 모두가 행복하게 살아야 하는 까닭이다. 만물을 이롭게 하는 덕은 지금도 공자의 '4교'를 부른다.

2. 공자의 어록

(1) 꼭두각시는 되지 마라

선생의 말씀은 새겨들어야지 들리는 대로 따라하면 엉뚱한 결과를 빚어내는 경우가 허다하다. 사람이 엉뚱한 짓을 자주 하면 사람들로부터 좀 모자란다는 뒷말을 듣기 쉬운 법이다.

조선조 선조 시대 때 율곡 선생은 분명 선각자였다. 그분은 어느 유자(儒者)보다도 시대를 앞서서 꿰뚫어 보는 정신을 간직하고 있었다. 그래서 선생은 시샘도 많이 샀고 시기도 많이 받았는데 명륜관 유생들은 율곡 선생을 높이 받들었던 모양이다.

선생의 침모(針母)가 어느 날 율곡 선생의 도포의 왼편 가슴팍에 불구멍이 나 있는 것을 발견했다. 그것을 본 침모는 불은 붉은 색이므로 빨간 헝겊으로 그 불구멍을 막아야겠다고 생각했다. 그래서 침모는 그 구멍을 붉은 헝겊으로 기웠다. 대인인 율곡 선생인지라 흰 바탕에 빨간 헝겊쪽으로 기워진 도포일지라도 아무 말 없이 입고 명륜관에 나갔다. 그 다음날 명륜관 학생들의 왼편 가슴팍에는 빨간 딱지가 모조리 붙어 있었다. 이 얼마나 우스운 일인가.

물론 위의 이야기는 지어낸 것이겠지만 왜 이러한 우스개 이야기가 만들어져야 했을까? 아마도 여기에는 주자의 말을 꼭두각시처럼 받아들이고 앵무새처럼 종알대는 당대의 유생들을 비꼬아 주려는 속뜻이 숨어 있다고 보아도 될 것이다. 속사정도 모르고 무턱대고 따라하는 행위를 얼마나 신랄하게 비꼬고 있는가.

공자께서는 본받아 할 뿐 조작하지 않는다고 말씀하셨다. 아마도 율곡 선생 때 유생들이 공자의 이 말씀을 제대로 알아들었더라면 위와 같은 우스개 야사를 남기지는 않았을 것이 아닌가.

공자께서 본받은 것은 맹목적인 것이 아니다. 인간의 도리에 맞기 때문에 옛 성인의 말씀을 본받으라고 타일러 둔 것이다. 그러면 무엇을 본받으라는 말인가? 도를 본받으라는 말씀이다. 공자의 도는 물론 인의예악(仁義禮樂)에 있다고 보아도 된다. 인이란 무엇인가? 나보다 먼저 남을 사랑하라는 것이다. 의란 무엇인가? 인을 철저하게 실천하라 함이다. 그리고 예란 무엇인가? 나에게 엄하고 남에게 너그럽게 하며 분별하라는 것이고 악이란 마음속에 만족을 누리는 것이 아닌가. 이러한 도를 본받아야지 도를 유린하거나 악용하지 말라고 공자께서 당부해 두었던 셈이다. 그러므로 공자의 말씀을 무턱대고 옛것을 따라하라는 말로 받아들일 필요는 없으며 또한 윗사람의 짓을 앵무새처럼 흉내내라는 말로 받아들일 필요도 없다.

그러므로 율곡 선생의 가슴팍에 붉은 헝겊이 붙었다고 줄줄이 따라한 것은 웃음거리에 불과할 뿐이다. 이러한 웃음거리가 어디 그때에만 있겠는가? 지금도 여전히 인간 앵무새들이 여기저기서 득실거리고 있다.

🌱 공자의 말씀

본받아 할 뿐 조작하지 않는다. 내가 옛것을 믿고 좋아하는 것을 노자나 목숨을 소중히 해 오래 살았던 팽조에 비기고 싶다. 이렇게 공자는 말씀하셨다.

子曰 述而不作 信而好古 竊比於我老彭

(2) 입방아 찧는 촉새

한시도 입을 놀리지 않고는 견디지 못하는 치를 촉새라고 한다. 늙은이가 촉새짓을 하면 그냥 참을 수 있어도 새파랗게 젊은 치가 입방정을 떨면 견딜 수 없다.

입이 가벼운 사람은 믿기 어렵고 죄 없는 사람에게 허물을 뒤집어씌우는 일을 겁 없이 하기 때문에 주변에 촉새가 있으면 어린애 옆의 칼과 같이 항상 아슬아슬하게 마련이다.

입이 앞서는 사람은 변명에 이골이 나 있을 뿐 제가 해야 할 일은 하지 않고 남의 험담만 좇는 무리이게 마련이다. 험담을 하는 입이란 본래 마음이 비뚤어져 남이 잘하는 일을 보면 참지 못한다. 그래서 촉새들은 남의 허점이나 약점을 찾아 쪼아댄다. 입만 놀리면서 할 일을 미루고 빈둥거리는 사람은 빈틈없고 성실한 사람을 가장 싫어하는 법이다. 그래서 촉새 같은 인간은 공자의 말씀을 두려워 멀리한다.

🌱 공자의 말씀

묵묵히 새기면서 배우기를 싫어하지 않는다. 그리고 남을 깨우쳐 주는 데 지치지도 않는다. 이러한 일을 하기란 나에게는 쉽다. 이렇게 공자는 말씀하였다.

子曰 默而識之 學而不厭 誨人不倦 何有於我哉

(3) 졸부(猝富)들의 행진

도시 변두리에서 대대로 농사를 짓고 살던 한 부자(父子)가 의견이 서로 맞지 않아 서로 갈라서게 되었다. 아들은 쥐구멍에도 햇빛이 들었다고 하면서 이제 떵떵거리며 살 수 있다고 장담했다. 논밭의 땅값이 천정부지로 치솟아 배포가 커졌던 것이다. 아비는 송충이는 솔잎을 먹어야 산다고 타일렀지만 돈맛을 본 아들은 막무가내였다.

아비는 도시에서 아주 멀리 떨어진 시골로 가서 지을 수 있는 만큼의 논밭을 사서 다시 농사를 지었고 아들은 도시에 남아 사업을 한답시고 이 사업 저 사업에 손을 댔다. 돈이란 본래 양고기 같아서 있으면 버러지들이 몰려들게 마련이다. 그 버러지들은 입속의 사탕처럼 굴고 매양 허리를 굽실거리고 손을 비비면서 상전을 모시는 종놈처럼 비위를 맞추어 주게 마련이다. 아들은 여기에 놀아나 하늘이 돈짝만 하게 보였다. 돈을 보고 버러지들이 그렇게 하는 줄도 모르고 아들은 날마다 펑펑 호기를 부렸다.

돈이란 벌기는 어려워도 쓰기는 쉬운 것이어서 태산같이 쌓인 돈이라도 몇 년만 탕진하면 먼지처럼 날아가 버린다. 아들이 이런 줄도 모르고 설치는 동안 사기꾼 기생충들은 양고기 덩어리를 통째로 말아먹고 사라졌다. 그제서야 사기를 당했다고 땅을 친들 무슨 소용이 있겠는가. 쥐구멍에 햇빛은 사라지고 아들은 막막했다. 어디로 갈까? 아들이 덕을 조금만 알았더라도 졸부인 것을 알아차려 그렇게 망하지는 않았을 것이다.

어디 땅값이 올라 생겨난 거금으로 인해서만 졸부가 생기는가. 권력을 팔아 세상을 뭉개는 졸부도 있고 지위를 앞세워 눈에 보이는 것이 없는 졸부도 있으며 알량한 지식만 믿고 오만한 졸부들도 있다. 이러한 치들은 쓰레기에 불과하며 우리에게 사는 맛을 가시게 하고 세상을 썩은 냄새로 진동하게 할 뿐이다. 그들은 제 몸 하나만 알 뿐 남이야 죽든 말든 아랑곳하지 않는 무리들이다. 공자는 세상에서 이러한 무리들 탓에 항상 근심을 하고 살았던 것이다.

덕을 닦지 못하는 것과 배움을 익히지 못하는 것, 그리고 올바름을 듣고도 따르지 못하며 그름을 보고도 고치지 못한 것 등등이 나의 근심거리이다. 이렇게 공자는 말씀했다.

子曰 德之不脩 學之不講 聞義不能徙 不善不能改 是吾憂也

(4) 사람이 되는 길

세상에는 좋은 사람도 있고 나쁜 사람도 있다. 그러나 스스로를 나쁜 사람이라고 여기는 사람은 거의 없다. 다들 자기를 좋은 사람이라고 여기고 산다. 살인강도도 세상 탓이지 제가 못나서 그렇게 되었다고는 생각하지 않는다. 그래서 핑계없는 무덤은 없다고 하는 것이다.

그러나 주변 사람들이 좋은 사람이라고 말하는 사람은 적어도 무엇이 수치인가를 아는 사람으로 보아도 된다. 짐승만도 못한 놈이라는 욕을 얻어먹는 자는 분명 사람이 못할 짓을 범한 탓에 그런 욕을 먹는다. 분명 사람은 짐승과는 달라야 한다. 참새는 참새의 길이 있고 돼지는 돼지의 길이 있는 법이다. 모든 짐승들은 부끄러움을 모른다. 그러나 유독 사람만이 부끄러움을 안다. 공자는 사람이라면 사람다운 길을 걸어가라고 한다.

사람이 걸어야 할 길을 공자는 덕이라고 밝힌다. 덕이란 무엇인가? 모두를 두루 이롭게 하는 것이다. 나만 잘되고 남을 해치면 곧 부덕이 된다. 공자는 이러한 덕을 떠나지 말라고 부탁한다. 그러나 사람들은 덕을 말로만 하지 실제로 행하기는 꺼린다. 그래서 등치고 간을 앗아가는 세상이라고 푸념한다. 이렇게 푸념하지 말고 나부터 남을 이롭게 하라고 공자는 당부한다. 여기서 이롭다는 것을 이익 따위로 생각하면 안 된다. 의로운 것을 통해 이롭다는 말로 헤아리면 된다.

이해 상관으로 맺어지면 뒤끝은 항상 나쁜 꼴로 마감된다. 서로 이익을 탐하고 손해를 보지 않으려 하는 까닭이다. 그러나 사람과 사람이 덕으로 맺어지면 그럴 리가 없다. 사랑의 끈으로 묶이는 까닭이다. 그래서 덕은 인에 의지해야 한다. 인이란 무엇인가? 남을 먼저 사랑할 때 인은 확보된다. 그러나 사람들은 모두 나를 사랑해 주면 너를 사랑해 준다고 주장한다. 이것은 사랑을 이해(利害)로 저울질하는 경우이다. 마담뚜의 중매 사업 등은 바로 공자가 밝힌 인을 무자비하게 짓밟는 이해의 저울질이다.

참으로 인에 의지한다면 예(藝)에 노닐게 된다. 옛날의 육예(六藝)가 아무리 낡았다 해도 예악(禮樂)은 여전히 무한한 의미를 간직한다. 예(禮)란 무엇인가? 나를 엄하게 다스리고 남을 너그럽게 분별하는 것이다. 그리고 악(樂)이란 무엇인가? 마음속의 만족을 누리라는 것이다. 이러한 예악(禮樂)에 노닐면 이해 상관의 저울질에서 좀 멀리 떨어질 수 있게 된다. 그러나 인간들은 언제나 엇나가기를 좋아한다. 덕이 선인 줄 알면서도 멀리하고 인이 참다운 사랑인 줄 알면서도 멀리하고 예(藝)가 우리를 편하게 하는 것을 알면서도 멀리한다. 그저 무엇이 이익이고 무엇이 손해인가만을 따져 살피려고 한다. 그래서 인간은 항상 잔인하고 영악하다. 그러나 인간은 부끄러워할 줄 아는 동물이라 공자의 말씀을 들으면 뉘우칠 수 있다.

🌿 공자의 말씀

도에 뜻을 두어라. 덕에 근거를 두고 인에 의지하며 예에 노닐어라. 이렇게 공자는 당부했다.

子曰 志於道 據於德 依於仁 游於藝

(5) 치맛바람의 교육

자녀를 멋지게 키워 보겠다는 욕심이 자녀를 잡는 경우가 빈번하다. 놀면서 배우고 터득하는 시간을 어린이에게 돌려주어야 함을 극성맞은 어머니들은 전혀 모른다. 소꿉장난을 해야 할 나이에는 소꿉장난을 해야 인생을 배우고 터득한다. 골목에서 뛰어 놀아야 할 어린이는 뛰어 놀아야 인생을 배우고 터득한다. 아이들에게도 나름의 인생이 있다는 것을 안다면 부모들이 막무가내로 아이들을 천재로 만들어야 한다는 욕심을 내지는 않을 것이다.

사람의 두뇌가 한결같은 것은 아니다. 좋은 머리도 있고 처진 머리도 있으며 나쁜 머리도 있게 마련이다. 세상은 바보나 천치만 있어도 망하지만 천재만 있어도 망한다. 보통 수준의 두뇌들이 있어서 세상은 이렇게 유지되는 법이다. 보통의 아이를 보통 수준에 맞게 교육하고 천재는 또 거기에 걸맞게 천재 교육을 하면 교육의 탈은 없어질 것이다. 그러나 극성맞은 어머니는 자신의 자녀가 천재라는 착각에 무리하게 욕심을 부린다. 결국 그러한 어머니 밑의 아이들은 하도 치어서 기를 펴지 못하고 어머니가 시키는 대로 하다가 찌들어 버린다.

참나무가 단단하다고 기둥을 세우면 벌레가 파먹어 무너지게 마련이다. 기둥이나 대들보로는 소나무가 제격인 것이다. 사람도 쓸모에 따라 쓰이게 마련이다. 무턱대고 음악가나 화가가 되는 것이 아니며 의사나 학자가 되는 것도 아니다. 소질과 능력에 맞게 가르치고 터득하게 하는 것이 가장 적절한 교육인 것이다.

그러나 치맛바람의 교육은 이를 어기고 자녀들을 천재로 억지 착각한 어머니들에 의해 아이들은 상처를 입는다. 무엇이든 욕심이 과하면 탈이 나게 마련이다. 가르치고 배우는 일도 예외가 아니다. 극성맞은 어머니의 교육열은 결국 아이들의 허리를 부러지게 만든다. 공자께서는 가르치고 배우는 일은 억지로 되지 않음을 이미 밝혀 두었다.

🌱 공자의 말씀

배우려고 분발하지 않으면 계발해 주지 않는다. 알면서도 말을 못하는 경우가 아니면 말을 일러주지 않는다. 한 모서리를 가르쳐 주면 나머지 세 모서리를 알아챌 만큼 반응하지 않으면 더는 가르치지 않는다. 이렇게 공자는 밝혀 두었다.

子曰 不憤不啓 不悱不發 擧一隅不以三隅反 則不復也

(6) 날강도와 돌팔이

땀 흘린 만큼 돈을 벌어 모아 재산을 일구는 일은 당당하고 보기에도 좋다. 그렇게 벌어들인 돈은 낭비되거나 탕진되는 법이 없다. 그러나 남의 등을 쳐서 돈을 후려낸 인간은 돈을 겁 없이 남용한다. 돈을 벌기 위해 땀 한 방울 흘리지 않고 거금을 주무르는 위인들은 돈 아까운 줄을 모른다. 그래서 흥청망청 돈을 뿌리며 세상을 얕본다.

정치와 장사꾼이 야합하면 불쌍한 백성들이 낸 세금을 뭉텅뭉텅 잘라 나누어 먹기 일쑤고, 권세가 돈맛을 보면 될 일을 되지 않게 해서 돈을 후리고 안 될 일을 되게 해서 비밀 통장의 계좌로 더러운 돈이 흘러 들게 한다. 백성의 세금을 잘라먹는 놈을 날강도라 하고 사람의 약점을 악용해 돈을 뜯어내는 놈을 돌팔이라고 한다. 돌팔이 의사도 있고 돌팔이 검사와 변호사도 있고 돌팔이 정상배도 있다. 날강도가 돌팔이를 족치면 떡고물 좀 먹었기로 무슨 잘못이냐고 응대하며 은근히 물귀신 작전을 써서 적당히 모면하고 쾌재를 부른다. 이를 일러 부정부패의 열병식이라고 불러도 된다. 이러한 열병식에 죽어나는 것은 결국 백성이고 병드는 것이 나라꼴이다.

　검은 돈, 더러운 돈, 그리고 사람을 잡는 돈이란 본래 살인강도의 것만은 아니다. 차라리 손에 칼을 들고 강도질하는 도둑은 내놓고 도둑질하니까 잡을 수라도 있지만 세금을 잘라먹는 날강도나 등치는 돌팔이들은 버젓하게 행세를 하면서 도둑질을 하기 때문에 쉽게 눈에 띄지도 않는다. 그러나 호화롭게 살면서 출세했다고 으스대는 꼴은 결국 들통이 나고 만다. 천벌이 어디 있느냐고 하지만 천벌은 있게 마련이다. 천벌은 법정에서 나오는 것이 아니라 백성으로부터 나온다. 그래서 정권이 한 번 바뀔 때마다 쇠고랑을 차는 얼굴들이 굴비처럼 엮이게 된다. 그들이 더러운 재물을 탐하지 말라고 한 공자의 말씀을 알았더라면 쇠고랑을 차고 백성의 미움을 사지 않을 수 있었을 것이다.

🌱 공자의 말씀

구해도 될 만한 재물이라면 비록 채찍을 든 길잡이 노릇이라도 내 마다하지 않겠다. 그러나 구해 가져서 부당한 재물이라면 팽개치고 내가 좋아하는 바를 좇아 살겠다. 이렇게 공자는 단언했다.

子曰 富而可求也 雖執鞭之士 吾亦爲之 如不可求 從吾所好

거친 밥을 먹고 물을 마시고 팔을 베개로 삼아도 즐거움은 그 가운데 있다. 의롭지 못하게 부유하고 귀한 것은 나에게 뜬구름과 같다. 이렇게 공자는 밝혔다.

子曰 飯疏食飮水 曲肱而枕之 樂亦在其中矣 不義而富且貴 於我如浮雲

(7) 내가 나를 아는 것

아는 것이 많으면 인간은 자만해지기 쉽다. 아는 것만 믿고 설치면 무슨 덫에라도 걸리게 마련이다. 사람이 무엇을 안다고 해 봤자 그것은 한 줌의 모래알에도 미치지 못한다. 그러나 인간은 지식을 좀 쌓았다 싶으면 고집스런 안경을 쓰고 세상을 보려고 한다. 그래서 편견이 생기고 독단도 생기고 시시비비가 생기는 것이다. 이러한 병을 고치는 데는 무슨 약이 필요할까? 바로 지혜라는 약이 필요하다. 지식은 사물을 알게 하지만 지혜는 내가 나를 알게 한다. 지혜는 스스로를 가늠해 볼 수 있는 치수를 읽게 하지만 지식은 스스로를 과신하게 한다. 아는 것이 병이란 말도 여기서 비롯된다. 그러나 지혜는 나를 분별하게 해 설자리를 알게 한다.

공자는 수분(守分)을 강조한다. 말하자면 분수를 지키라는 뜻이다. 그러므로 공자의 분별은 시비를 가리기 위한 분별이 아니라 사람이라면 서로의 입장을 바꾸어 느껴 보고 생각할 것이며 이해하고 판단할 것이란 점에서 수분인 것이다. 이러한 수분은 아주 자연스럽게 내가 나를 알게 하고 돌이켜보게 하고 반성해 보게 한다. 되돌아볼 줄 안다는 것은 옛것을 돌이켜볼 줄 안다는 것이다.

옛것이 선한 것이면 택하고 악한 것이면 버릴 줄 알 때 사람은 스스로를 들여다보게 된다. 우쭐해 하는 것보다 뉘우치는 경우가 사람을 훨씬 더 영글게 하는 법이다. 그러자면 무엇보다 자신이 자신을 분명하게 알려는 마음이 있어야 한다. 이러한 마음이 있는 사람은 스스로 겸허하며 스스로 정직하다. 공자는 우리들에게 이러한 마음을 읽게 한다.

나도 나면서부터 저절로 아는 사람은 아니다. 옛것을 좋아하여 부지런히 찾아 배워 알게 된 사람일 뿐이다. 이렇게 공자는 살폈다.

子曰 我非生而知之者 好古 敏以求之者也

학문을 두고 말한다면 나도 남만 못하겠는가? 그러나 군자의 길을 실천하는 것이라면 나는 아직 만족스럽게 이룩하지 못했다. 이렇게 공자는 살폈다.

子曰 文 莫吾猶人也 躬行君子 則吾未之有得

성인의 행위나 인자의 행위를 내 어찌 감히 할 수 있겠는가. 그렇지만 배워 행하는 것을 싫어하지 않았고 남을 가르치는 데 지치지 않았다고 말할 수 있을까? 이렇게 공자는 술회했다.

子曰 若聖與仁 則吾豈敢 抑爲之不厭 誨人不倦 則可謂云爾已矣

(8) 선생은 누구인가

하나 더하기 하나는 둘이다. 둘에서 하나를 빼면 하나다. 이렇게 가르치는 사람이 있다. 그러나 하나를 알면 둘을 알아라. 이렇게 가르치는 사람도 있다. 이 두 사람 가운데 선생은 누구일까?

선생은 무엇은 맞고 무엇은 틀린다고 가르치기보다 무엇은 옳고 무엇은 그른가를 가르치려고 한다. 선생의 가르침은 사람이 되는 길로 인도하려는 것에 관심이 있을 뿐이다. 그 길을 안내하고 그 길을 걸어가도록 선생은 바란다. 그래서 선생은 아는 것으로 만족하지 않고 그것을 꼭 실천하기를 바란다.

요사이 학교에는 선생이 없다는 말이 틀린 것은 아니다. 지식을 전달하고 쌓게 하는 교사나 교수만 있을 뿐 진정한 스승은 없기 때문이다. 교사나 교수의 그림자는 밟힐 여지가 있지만 선생의 그림자를 밟기는 어렵다. 지식을 가르치는 분은 제자에 의해 압도당할 여지가 있지만 인생을 가르치는 선생은 압도당할 일이 없다. 공자께서 옛것을 좋아했다고 밝힌 것은 정오(正誤)로 분별되는 지식이 아니라 선악으로 분별되는 인생이요 삶의 길이다. 이러한 길로 인도하는 사람을 우리는 선생이라고 부른다.

좋은 것을 본받고 나쁜 것을 멀리한다면 우리 주변에 선생 아닌 것은 없다. 봉사하는 사람을 보고 나도 저 사람처럼 되어야지 하는 마음을 먹고 그런 일을 실천하는 것도 선생을 맞이하는 셈이고 악한을 만나 나는 저런 악한은 되지 말아야지 다짐을 하면 그 악한 또한 선생이 되는 것이다. 갓 핀 꽃을 보고 시든 꽃을 생각하는 마음은 만물을 선생으로 모실 방을 지니고 있는 셈이다. 새로운 지식은 낡게 마련이지만 살아가는 바른 길은 낡을 수 없다. 영원히 사랑하는 길은 값질 것이며 영원히 올바른 길도 값질 것이 아닌가. 삶을 사랑하게 하는 길로 걷게 하여 사람을 사랑하게 하고 삶을 올바르게 하는 길로 걷게 하여 사람을 올바르게 할 수 있는 것이면 길가에 버려진 개똥이라도 선생인 것이다. 이러한 비밀을 공자는 밝혔다.

🌱 공자의 말씀

세 사람이 함께 길을 간다면 그중에는 반드시 내 선생이 될 만한 분이 있게 마련이다. 그중에서 좋은 점은 골라서 내가 따르고 그른 점은 거울삼아 고치도록 한다. 이렇게 공자는 살폈다.

子曰 三人行 必有我師焉 擇其善者而從之 其不善者而改之

(9) 발을 뻗고 자는 사람

털어서 먼지 안 나는 사람은 없다고 한다. 인간이라면 누구나 구린
데가 있게 마련이라는 말이다. 그래서 인간적인 말이 묘하게 통하고
서로 눈감아 주는 것을 미덕이라고 밀어붙인다. 사람은 이렇게 서로
악을 고치려 하기보다는 두둔하거나 묻어 두려는 속셈을 주고받는다.
그러면서 맑은 물에는 고기가 살 수 없지 않느냐며 자위한다.

이익만을 좇으면 감추고 숨길 것이 많아지는 법이다. 내가 남보다
더 많은 이익을 차지하려면 남의 몫을 잘라먹어야 하는 까닭이다. 물
건을 파는 쪽은 남는 것이 없다고 엄살을 부리고 물건을 사는 쪽은 좀
더 깎아달라고 우긴다. 이러한 광경은 거래에서 흔히 있을 수 있는 일
이다. 더 받으려는 욕심과 덜 주려는 욕심이 부딪기 때문이다.

그러나 이러한 흥정을 악이라고 몰아붙일 것은 없다. 장사를 하자면
남겨야 하는 것이 도리이다. 손해를 보고 장사를 할 수는 없는 노릇이
다. 하지만 턱없이 남기려고 하거나 무작정 깎아서 그냥 사려는 것은
욕심이 과한 것이다.

모든 잘못은 지나친 욕심에서 비롯된다. 권력이 욕심을 내면 권력이
장사를 하고 지위가 욕심을 내면 지위가 장사를 하며 자본이 욕심을
내면 돈 놓고 돈 먹는 꼴밖에는 되지 않는다. 이렇게 되면 선은 밟히
고 악은 숨어서 독을 품게 된다. 이것이 세상을 앓게 하는 고약한 병
이다. 그래서 백성들은 어느 지도자나 병 주고 약 주면서 속임수만 부
린다고 불평하는 것이다. 그리고 나라가 하라는 대로 하면 망하기 일
쑤라고 투덜대고, 윗물이 맑아야 아랫물도 맑다면서 너도나도 서로
겨루며 시샘하고 다투고 약점을 노린다. 이러한 광경이 곧 세상의 부
덕이다.

부덕한 짓을 한 사람은 겉으로는 오기를 부리지만 속으로는 항상 켕기는 삶을 면치 못한다. 밤잠을 잘 때 누군가 와서 해칠 것이 두려워 편하게 발을 뻗고 잠을 잘 수 없다. 언제나 도둑은 제 발이 저리는 법이다. 지금 이 세상에서 도둑이 아닌 사람이 얼마나 될까? 공자의 말씀을 들으면 이러한 질문을 자신에게 던지게 된다. 이 얼마나 무서운 반문인가.

🌱 공자의 말씀

하늘이 나에게 덕을 내려 주셨다. 권세가 높다는 환퇴가 어찌 나를 해칠 수 있을 것인가. 이렇게 공자는 단언했다.

子曰 天生德於予 桓魋其如予何

그대들은 내가 무엇인가를 숨기고 있다고 보는가? 나는 숨긴 것이 없네. 내가 하는 행위 치고 자네들과 같이 하지 않은 것은 없다네. 나는 바로 그러한 사람이네. 이렇게 공자는 밝혔다.

子曰 二三子以我爲隱乎 吾無隱乎爾 吾無行而不與二三子者 是丘也

잘 알지도 못하고 행동하는 사람이 있지만 나는 그렇게 한 적이 없다. 이것저것 들은 것 중에 좋은 것은 택해서 따랐고 이것저것 목격한 것들을 새겨 두기도 한다. 이것이 지혜에 버금가는 것이다. 이렇게 공자는 밝혔다.

子曰 蓋有不知而作之者 我無是也 多聞 擇其善者而從之 多見而識之 知之次也

(10) 공자의 한탄

공자는 성인을 그리워했다. 그러나 공자는 성인을 만날 수 없음을 알았다. 성인은 누구인가? 덕을 이미 지니고 태어난 사람이다. 이러한 성인이 있다면 세상은 맑아질 수 있고 밝아질 수 있을 것이다. 그러나 이 세상에 그러한 성인은 없다. 이처럼 공자는 인간의 군상을 바라보는 데 냉정하고 엄격했던 분이다.

공자는 군자라도 이 세상에 많았으면 좋겠다고 소원한다. 그러나 군자도 이 세상에는 없음을 공자는 알았다. 군자란 누구인가? 덕을 배우고 닦는 데 몸을 사리지 않는 사람이다. 왜 덕을 닦아야 하는가? 만물을 고루 이롭게 하는 것이기 때문에 덕을 닦아야 하는 것이다. 이러한 생각을 확고하게 지니고 덕을 실천하는 사람이 이 세상에 있다면 왜 포악한 정치가 이어지겠는가. 어느 군왕이나 통치자나 백성의 근지러운 데를 긁어주기는커녕 상처만 덧나게 하는 경우가 허다하다.

공자는 선인(善人)을 그리워했다. 그러나 이 세상에는 선인이란 없음을 공자는 알았다. 선인이란 누구인가? 마음에 선만 있고 악이란 아예 없는 사람이다. 모든 인간은 선악을 두루 갖추고 자기 편한 대로 선악을 번갈아 가면서 이용하려고만 한다. 선이란 절대의 공평이다. 나에게 이롭고 남에게 해롭게 되면 이미 선은 아니다. 모두에게 이로우면 저절로 올바름이 된다. 이것이 선의 효험일 것이다. 선인은 이러한 효험만을 실천하는 사람이다. 이러한 선인을 공자는 그리워했지만 이 세상에 선인은 없다.

그래서 공자는 한결같은 사람만이라도 있으면 얼마나 좋으냐고 자위한다. 한결같은 사람은 의로운 주인공을 말한다. 목에 칼이 닿아도 옳은 것이면 목숨을 무릅쓰고 버티는 사람이 곧 변할 줄 모르는 사람이다. 변함이 없는 사람을 공자는 환자(桓者)라고 칭송한다.

달면 삼키고 쓰면 뱉는 인간들로 범벅이 된 이 세상을 공자는 누구보다도 안타까워했다. 이러한 안타까움을 극복하기 위해서는 인간 그 자체를 변혁시키지 않으면 안 된다고 공자는 믿었다. 그러한 믿음을 우리는 인의도덕으로 새기면 된다. 어느 누가 이러한 믿음을 낡았다고 할 것인가. 말하자면 남을 먼저 사랑하고 올바르게 그 사랑을 실천하는 길로 인간을 안내하여 걷게 해야 한다고 공자는 믿었다. 그러한 길로 인도할 사람을 공자는 성인·군자·선인·환자라고 밝혀 놓은 셈이다.

🌿 공자의 말씀

성인을 만날 수 없다. 군자라도 만나 볼 수 있으면 좋겠다. 선인을 만날 수 없다. 한결같아 변함없는 사람이라도 만나 볼 수 있으면 좋겠다. 없어도 있는 듯하고 비어도 그득하며 가난해도 태연해 할 만큼 한결같음이란 참으로 어렵다. 이렇게 공자는 밝혔다.

子曰 聖人 吾不得而見之矣 得見君子者 斯可矣 子曰 善人 吾不得而見之矣 得見有桓者 斯可矣 亡而爲有 虛而爲盈 約而爲泰 難乎有桓矣

(11) 바람난 사람들

세상에서 가장 잔인하고 무서운 사람은 누구일까? 사랑할 줄 모르는 인간이다. 그런 인간들은 짐승만도 못한 사람들이다. 호랑이도 새끼를 밴 노루는 탐하지 않는다고 한다. 꽃잎도 바람이 불거나 비가 오면 안쪽으로 오므라들어 꽃 속의 암술을 보호하고 꿀샘을 덮을 줄 안다. 이는 목숨이 있는 것은 모두 나름대로 사랑할 줄 안다는 진실이다. 그러나 인간들 중에는 사랑을 짓밟고 뭉개는 못난 치들이 있다.

아들을 둘 두었던 어머니가 있었다. 큰놈은 막돼먹었고 술주정이 심했다. 작은아들은 얌전했고 근실하게 일을 하며 어머니를 모셨다. 작은아들이 일터에 나간 틈을 타 큰놈이 몰래 어머니를 찾아와 술값을 달라고 행패를 부리면 어머니는 할 수 없이 돈을 주곤 했었다. 이러한 행패가 사흘돌이로 일어났다. 그러나 어멈은 속만 태울 뿐 작은아들에게 사실을 말할 수 없었다. 망나니 같은 놈도 자식이니 어쩔 수 없이 속만 끓였다.

어느 날 돈이 한 푼도 없어 어머니가 술값을 주지 않자 큰놈은 행패를 부리며 어디에 돈을 감추어 두었느냐고 제 어멈을 구타했다. 때마침 작은아들이 집으로 들어왔다. 순간 어머니를 때리는 놈은 형도 아니고 인간도 아니라는 분노가 치밀어 올랐다. 작은아들의 마음속에 저놈을 죽여야지 하는 불길이 솟았다.

작은아들은 부엌으로 들어가 식칼을 들고 나왔다. 그리고는 술 취한 망나니를 보고 네놈을 죽이겠다고 고함을 쳤다. 형은 어디 동생이 형에게 덤비느냐며 동생에게도 행패를 부리려고 했다. 동생이 형을 칼로 찌르려는 순간 어머니가 가로막고 섰다. 그러나 작은아들의 분노를 막을 수는 없었다. 형은 동생의 칼에 가슴을 찔리고 나무토막처럼 쓰러졌다. 그리고 살아 있는 모자는 죽은 시체를 안고 울부짖었다. 이 살인 사건은 바로 서울에서 일어났던 일이다.

세상 인심은 작은아들을 살인자로 몰 수 없었다. 세상은 그 살인자를 동정했지만 형을 죽인 동생은 한평생 암흑 속에서 신음해야 했고 자식을 죽인 어머니는 산목숨이지만 죽은 목숨이나 다름없었다. 이처럼 사랑을 모르는 놈이 하나만 있어도 그 주변은 암담하고 어둡게 되어 버린다. 인간이 사랑을 모르면 인간의 세상은 바로 살기 흉흉한 전쟁터가 되고 만다. 그래서 공자는 인간에게 인을 설파한 것이 아닌가.

인은 어디에 있는가? 나의 밖에 있는 것이 아니라 나의 마음 안에 있다. 그러므로 인은 멀리 있는 것이 아니라 가장 가까이 있다. 마음 속에 있는 것은 받는 것이 아니라 주는 것이다. 그래서 사랑은 받는 것이 아니라 주는 것이라고 한다. 사람은 이러한 진실을 팽개치려고 한다. 그러나 팽개치지 않으면 사랑은 저절로 따라온다. 왜냐하면 사랑을 주면 두 배의 사랑이 되돌아오기 때문이다. 사랑을 요구하지 마라. 남을 먼저 사랑하라. 이것이 인이다.

🌱 공자의 말씀

인은 멀리 있는 것인가? 아니다. 내가 인을 바라면 바로 나를 따라온다. 이렇게 공자는 밝혔다.

子曰 仁遠乎哉 我欲仁 斯仁至矣

(12) 로데오 골목

강남에 가면 로데오 골목이 있다. 그 골목에서 야생의 사나운 말을 타는 경기가 벌어져 그러한 이름이 붙은 것은 아니다. 외국에서 만들 어진 비싼 물건들을 가져와서 파는 골목 이름일 뿐이다. 그 골목에 왜 로데오란 이름이 붙었을까? 아마도 보통 일이 아니라 유별난 짓을 하 는 골목이어서 그러한 이름이 붙었는지도 모른다.

몇 천 원이면 충분한 여성용 스타킹이 로데오 골목에서는 칠팔만 원 을 호가하고, 보통 사람에게는 몇만 원이면 충분한 속옷도 이 골목에 서는 몇십만 원이 넘어야 행세를 할 수 있다. 옷 한 벌에 몇 백만 원을 주고 걸치게 하는 골목이고 보면 야생의 말을 타도 보통의 말이 아니라 금붙이로 만들어진 말을 타는 골목인 셈이다. 그래서 돈 많은 사람들이 단골로 찾아온다는 로데오 골목은 미친 황금말을 타는 정신나간 치들이 황금을 쓰레기처럼 쓰면서 성시를 이루는 모양이다. 턱없이 비싼 물건을 척척 사서 걸치고 바르고 입고 다니는 인간은 사치꾼이 아니라 미쳐도 보통 미친 얼간이들이 아니다.

　미친 얼간이는 무엇이 부끄럽고 무엇이 엉뚱한 짓인가를 모른다. 돈이 좀 있다고 물을 쓰듯이 마구 쓰는 치들은 바나나 하나를 보고 밑까지 다 들쳐 보여 주는 원숭이에 불과하다. 몇 십만 원의 팁을 주고 머리를 다듬고 우유에 몸을 담그고 몇 백만 원짜리 향수를 뿌리고 금은 보석으로 치장한 뒤 로데오 골목을 거니는 치들은 세상을 돈짝만 하게 보고 만사를 우습게 치부하면서 겁나는 것이 뭐 있겠느냐며 으스댄다. 돈이 많다고 돈 아까운 줄 모르고 제 몸 하나를 위한답시고 펑펑 돈을 낭비하는 무리는 돈을 쓰다가 미친 병이 들어 환장을 하며 거드름을 피우며 살아 있다고 해도 죽은 것이나 다름없는 치들이다.

　사치를 하느라 바람난 사람은 헛바람이 들어 퉁퉁 부어 살지만 돈이 아까워 주먹에 쥐고 죽어 가는 자린고비는 비록 꽉 막힌 꽁생원일지라도 더러운 헛바람이 들지는 않기에 사치꾼보다는 낫다. 자린고비는 돈을 아껴 뒷사람이라도 알맞게 쓰게 하지만 사치로 돈을 탕진하는 놈은 결국 패가망신을 하고 쪽박을 차서 뒷사람들마저 배를 곯게 하는 경우가 많기 때문이다. 부자 삼 대 가기 어렵다는 말도 있듯이 돈 푼깨나 있다고 내 돈 내가 펑펑 쓰는데 무슨 잔소리들이냐고 끙끙거릴지라도 어느 날인가 로데오 골목에서 사들인 물건들이 독거미가 되어 살점을 파먹는 꼴이 없으란 법은 없다.

　사치란 무엇인가? 헛사는 것을 말한다. 깍쟁이란 무엇인가? 잘살 수 있으면서도 못 사는 것을 말한다. 공자께서는 헛사는 것보다는 차라리 못 사는 편이 더 낫다고 말씀해 두었다. 선생은 이미 강남에 로데오 골목 같은 것들이 있어서 세상은 병들고 썩어 간다는 것을 알았던 모양이다.

🌿 공자의 말씀

사치스러우면 겸손할 줄을 모른다. 검약하면 꽉 막혀 융통성이 없다. 하지만 거만한 것보다는 차라리 고루한 것이 더 낫다. 이렇게 공자께서 밝혔다.

子曰 奢則不孫 儉則固 與其不孫也 寧固

(13) 밤잠을 설치는 사람들

감출 것이 없는 사람은 낮에는 마음껏 일하고 밤에는 마음껏 잠을 잔다. 꿈자리가 시끄러울 일도 없고 일이 잘못될까 입술을 태울 일도 없기 때문에 눈을 감으면 단잠이 온다. 그런 사람은 불면증이나 가위눌림 따위를 모른다. 부끄러운 일은 하나도 범하지 않고 제 할 일을 열심히 하면 몸은 저절로 편안해지고 마음 역시 저절로 편안해지게 마련이다.

그러나 감출 것이 많은 사람들은 밤이 되면 무서워한다. 숨길 것이 많은 사람은 도둑이 들어와 무엇을 훔쳐 갈까 봐 겁을 내고 행여 누군가가 자기의 뒤를 캐고 있지는 않나 싶어 몸둘 바를 몰라 공연히 서성대면서 오만 근심 걱정을 싸잡아 하느라고 밤잠을 설치게 마련이다.

못된 짓을 하는 놈은 발을 뻗고 잠을 잘 수 없다. 도둑이 제 발 저리듯 못된 짓을 하는 놈은 언제나 속으로는 풀이 죽어 있고 쇠파리가 몰려 붙어 있는 베 잠방이처럼 마음속이 썩은 땀 냄새로 가득해 몸뚱이가 마치 천근이나 되는 무쇠 덩어리처럼 굳어 있게 마련이다. 그래서 못된 짓을 하는 놈은 항상 수상한 눈초리를 하고 주변 사람들을 비루 먹은 개처럼 흘겨보고 꼬리를 감추려고 웅크린다. 썩은 속을 감추려고 겉으로는 가시를 세운 고슴도치처럼 용을 쓰면서 허세를 부리게 마련이다. 그러나 알고 보면 못된 짓을 한 놈의 속은 백짓장처럼 창백하게 멍이 들어 어디서나 오금을 펴지 못하고 남의 눈치만 살필 뿐이다. 그리고 개처럼 맡을 것이 없나 하고 마음의 코를 킁킁거리면서 기웃거리며 성한 사람들의 약점이나 찾아 한몫 보려고 꿍꿍이를 부리려 한다.

감출 것도 많고 숨길 것도 많으며 못된 짓을 하는 놈을 공자는 소인이라고 불렀다. 머리카락은 짧아도 마음 하나만은 길다는 말이 있는 것처럼 몸집은 작아도 천하를 한 가슴에 안을 만하고 그러한 마음씨로 뭇사람을 편안하게 하는 사람이 있다면 그가 곧 군자일 것이다. 공자는 군자를 사랑하고 소인을 멀리하라고 당부해 두었다.

그러나 공자의 이러한 당부를 몇 사람이나 듣고 따랐을까? 이러한 물음을 어느 세상에서나 하게 한다. 지금 우리가 사는 세상은 왜 고달픈가? 소인이면서 군자의 티를 내는 사람들 탓에 세상은 밤새 안녕하냐는 인사말로 시작되는 것이다.

🌿 공자의 말씀

군자의 마음은 평평하고 넓고 너그럽다. 그러나 소인은 항상 겁내고 두려워한다. 이렇게 공자는 단언했다.

子曰 君子坦蕩蕩 小人長戚戚

3. 문답의 담론

(1) 누가 무서운 사람인가

덕을 실천하는 사람을 만나기는 매우 어렵다. 저마다 제 욕심만 채우고 보장하려는 세상일수록 덕은 베풀어지기 어렵다. 욕심은 덕을 잡아먹는 개미귀신과 같다. 개미귀신처럼 사람들은 세상에 함정을 파놓고 미끼를 낚아채려고 한다. 지금만 그러한 것이 아니다. 예나 지금이나 인간의 역사는 그런 함정의 덫에 얽히어 왔다. 그래서 공자는 힘이라는 욕심과 용맹이라는 욕심으로 역사를 주물러대는 사람들을 무서워했다.

공자께서 안연에게 속을 털어놓았다. 안연에게 무엇을 감출 것이 있었겠는가. 안연은 삼천 제자 중에 덕을 실천하는 수제자인 까닭이다. 사람들이 알아주고 써 준다면 뜻을 펼 것이고 버리면 깊이 숨는 태도를 알 것이라고 공자가 실토한다. 선생의 말씀에 안연은 맞장구를 치지 않는다. 다만 선생의 말씀을 경청하고 자신을 추스리는 안연일 뿐이다. 선생도 높은 자리에 연연하지 않고 제자인 안연도 높은 자리에 매달릴 생각은 없다. 이러한 사람들이 정치를 한다면 세상은 한결 부드러워질 것이고 권모술수 따위는 발붙일 곳이 없어질 것이 분명하다. 그러나 실제로는 그렇지 않기 때문에 언제 어디서나 정치판은 술수의 소굴로 둔갑하고 그 소굴에 휩싸인 사람들은 이해(利害)에 따라 원수가 되기도 하고 동료가 되기도 한다. 그래서 공자는 이해의 소굴을 멀리하라고 한다.

선생의 말씀에 자로가 뛰어든다. 자로는 성질이 급한 행동파 제자다. 생각보다 행동이 앞서는 경우가 있어서 공자가 걱정하는 제자다. 선생님께서 삼군을 부리신다면 누구와 더불어 하시겠느냐고 자로가 묻는다. 그러자 공자는 맨주먹으로 범을 잡는다거나 맨발로 강을 건너갈 수 있다거나 죽어도 뉘우치지 않겠다고 호언장담하는 무리와는 더불어 일하지 않을 것이라고 타일러 준다. 그리고 일에 겁을 내고 충분히 대비하고 마음을 써서 다루어 성취시키는 사람과 더불어 일을 하겠노라고 공자는 자로에게 밝혀 준다. 이러한 말씀을 자로는 어떻게 받아들였을까? 만용을 부리는 사람이 제일 무섭고, 장담하는 사람이 제일 두렵다는 생각을 아마도 가졌을 것이다. 내가 아니면 안 된다는 사람들 탓에 세상은 몸살을 앓기도 하고 세 치 혀로 장담하면서 남을 해치고 모함하는 사람들 탓에 세상은 항상 피를 보고 낙담을 하는 것이 아닌가.

🫖 자로와의 담론

세상 사람들이 나를 알아주고 써 준다면 내 뜻을 실천하고, 버린다면 깊이 숨어버리는 태도는 나와 그대만이 할 수 있을 것이라고 공자가 안연에게 실토한다. 그러자 자로가 선생님께서는 삼군(三軍)을 부리신다면 누구와 더불어 하시겠느냐며 끼어든다. 맨주먹으로 호랑이를 잡는다거나 맨발로 강을 건너갈 수 있다거나 죽어도 뉘우치지 않겠다는 무리와는 일을 하지 않을 것이며 할 일을 두고 두려워할 줄 알면서도 충분히 마음을 써서 다루어 일을 잘 끝낼 수 있는 사람과 일을 하겠다고 공자가 잘라 말한다.

子謂顔淵曰 用之則行 舍之則藏 惟我與爾有是夫 子路曰 子行三軍 則誰與 子曰 暴虎馮河 死而無悔者 吾不與也 必也臨事而懼 好謀而成者也

(2) 끝이 좋지 않은 것들

우리는 집안을 찾고 뼈대를 찾는 버릇이 있다. 옛날처럼 양반이나 상것을 차별하려는 것이 아니라 집안이 제대로 되어 있는가를 알고 싶어서 그렇게 하는 버릇이 있다. 된사람은 집 밖에서 이루어지는 것이 아니라 집 안에서 이루어지는 까닭이다.

올빼미 같은 놈이란 욕설이 있다. 올빼미 새끼는 배가 고프면 품고 있는 어미의 배를 삽시간에 쪼아 뱃속의 창자를 찍어 삼켜 어미를 잡아먹는다고 한다. 그래서 올빼미 같은 놈이란 욕설은 부모를 몰라보고 조상을 몰라보는 놈이란 욕이 된다. 죽은 사람만 조상이 아니라 살아 있는 부모 역시 내 조상인 것이다. 부모의 부모가 조상인 까닭이다. 그러므로 흙 속에 묻힌 조상을 모신다는 것은 결국 부모를 잘 모신다는 마음과 통한다. 아마도 이러한 마음을 환기시키려고 어느 제자가 공자께서는 조상을 신중히 여긴다고 귀띔을 했나 보다.

병정개미가 풀밭에서 전쟁을 벌이는 꼴을 보면 사람들은 지독하다고 흉을 본다. 참으로 똥 묻은 개가 겨 묻은 개를 흉보는 꼴과 같다. 왜냐하면 만물 중에서 사람만큼 잔인한 전쟁을 하는 동물은 없기 때문이다. 별의별 핑계와 구실을 붙여 적을 만들어 놓고 목숨을 거는 전쟁을 인간은 한없이 되풀이해 왔다. 몸으로 전쟁을 했고 활과 칼로 전쟁을 했고 총과 대포로 전쟁을 하다가 이제는 잠수함과 비행기, 그리고 미사일로 전쟁을 한다. 수백 명이 죽었고, 수천 명이 죽었고, 이제는 수만 명이 죽어나는 전쟁을 벌이는 기술을 인간은 갖추고 으르렁댄다. 무엇이든 전쟁을 좋아하면 망하게 마련이다. 그렇다면 인간은 언젠가 전쟁 탓에 스스로 자멸할지도 모른다. 아마도 공자께서는 이미 이를 알고 걱정을 하셨던 모양이다. 이러한 근심도 역시 사람을 소중히 하라는 공자의 속뜻이 아닌가.

학은 천 년을 누리고 죽음을 맞이할 때는 노래를 부르고 마지막 순간을 맞는다고 한다. 그러한 노래를 학의 울음이라고 하지만 하늘이 준 명에 대한 순종으로 보아도 될 것이다. 난초 중에서도 가장 진화가 빠른 종은 죽음이 닥치면 마지막 꽃을 피워 짙은 향기를 천공에 뿜는다고 한다. 이러한 향기는 천수를 누리다 간다는 징표일 것이다. 사람 역시 명대로 살다가 명이 다 되어 간다면 죽음을 한탄할 것은 없다. 만물은 있다가도 없어지는 운명을 타고난다. 그러나 몹쓸 병에 걸리면 생목숨이 앗겨지게 되는 것이므로 공자께서는 이를 안타까워했던 모양이다. 이 또한 사람을 소중히 하자는 말씀인 셈이다.

등치고 간 내먹는 사람이란 속담이 있다. 그런 사람은 어떤 무기를 지니고 그런 끔찍한 짓을 하는 것일까? 되지도 않을 말로 사람을 아프게 할 때 세 치 혀는 괴변(怪變)을 늘어놓는다. 억지로 일을 꾸며서 밀어붙이는 경우에는 힘 하나만 믿고 뭇 사람을 못살게 하는 폭력이 세상을 입안의 고기 덩어리처럼 뭉개려고 덤빈다. 괴변이나 폭력이 날뛰면 세상은 어지러워지고 결국 너도 망하고 나도 망하게 되고 난리가 세상을 덮어 버린다. 그렇게 되면 신을 팔아먹는 괴한들이 나타나 순진한 사람들을 울리는 일들이 자주 일어나게 마련이다. 세상이 어지러울수록 사교(邪敎)가 솟아나 세상을 속이는 환란이 이어진다. 그러면 사람들은 마음놓고 하루를 보내기가 어렵게 된다. 이 얼마나 고통스러운 세상을 인간이 감내해야 하는가?

공자는 이를 멀리했다고 어느 제자가 알려 준다. 왜 공자는 이러한 괴변이나 폭력, 난리나 귀신 등에 대해 입을 다물었을까? 언급할 가치가 조금도 없는 까닭이었을 것이다. 공자의 관심은 오로지 사람이 사람을 올바르게 사랑해야 한다는 인의에만 있었던 것이 아닌가.

🍵 제자와의 담론

공자께서 가장 신중하게 생각한 것은 제사와 전쟁, 그리고 질병이었다고 어느 제자가 밝혔다.

子之所愼 齊 戰 疾

공자께서는 괴변이나 폭력, 난리나 귀신 등에 관해 말하지 않았다고 어느 제자가 밝혀 두었다.

子不語 怪 力 亂 神

(3) 공자를 떠보는 제자

어느 날 염유가 자공을 만났다. 그 둘은 모두 공자의 제자들이다. 먼저 염유가 "선생께서는 위 나라의 임금을 도우실 마음이 있을까?"하고 자공에게 말을 걸었다. 자공은 "글쎄 모를 일이다."라고 대답하고 자신이 들어가 선생의 의중을 살펴보겠다면서 선생의 방으로 들어가 여쭈어 보았다.

임금이 되어 달라는 말을 듣고 더러운 말을 들었다면서 냇물에 귀를 씻었던 허유의 고사와, 군왕으로 모시겠다는 말을 듣고 차라리 수양산 고사리를 먹고 살겠다며 산으로 들어가 굶어 죽은 백이숙제의 고사를 들어 자공은 선생의 속을 짚어 볼 요량이었던 모양이다. 그래서 자공은 선생께 백이숙제를 어떻게 여기느냐고 넌지시 물어보았다. 그러자 공자께서는 그분들은 현인들이라고 잘라 대답을 했다는 것이다. 자공은 이러한 응답으로는 속을 다 짚을 수가 없다고 여겨 다시 그분들을 원망해도 되느냐고 물었다. 그러자 인을 구해 얻었는데 무엇을 원망하느냐고 선생은 자공에게 잘라 말했다고 한다.

방 밖에서는 염유가 기다리고 있었다. 염유를 본 자공은 선생께서는 위 나라 임금을 돕지 않을 것이라고 잘라 말을 전했다. 이로 보아 두 제자는 공자의 심중을 헤아린 셈이다. 왕위를 물려주겠다는 제안을 거절한 것을 공자는 왜 인의 성취로 보았을까? 임금의 자리를 내놓을 만한 임금이라면 선정을 베풀 성군으로 보았을 것이고 성군의 자리를 넘보는 것은 불인으로 보았을 것이라고 헤아려도 무리는 아닐 것이다.

성군은 임금의 자리를 물려줄 줄 알지만 폭군은 임금의 자리를 뺏길까 봐 밤잠을 설치는 법이다. 자공이 도와줄 수 있느냐고 물었던 위 나라의 헌공(憲公)은 막막하리만큼 어리석은 임금이었다. 미색을 팔아 사악한 짓을 일삼고 간음을 저질렀던 남자(南子)란 부인에게 돌돌 말려 있었는데 어찌 공자가 왕을 도울 수 있었겠는가. 헌공을 도울 사람은 공자가 아니라 오히려 남자라고 공자는 여겼을지 모른다. 그래서 공자는 그 남자란 여인을 만난 적이 있었다. 그 일로 공자께서는 성질 급한 자로라는 제자한테 핀잔을 받은 적도 있었다. 자로가 왜 썩어빠진 그 여자를 선생께서 만나셨냐고 화를 내자 공자는 하늘이 알 것이라고 한탄했다.

공자가 왜 한탄을 했을까? 인을 구할 수 없으니 인을 성취할 수도 없었던 고뇌 때문이었을 것이다. 힘을 믿는 폭군은 인을 부셔 버리고 어리석어 여자에 놀아난 임금은 인을 메마르게 하는 법이다. 공자는 이러한 꼴을 몹시 안타깝게 여기고 임금이 어리석어 도울 길이 없음을 알고 마음 아파했을 것이다.

🫖 염유와 자공의 담론

선생께서 위 나라 임금을 도우실까? 이렇게 염유가 물었다. 글쎄 내가 한번 선생께 여쭈어 볼까? 이렇게 말을 남기고 자공이 선생의 방에 들어가 백이숙제는 어떠한 분이냐고 물었다. 자공의 물음에 선생은 그분들은 옛날의 현인들이라고 응답했다. 다시 자공은 원망해도 되느냐고 물었더니 선생께서 인을 구해 인을 성취했는데 무슨 원망이냐고 잘라 말했다. 자공은 나와서 선생께서는 위 나라의 임금을 돕지 않을 것이라고 말을 했다.

冉有曰 夫子爲衛君乎 子貢曰 諾 吾將問之 入 曰 伯夷叔齊何人也 曰 古之賢人也 曰 怨乎 曰 求仁而得仁 又何怨 出 曰 夫子不爲也

(4) 속상한 자로를 위하여

성질이 급하고 괄괄했던 자로가 초 나라 섭현의 장이었던 섭공을 만났다. 섭공이 공자의 사람됨을 자로에게 떠보았던 모양이다. 못난 놈은 등 뒤에서 험담을 하고 약은 놈은 등 뒤에서 수근거리며 흉을 보고 눈치에 밝은 놈은 말을 불려서 한다. 우직하리만큼 선생의 가르침을 실천하기 전에는 더 배우지 않겠다던 자로를 몰라보고 섭공이 공자의 사람됨을 몰래 물었으니 자로의 속은 엄청 상했을 것이다. 그러나 체면을 생각해서 못돼 먹은 섭공에게 한 마디 퍼붓지 않고 참았노라고 자로가 선생을 뵙고 식식거렸던 모양이다. 그러나 공자께서 자로에게 들려주는 이야기를 들으면 화난 손자를 달래는 느낌을 버릴 수 없다.

당사자가 없는 데서 사람을 떠보려고 했던 섭공은 나쁘다. 사람 됨됨이를 염탐하는 섭공을 침묵으로 참은 자로가 잘했다. 이렇게 공자께서 말을 했다면 이것은 보통 사람들이 하는 짓일 것이다. 누구는 좋은 사람이고 누구는 나쁜 사람이라고 편을 갈라서 색깔을 정하는 짓은 바로 소인들이 장기로 삼는 일이다. 패를 갈랐으니 내 편 네 편이 생기고 그렇게 되면 이 주장 저 주장이 튀어나와 사람들의 마음이 상처를 입게 된다. 그러면 인간들은 서로 원수의 묶음으로 나누어져 버리고 만다.

어찌 공자께서 이를 모를 것인가. 아마도 섭공 앞에서 속으로 분해했을 자로를 선생은 할아버지가 손자를 달래듯이 달래며 속을 풀어 주려고 했던 모양이다. 공자의 사람됨이 어떠냐고 물었거든 학문을 무척 좋아하고 따른다고 말해 줄 일이지 왜 가만히 있었느냐고 타일러 주던 공자를 두고 자기 자랑을 해 주지 않은 자로에게 섭섭했다고 말할 수 있을까? 아니다. 없는 곳에서는 남을 험담하지 마라. 그러나 진정으로 남의 좋은 점만을 말해 주면 사람의 뒤를 캐물었던 사람은 머쓱해지고 험담을 하거나 당사자가 없는 데서 흉을 보면 나쁘다는 것을 배우게 된다는 깊은 뜻이 담겨 있음을 우리는 헤아릴 수 있다.

이처럼 사람의 등 뒤에서 말짓을 하는 것은 나쁘다고 가르치는 것보다 차라리 섭공에게 나를 칭찬해 주지 침묵을 지켰느냐고 타이르는 공자의 말을 들으면 할아버지의 품에 안기는 기분을 맛보게 된다. 공자께서는 이렇게 사람이 되는 법을 가르쳤다고 보아도 된다.

🫖 자로와의 담론

섭공이 자로에게 공자의 됨됨이를 물었다. 그러자 자로는 입을 다물었다. 이런 사정을 들은 공자서는 다음처럼 타이른다. 자네 왜 입을 다물고 있었나? 이렇게 말해 주지 그랬나. 공자의 사람됨은 학문에 발분하면 밥을 잊고 학문을 즐기느라 걱정을 잊고 늙어가는 것조차 모른다고 말이야.

葉公問孔子於子路 子路不對 子曰 女奚不曰 其爲人也 發憤忘食 樂以忘憂 不知老之將至云爾

(5) 사람을 가르치는 일

목수는 나무를 다루고 연장 쓰는 법을 가르칠 수 있다. 상인은 물건을 사고 팔아 이윤을 남기는 비밀을 가르칠 수 있다. 도둑놈은 도둑질하는 비결을 가르칠 수 있다. 이처럼 무슨 재주를 간직한 사람은 그것을 가르치는 능력을 갖고 있다. 나아가 재능을 앞세워 지식을 가르치는 사람도 있다. 교사나 교수들은 갖은 지식을 가르치는 사람들이다. 그러나 사람이 되는 법을 가르치는 일은 아무나 할 수 있는 일이 아니다. 왜 우리가 공자의 말씀을 다시 귀담아듣고 살펴보아야 하는가? 공자께서는 사람이 되는 법을 누구보다도 잘 가르치는 방법을 밝혀 두었기 때문이다.

사람이 된다는 것은 스스로 사람이 되어야 하고 동시에 더불어 사람이 되어야 한다는 뜻이다. 사람이 된다는 것은 무엇을 말하는가? 지식이 많아 능력이 훤출하다고 사람이 되는 것은 아니다. 못된 짓을 범하는 사람들치고 머리가 둔하거나 무식한 사람은 없다. 그렇다면 지식만으로는 사람이 될 수 없음을 알 수 있다. 공자께서는 사람이 되는 법을 누구보다도 분명히 밝혀 두었다. 이것을 공자의 4교(四敎)라고 한다.

사람에게 문(文)을 가르쳐라. 그러면 사람이 된다. 문이란 무엇인가? 덕으로 삶을 영위하는 기록이라고 보아도 된다. 그러므로 문은 덕을 베푸는 마음으로 해석해도 된다. 덕치가 무엇인가를 밝혀 주는 문을 공자는 가르친 셈이다. 그 문은 나의 마음속에 인의를 키워 준다.

사람에게 행을 가르쳐라. 그러면 사람이 된다. 행이란 무엇인가? 문을 실천하는 행동을 말한다. 내가 문을 철저히 실천할 것을 행은 요구한다. 그러면 나는 덕행의 주인이 된다. 무엇이 덕행인가를 가르쳐 주는 것이 공자의 행이다. 그래서 행은 나의 행동을 인의가 되게 한다.

사람에게 충(忠)을 가르쳐라. 그러면 사람이 된다. 사람과 사람 사이에 부끄러움 없이 서로 믿는 마음속을 성(誠)이라고 한다. 성실한 마음이 없으면 충은 없다. 옛날에는 임금이 충신을 찾았지만 지금은 민중이 충신을 찾는다. 어느 세상이나 충신을 원한다. 그러므로 공자가 밝힌 충을 낡은 것이라고 말하지 마라.

사람에게 신(信)을 가르쳐라. 그러면 사람이 된다. 사람과 사람 사이에 믿음이 있으려면 거짓과 숨김이 없어야 한다. 서로의 올바른 믿음이 서로의 속을 주고받을 수 있을 때 우리는 신의라고 한다. 사람과 사람 사이에 이러한 신의가 없으면 사회는 결국 허물어진다. 그러므로 공자가 밝힌 신은 사회를 지탱하는 언덕과 같다.

이와 같은 공자의 4교인 문·행·충·신은 유교가 통치 이념이었던 시대의 유물로 밀려날 수 없다. 왜냐하면 민주 시대일수록 올바른 개인과 올바른 대중이 삶의 사회를 엮어야 하기 때문이다. 왜 우리는 믿을 수 없는 세상이라고 한탄하는가? 문행(文行)의 나〔個人〕가 없고 충신(忠信)의 우리〔集團〕가 허물어진 탓이 아닌가. 나 개인이 인의를 실천하는 사람이 되게 하는 것이 문과 행이요, 나와 너를 인의로 묶어지게 하여 우리가 되게 하는 것이 충과 신인 것이다. 어느 세상이 공자의 이러한 4교를 낡았다고 할 것인가.

🫖 자로와의 담론

공자께서는 네 가지를 가르치셨다. 그것은 문이며 행이고 충이며 신이다. 이렇게 한 제자가 밝히고 있다.

子以四敎 文 行 忠 信

(6) 잔학한 살쾡이

호랑이는 배가 고파야 살생을 한다. 사자도 배가 고파야 살생을 한다. 이처럼 호랑이나 사자는 제 힘만 믿고 만나는 짐승을 마구잡이로 해치지 않는다. 그래서 그것들을 백수의 왕이라고 일컫는다. 그러나 표범과 살쾡이는 죽이는 짓을 좋아한다. 그래서 그것들은 닥치는 대로 살생을 한다.

닭장에 살쾡이가 들면 한 마리만 죽는 것이 아니라 닭장의 모든 닭들이 죽임을 당한다. 목줄을 물어뜯어 발기고는 피 냄새를 맡으며 살기를 품는 살쾡이는 잔학하다.

살쾡이 같은 인간이 하나만 있어도 살인이 줄을 잇는다. 인간의 역사는 인간들이 살쾡이 같다는 기록을 수없이 지니고 있다. 옛날에만 있었던 것이 아니다. 살생의 놀이는 세계 도처에서 끊임없이 일어난다. 유태인 학살은 히틀러가 살쾡이 짓을 한 것이고 만주 만보산에서 있었던 학살은 왜병이 살쾡이 짓을 한 것이다.

어디 먼 외국에서만 이러한 일들이 일어났던가. 공자의 도를 앞세워 세상을 주물렀던 조선조에도 인간 살쾡이들이 있었다. 역모를 하면 삼족을 멸한다는 형벌은 임금을 살쾡이처럼 만들었고 한강변의 절두산은 대원군에게 살쾡이 같은 살생의 버릇이 있었음을 말해 준다. 공문(孔門)의 사상을 절대시한다던 시대에 망나니들의 칼날에 피가 마를 날이 없었으니 이는 공자의 가르침을 엄청나게 어긴 셈이다. 이러한 모든 살생의 버릇들은 인간에게 숨어 있는 잔학한 살쾡이 근성일 것이다.

왜 공자께서는 낚시질은 했지만 그물질은 하지 않았을까? 왜 공자께서는 날아가는 새는 쏘았지만 앉아 있는 새는 쏘지 않았을까? 먹고 싶은 만큼 고기를 잡으면 되고 새고기가 먹고 싶으면 한 마리로 족했기 때문이다. 재미로 사냥을 하거나 그물을 던져 고기를 떼로 잡아 썩히는 짓을 한다면 인간도 닭장에 든 살쾡이나 다를 바가 없는 것이다. 공자의 가르침은 사람만 사랑하라는 것이 아니라 모든 목숨을 사랑하라는 뜻을 그렇게 나타낸 것으로 헤아리면 된다. 살생을 말라고 한 여래(如來)도 공자의 뜻과 같았을 것이다.

🍵 제자와의 담론

공자께서는 낚시질은 했지만 주낙질은 하지 않았고 나는 새에 주살질은 했지만 자고 있는 새에게 주살을 던지지는 않았다고 한다.
子釣而不網 弋不射宿

(7) 연좌제의 설움

콩 심은 데 콩 나고 팥 심은 데 팥 난다. 이러한 속담은 종자가 좋으면 싹도 좋고 종자가 나쁘면 그 싹도 나쁘다는 말로 들릴 수 있다. 본색은 못 속인다느니 본바탕이 어떻다느니 하는 과거를 가지고 사람의 발목을 잡으려는 일들이 무수히 많다. 요즘은 지방색을 따져 이렇고 저렇고 말이 많아 개인 이력서에 원적을 기재하지 않게 하기도 한다.

아버지가 살인자라고 해서 그 자식마저 살인자인 것은 아니다. 그러나 연좌제라는 악법을 보면 마치 아비가 살인을 하면 그 자식도 따라서 살인자가 되어 버리는 것처럼 범법자의 피붙이를 묶어 버린다. 사상범의 가족들은 연좌제의 족쇄 탓에 아버지를 밝힐 수 없거나 삼촌이나 형제를 밝히지 못한 채 세상을 보내야 하는 경우가 우리 주변에는 심심찮게 많다. 지금은 연좌제가 없어졌다고 하지만 그래도 중요한 요직에 등용될 때면 그러한 문제가 가시처럼 들러붙어 당사자들의 아픈 가슴을 찌르는 모양이다.

우리에게 숨어 있는 연좌제는 분단의 아픔이라고 자조하기도 한다. 친척 중에 누구 한 명 빨갱이가 있거나 자진 월북한 사람이 있으면 여러 가지의 불이익을 당해야 했던 시절을 연좌제의 맛을 본 사람은 잊을 수 없을 것이다. 이러한 연좌제는 분명 돼지 눈에는 돼지만 보인다는 말을 떠올리게 한다. 이러한 일들은 사람이 사람을 믿지 않는다는 전제 조건을 정당화시켜 준다. 그래서 사람들은 서로 믿지 못해 결국 서로 의심하게 되고 그렇게 되면 사람을 제대로 볼 수 없게 된다.

올바른 일을 하고 싶어도 과거 때문에 못하게 한다면 세상은 한을 짓고 험악해질 것이다. 험악한 세상은 흉흉해지고 그렇게 되면 사람은 사나워진다. 그러나 할 수 있는 일을 하고자 할 때는 순수하게 도와주라고 제자들에게 타일렀던 공자의 당부를 귀담아들었다면 연좌제가 뿌렸던 눈물은 흘리지 않아도 되었을 것이다.

🫖 제자들과의 담론

호향이라는 마을 사람과는 말을 나누기가 어려웠다. 그런데 공자께서 그 마을의 아이를 만나 주었다는 소문을 듣고 제자들이 의아해 했다. 그러자 공자께서는 그 아이가 나아가고 싶어해 나아가게 도와주었지 뒤로 물러나고자 하는 것을 나아가라고 거든 것은 아니라고 밝혀 주었다. 그리고 공자께서는 사람이 자신을 깨끗이 하고 나가면 그 깨끗함에 편을 들어 주어야지 과거의 일에 매달릴 것은 없다고 밝혀 주었다.

互鄕難與言 童子見 門人惑 子曰 與其進也 不與其退也 唯何甚 人潔己以 進 與其潔也 不保其往也

(8) 사람의 속을 떠보지 마라

금실이 좋은 부부일수록 사랑싸움을 자주 하는 경우가 있다. 서로 하루가 멀다 하고 사랑을 확인하려는 눈치를 보이면 영락없이 사랑 탓에 사랑싸움을 하게 된다. 대개 사랑의 확인은 아내 편에서 시작된다. 귀여운 아내가 먼저 남편에게 자신을 사랑하느냐고 묻는다. 한두 번쯤은 그렇다고 남편은 정색을 하고 반응해 준다. 그러나 좋은 말도 한두 번이지 자주 들으면 엇나가게 된다. 그렇게 되면 남편은 아내가 무슨 답을 원하는지 뻔히 알면서도 사랑하지 않는다며 시치미를 떼어 버린다. 그러면 울고불고 사랑싸움이 일어난다. 이처럼 금실이 좋은 부부 사이에도 속을 떠보는 일이 있으면 불쾌한 일이 일어난다.

공자의 조국이었던 노 나라의 임금은 소공이었다. 소공은 동성(同姓)의 여인과 결혼을 했으나 그 사실을 숨기기 위해 여인의 이름을 오맹자(吳孟子)라고 불렀다. 그 당시에도 동성끼리 혼인을 하는 것은 예를 어기는 일이었다. 그러나 소공은 예를 어긴 것을 숨겼으니 무례(無禮)함을 범한 임금인 셈이다. 공자께서 이러한 소공의 무례함을 모를 리 없었다.

공자가 하남성 동남쪽의 작은 나라였던 진(陳) 나라의 법무장관인 사패를 만나게 되었다. 만난 자리에서 사패는 소공이란 임금은 예를 아느냐고 공자에게 물었다. 사패의 말을 들은 공자는 소공은 예를 안다고 응답해 주고는 곧장 나와 버렸다고 한다. 공자가 왜 두말 않고 사패의 방에서 물러 나왔을까? 소공의 무례함을 알고 있으면서도 공자의 의중을 떠보려는 사패의 마음씨가 바르지 못함을 공자께서 행동으로 보인 것으로 헤아려도 된다.

공자는 '알면 안다 하고 모르면 모른다 하는 것이 곧 앎'이라고 제자들에게 가르친 분이다. 곧은 마음을 지녀야 사람이 사람 구실을 한 다는 가르침인 셈이다. 사람의 속을 떠보는 짓은 곧은 마음이 하는 짓이 아니다. 몰라서 물으면 사실을 말할 수 있지만 알면서도 모른 척하고 묻는다면 두 번 속이는 꼴이다. 사패는 두 번 속이는 짓을 했기에 공자께서는 두말없이 방을 나와 버렸을 것이다. 왜냐하면 사패는 자신을 속였고 공자를 속였기 때문에 더불어 이야기할 상대가 아닌 것이다.

🫖 사패와의 담론

진 나라의 사패가 공자께 소공이 예를 아느냐고 물었다. 그러자 공자 께서는 소공이 예를 안다고 답해 주고는 그 방을 나와 버렸다. 그 뒤에 두 손을 공손히 모으고 사패가 공자의 제자인 무마기에게 다가가 이렇게 뒷말을 했다. 군자는 편을 들지 않는다는 말을 들었는데 군자 역시 편을 들더군요. 소공은 오에서 부인을 취해 노와 오는 동성이라 오맹자라 했는데 그런 소공을 두고 예를 안다고 하면 누가 예를 모르겠습니까?. 무마기가 사패에게 들은 이야기를 들려주자 공자께서는 다음처럼 말했다. 나는 참 행복하다. 잘못이 있으면 남이 반드시 가르쳐 주는구나.

陳司敗問昭公知禮乎 孔子曰 知禮 孔子退 揖巫馬期而進之 曰 吾聞君子 不黨 君子亦黨乎 君取於吳 爲同姓 謂之吳孟子 君而知禮 孰不知禮 巫馬 期以告 子曰 丘也幸 苟有過 人必知之

(9) 하늘은 편을 들지 않는다

사람들은 자신에게 힘을 달라고 하느님께 기도를 하기도 한다. 복을 달라고 부처님께 빌기도 한다. 행운을 점지해 달라고 무당을 찾아가 귀신을 달래기도 한다. 그러나 자신만을 위해 해 달라는 기도를 하느님이나 부처가 들어줄 것 같지 않다. 만물을 창조한 하느님은 만물의 어버이인지라 누구는 도와주고 누구는 해할 리가 없다. 만물을 자비롭게 하라는 부처 역시 소원을 빈다고 복을 주고 빌지 않는다고 액을 줄 리가 없다. 열 손가락 깨물어 아프지 않은 손가락 없다는 속담을 새겨들으면 헤아릴 수 있는 일이다. 공자께서도 이러한 생각을 지녔던 셈이다. 왜냐하면 마음을 선하게 하여 성실하게 지니는 것이 곧 하늘에 비는 것과 같다고 밝히고 있기 때문이다.

공자께서 신을 어떻게 알 수 있느냐고 묻자 받들되 어려워하는 것〔敬而遠之〕이 신을 아는 것이라고 밝힌 일이 있다. 여기서 신은 하늘로 보아도 된다. 하늘을 모시되 이용하지는 말라는 말씀이다. 공자께서는 이러한 말씀을 손수 몸으로 보여 주셨다.

선생이 병을 앓게 되자 속이 답답했던 자로는 병을 고쳐달라고 하늘에 빌자고 간청을 했다. 그러자 선생은 그런 일도 있느냐면서 자로에게 하늘에 빈 지 이미 오래라고 타일러 주었다. 선생의 이 말뜻을 자로가 알아들었을까? 알아들었다면 선생께서 하늘을 이용하거나 팔지 말아야 한다고 하신 깊은 뜻을 자로가 터득했을 것이고 알아듣지 못했다면 선생을 안타깝게 했을 것이다.

공자가 하늘에 빈 것은 사람이 마음이 선해지고 사랑하고 올바르게 되는 길이었지 당신의 몸 하나를 편하게 해 달라고 빌지는 않았음을 지금 우리는 주목해야 한다. 내 자신이 천당에 가려고 교회당을 찾거나 내 자신이 열반에 들려고 절에 가는 것은 공자가 밝힌 남을 편하게 하려고 나를 닦는다〔修己而安人〕는 인간주의에 위배되는 짓이다. 자로여, 선생의 말을 알아들었던가? 성질이 괄괄하고 급했던 자로가 더는 선생을 졸라 하늘에 빌자고 억지를 썼다는 기록이 없으니 아마도 자로는 선생의 깊은 뜻을 알아들었던 모양이다.

🫖 자로와의 담론

공자께서 병이 들었다. 자로가 기도를 올리자고 청을 드렸다. 그러자 선생께서 그런 일도 있느냐고 되물었다. 자로가 있다고 한 다음 기도 문에 보면 위로는 하늘의 신에게 빌고 아래로는 땅의 신에게 빈다는 말씀이 있다고 여쭈어 올렸다. 이 말을 들은 공자께서는 하늘에 빈 지 이미 오래라고 타일러 주었다.

子疾病 子路請禱 子曰 有諸 子路對曰 有之 誄曰 禱爾于上下神祇 子曰 丘之禱久矣

(10) 바보와 무골호인(無骨好人)

바보는 몰라서 시비를 가릴 수 없고 무골호인은 시비가 무서워 멀리 한다. 옳고 그름을 몰라서 탈을 내면 용서받을 수 있지만 옳고 그름이 무서워 옳은 것을 그르다 해도 응하고 그른 것을 옳다고 해도 응하는 무골호인은 앞잡이 구실을 떠맡게 된다. 마음 씀씀이도 강할 때는 강하고 약할 때는 약해야 한다. 무골호인에게는 그러한 마음의 강약이 없다. 그래서 무골호인은 스스로 바보가 된다.

인품은 일의 사정에 따라 마음 씀씀이와 행동이 분명할 때 이루어지게 마련이다. 술에 술 탄 듯 물에 물 탄 듯하면 되는 일이라곤 없다. 죽도 밥도 아니라는 속담이 있다. 인품이란 설어도, 그렇다고 너무 타도 안 되고 치우쳐도 안 되고 처져도 안 된다. 그래서 인품은 마음속에 중화(中和)를 이루어야 한다는 것이다. 이러한 중화를 공자께서는 평소에 몸소 보여 주셨다. 그래서 제자들은 공자의 인품에 관한 기록을 서슴없이 남길 수 있었다.

매정한 사람이 따로 있고 다정한 사람이 따로 있는 것은 아니다. 매정해야 할 때는 매정해야 하고 다정해야 할 때는 다정해야 한다. 사람은 목석이 아니므로 마음이 온화하면서도 엄숙할 줄 알아야 하고 위엄을 갖추면서도 무섭지 않아야 하고 상대를 높이면서도 상대를 편하게 해 주어야 한다. 이를 인품의 중화라고 한다. 이러한 중화를 공자는 손수 보여 주셨다. 인품의 중화를 사람이 되는 비밀이라고 보아도 된다. 그런데 이러한 인품을 다스려 간직한 분이 얼마나 될까? 한 분이라도 있다면 그분이 곧 우리의 참다운 지도자일 것이다.

🫖 제자와의 담론

공자께서는 온순하면서도 엄숙하고 위엄을 잃지 않으면서도 무섭지 않고 상대를 높이면서도 편하게 했다.

子 溫而厲 威而不猛 恭而安

論語

제2장
〈태백(泰伯)〉편

1. 〈태백(泰伯)〉편의 체험

(1) 예(禮)는 낡은 것인가

밤낮으로 '예론'을 두고 말싸움만 하다가 나라를 망신스럽게 팔아 넘긴 조선조가 있었다. 그 탓에 우리는 예라는 것을 듣기조차 싫어하게 되었다. 그 후 우리가 알았던 예와는 사뭇 다른 서양의 예인 규범들(moral principles)이 물밀 듯이 밀어닥쳐 필요에 따라 그때그때 예를 써먹는 버릇마저 생겨나게 되었다.

서양의 예는 나를 먼저 놓는다. 그러나 우리의 예는 그러한 짓을 부끄럽게 여겨 남을 먼저 놓는다. 남을 공경하는 마음이 없으면 예는 설 자리가 없다. 남을 공경하는 마음을 사양(辭讓)이라고 한다. 젊은이가 차를 타면 먼저 앉으려 하지 않고 늙은이가 있으면 앉을 자리를 양보하는 모습을 서양의 예에서는 찾아볼 수 없다. 그러나 우리는 늙은이가 옆에 서 있는데도 버젓이 앉아 있는 젊은이를 보면 버르장머리 없는 놈이라며 흉을 본다. 이러한 것은 우리의 예가 밝히고 있는 사양하는 마음과 행동을 말해 준다.

〈태백(泰伯)〉편을 읽으면 사람과 사람 사이에 왜 예가 있어야 하는지를 체험하게 된다. 공자는 태백을 예의 화신처럼 높이 밝힌다. 태백은 임금의 자리를 사람들이 모르게 세 번이나 자기보다 현명하고 덕이 많은 분에게 넘겨주려고 애를 썼던 사람이다. 임금의 시대에 자기 아들이 아닌 남에게 임금의 자리를 물려주려는 마음보다 더 지극한 예는 없을 것이다. 별의별 구실을 다 붙여 대통령을 연임하려고 유신

헌법을 마련했던 박정희 대통령을 생각한다면 왜 공자가 태백을 칭송했는지를 알 수 있을 것이다.

얌전한 개가 부뚜막에 먼저 올라간다, 뒷구멍으로 호박씨를 깐다는 등의 속담은 예를 벗어난 짓을 할 때 쓰는 속담들이다. 겉으로는 바른 척하면서 뒤로는 그른 행동을 하면 예는 짓밟히고 만다. 공자는 이를 가장 싫어했다. 가슴속에 남을 사랑하는 마음이 없다면 예는 짓밟히게 된다. 가슴에 칼을 품고 입술에 미소를 짓지 말라는 것이 예의 첫걸음을 걷는 마음가짐이자 행동의 출발이다.

군자는 큰길을 걷는다. 사잇길이나 지름길이 아닌 곧고 큰길을 따라간다. 〈태백〉편은 이러한 군자의 풍모를 체험하게 한다. 감출 것도 없고 숨길 것도 없다면 뒷공론을 할 필요가 없다. 대개 뒷공론은 남을 해치고 자기의 이욕을 더하려는 꿍꿍이가 있어서 생겨난다. 남을 넘어뜨리고 그 자리에 자기가 서려고 하면 남 또한 나를 넘어뜨리고 내 자리를 빼앗으려고 한다. 이렇게 되면 세상은 시끄럽게 되고 사람과 사람 사이는 험악하게 된다. 이처럼 내가 예를 짓밟으면 그것은 악이 되어 다시 나에게 되돌아온다. 이러한 반작용의 파도가 넘치기 때문에 우리가 살고 있는 이 세상은 살벌하게 변해가고 있는 중이다.

공자는 잘못된 정치는 호랑이보다 무섭다고 했다. 굶주린 호랑이는 사람들을 만나면 한 사람만 잡아먹지만 권력에 굶주린 치자는 백성을 송두리째 잡아먹으려고 하는 까닭이다. 그러므로 세상을 다스리는 꿈을 간직한 사람일수록 사랑하고〔仁〕받들고〔孝〕사양하는〔禮〕마음과 행동으로 다져져야 한다는 것이다. 이렇게 다져진 것을 정치의 덕이라고 공자는 갈파한다. 이러한 공자의 말씀을 누가 그르다 할 것인가.

덕치는 옛것이 아니다. 첨단 과학의 물질문명을 구가하는 민주화 시대에서도 덕치가 없다면 여전히 나라는 소란할 수밖에 없다. 여하한 정치, 사회, 경제의 이론들이 앞다투어 나온다 해도 사람의 마음에 덕이 없다면 그러한 이론들은 호랑이보다 더 무서운 폭정을 펴는 수단의 노예가 되기 쉽다. 그 때문에 백성은 항상 고생을 감내해야 한다. 입으로만 민주 정치를 한다는 사람들 탓에 수많은 사람들이 한을 지니게 하는 세상은 어두울 수밖에 없다. 공자는 세상을 밝게 비추는 덕을 무엇보다 치자에게 강조한다. 겉으로 군자인 척하지 마라. 헛수고일 뿐이다. 〈태백〉편은 이를 말해 준다.

(2) 효란 무엇인가

부모의 가슴에 못을 박는 자는 남의 가슴에 칼질을 하고도 남는 사람이다. 이렇게 무서운 말이 왜 생겨났을까? 효가 없음을 밝히려는 까닭이다. 〈태백〉편은 무엇보다 효를 체험하게 한다. 그래서 공자의 제자 중에서 효행의 화신으로 알려진 증자의 말들이 많이 나온다.

증자가 병이 깊어 임종이 임박했다. 임종을 앞둔 증자는 제자들을 불러 둘러앉게 했다. 그리고는 이불 밑에 있는 자기의 발을 들어 달라고 부탁했다. 제자들이 그렇게 하자 발이 온전하냐고 물었다. 제자들이 온전하다고 아뢰었다. 그러자 이번에는 이불 속에 있는 팔을 들어내 보여 달라고 했다. 팔이 온전한가를 보라고 했다. 제자들이 팔도 온전하다고 아뢰었다. 그러자 증자는 지금 이후로는 근심이 없게 되었다는 마지막 말을 남겼다. 이러한 장면은 〈태백〉편에 나온다. 숙연하고 깊은 의미를 자아낸다.

왜 증자는 죽음에 앞서 자신의 발과 팔을 드러내 온전한가를 묻고 이제 죽어도 괜찮다고 했을까? 아마도 이러한 의문에 대한 해답을 제자들로 하여금 헤아려 보게 하려는 의도가 있음을 짐작할 수 있는 일이다. 효가 무엇인가를 이렇게 보여 주었던 셈이다. 효는 말로 하는 것이 아니라 몸으로 하는 것이다. 효란 무엇인가? 부모를 모시는 일이다. 입으로만 부모를 모시는 시늉을 하는 것이 아니라 내 몸처럼 부모를 모시는 것을 효라고 한다.

왜 부모를 잘 모셔야 하는가? 부모는 자신들의 생명을 나누어 내려주신 은인이기 때문이다. 목숨을 소중히 하라. 이것이 효의 당부이다. 그래서 머리털 하나 손톱 하나라도 소중히 다루라고 효는 말한다. 몸을 온전히 간수하는 것이 효를 실천하는 첫걸음임을 증자는 임종을 앞두고 보여 준 것이다.

몸을 험하게 다루면 목숨을 물려준 부모를 아프게 한다. 싸움질을 하고 들어오는 자식은 어머니의 가슴에 아픈 상처를 남기고 웃으며 들어오는 자식은 어머니의 가슴속을 꽃밭으로 만든다. 그러므로 몸을 소중히 하는 것은 나를 낳아준 부모를 기쁘게 하려는 데 있다. 팔순 노모 앞에서 육순 아들이 색동저고리를 입고 아양춤을 춘다는 옛말도 있다. 이처럼 효는 부모의 마음을 기쁘게 하는 것이다. 그것은 목숨을 내린 보답인 셈이다.

내 몸 하나를 위해서라면 털끝 하나라도 뽑지 않겠다는 양자(楊子)의 '위아설(爲我說)'을 효는 싫어한다. 나 하나 편하면 된다며 향락을 앞세운 '위아설'은 극단적인 이기주의를 불러온다. 효는 이를 싫어한다. 목숨을 갖게 한 은공을 잊지 말아야 한다는 생각을 효는 강조하기 때문이다. 부모에 대한 헌신은 목숨에 대한 은공이다.

자기만을 위한 이기주의는 오히려 효를 그르친다. 가진 것이 없는 노부모는 자녀들로부터 멸시를 받는다고 한다. 손자도 할아버지의 호주머니 속에 사탕 값이 들어 있어야 따른다고 노부모들은 자조한다. 생명보다 물질을 더 중히 여기는 풍조가 만연된 탓에 이러한 불효가 저질러져도 우리는 무감각하게 살아간다. 효라는 것은 목숨의 은공을 높여 사람의 마음을 높이 받들게 한다. 효라는 것은 마음에서 우러나오기 때문이다. 이러한 효는 세상을 아주 자연스럽고 순조롭게 한다.

그러나 사람과 사람 사이에 위아래가 없어지면 강자가 판을 치고 약자는 설움을 받는 지경이 되어 버린다. 그렇게 되면 밀림 속 짐승들의 사회나 다를 바가 없다. 효는 이를 무서워한다. 그러므로 효는 곧 사람이 사람으로 되는 기본적인 생각이자 행동임을 〈태백〉 편의 증자의 말을 들으면 헤아릴 수 있다.

효를 낡은 생각이라고 말하지 마라. 어느 부모가 자식을 사랑하지 않을 것인가? 흔히 열 손가락 깨물어 아프지 않은 것 없다는 말로 부모의 내리사랑을 비유한다. 돈이나 지위나 명성 따위로 사랑을 저울질하려는 풍조는 인간의 마음이 송두리째 황폐해졌다는 징후가 아닌가. 마음이 황폐해지면 인간은 누구나 살인자의 근성을 가슴에 담고 으르렁거리며 사는 짐승처럼 될 뿐이다. 효는 이를 제일 무서워한다. 그러므로 효는 제 부모를 사랑할 줄 아는 마음을 먼저 간추리게 한다.

(3) 시(詩)와 예(禮), 그리고 악(樂)

말을 하지 않고는 견딜 수도, 살 수도 없다. 그래서 우리는 말을 한다. 그러나 말을 해도 만족할 수 없다. 그래서 말에 높낮이를 붙여 노래를 부른다. 그렇게 노래를 불러도 만족할 수 없다. 그래서 두 손을 들어 춤을 춘다. 춤을 추어도 만족할 수 없다. 그래서 온몸을 흔들어 춤을 춘다. 이렇게 《예기(禮記)》의 〈악기(樂記)〉는 결론을 내고 있다.

〈악기〉는 시와 노래와 춤이 하나의 뿌리에서 비롯됨을 말해 준다. 시에서 노래가 되고 노래에서 춤이 되는 경우를 살피게 한다. 왜 시가 있는가? 삶에 만족하고 싶어서이다. 그러나 삶에 만족할 수 없는 사실이 인간을 아프게 한다. 그러나 삶의 만족은 남으로부터 주어지는 것이 아니라 자신이 스스로 이룩해야 한다. 이러한 연유로 공자는 '시로써 감흥을 불러 일으키라〔興於詩〕'고 타일러 두었다. 삶을 불만하는 것은 먼저 마음으로 삶의 기쁨을 찾는 눈과 귀가 없는 까닭이다.

시란 무엇인가? 삶의 기쁨과 환희를 스스로 찾아낼 수 있는 눈이며 귀가 아닌가. 그러므로 시는 사람의 마음을 황홀하게 한다. 황홀한 마음은 사랑을 할 수 있는 샘물이 된다. 그래서 공자는 인을 실천하기 위해 시와 친하라고 했던 것이다.

시가 나를 만족하게 하는 비밀을 준다면 예는 남을 만족하게 하는 비밀을 준다. 나만을 위해 행동하면 남이 불쾌해한다. 예는 이를 피하게 해 준다. 나의 삶의 만족에 대한 욕구는 절실하면서 남 역시 그러리라는 생각을 못하는 사람은 딱하고 옹색하며 무섭고 잔인할 가능성이 있다. 무엇이든 남을 위해서는 할 수 없다고 다짐하는 사람보다 더 무서운 인간은 없다. 낯가죽이 쇠가죽 같다는 말을 듣는 사람은 분명 무뢰한(無賴漢)이 아닌가. 생각은 시로 하고 행동은 예로 하라. 이를 공자는 '입어예(立於禮)'라고 밝힌다.

예는 행동하라고 한다. 그러나 어떻게 행동하고 왜 그렇게 하는가를 예는 터득하게 한다. 행동을 하되 사양하는 마음으로 하라. 행동을 하되 겸손하고 겸허한 마음으로 하라. 행동을 하되 공경하는 마음으로 하라. 그리고 성실하게 행동하라. 이러한 내용을 입어예의 '입(立)'이 말하고 있다. 남을 위하는 행위, 남을 편하게 하는 행위, 남의 입장이 되어 헤아리는 행위들의 바탕에 내 몸을 세워라. 그러면 어느 누가 남의 입질에 오를 것이며 남으로부터 해를 당할 것인가. 그래서 내 욕심이 많으면 이루기가 어렵다고 했다. 욕심이나 욕망을 절제하라. 이것은 예가 터득하게 하는 이루어짐의 비밀이다. 이루면 서게 된다. 욕심이 과하면 쓰러지고 만다. 그래서 무뢰한은 결국 쓰러지고 만다. 일어서는 사람과 쓰러지는 사람을 분별하는 비밀을 〈태백〉 편은 체험하게 한다. 그러한 체험은 왜 예로써 행동하면 삶을 만족할 수 있는가를 터득하게 한다. 이것이 '입(立)'이 주는 선물이다.

악(樂)이 지나치면 방탕해지고 예가 심하면 떨어져 나간다. 왜 공자는 그렇게 말했을까? 지나친 악이란 어떤 것일까? 남이야 어떻든 나만 즐기면 된다는 것이 곧 지나친 악이다. 방탕한 인간은 제 피붙이에게도 사람 대접을 받지 못한다. 이처럼 지나친 악은 아편처럼 사람을 망하게 한다. 지나친 예란 어떤 것일까? 나를 비굴하게 하면서 남의 호감을 훔치려고 할 때 지나친 예는 탄로가 난다. 그러한 예는 거짓이며 위선이며 음모일 뿐이다.

아무도 방탕이나 거짓을 좋아하지 않는다. 그래서 방탕하고 위선에 찬 인간은 벗을 잃고 외톨이가 된다. 서로 마음이 통하고 서로 이해하고 믿게 되면 사람과 사람의 관계는 즐겁게 된다. 그러한 관계로 살면 사는 일이 곧 노니는 일이 된다. 삶의 불만을 만족으로 변화시키려고 시를 말하고 노래를 읊고 춤을 춘다. 시와 같은 심신, 노래와 같은 심신, 그리고 춤을 추는 심신이라면 더불어 노니는 악일 것이다. 이러한 악의 성취를 예(禮)라고 생각해도 된다. 〈태백〉 편의 공자의 말씀과 증자의 담론을 들으면 사람이 되기 위해서는 어떤 마음을 갖고 어떤 행동을 해야 하는지를 헤아리게 된다.

(4) 덕을 잊으면

현대인은 덕을 변명의 구실로 이용하려고 덤빈다. 무슨 일을 저질러

놓고 책임을 물으면 부덕해서 그렇게 되었다고 시치미를 떼려는 사람들이 많다. 주로 지체가 높은 사람의 입에서 그러한 변명이 나올 때 더더욱 덕이 상처를 입고 모멸을 당한다는 느낌을 버릴 수 없다.

행패를 부리는 마음은 곧지 못한 법이다. 마음이 곧으면 행패를 부릴 필요가 없다. 부끄러움이 많은 마음일수록 무엇인가 감추고 숨기려고 꾀를 부리고 티를 잡아 무슨 핑계를 대려고 용을 쓴다. 이러한 마음은 순수할 수 없다. 강한 척 허세를 부리고 위세를 부리는 마음은 광포한 마음으로 돌변하고 만다. 뒤가 구린 광포한 마음은 정직한 마음이 무서워 위장을 하는 것이다. 정직한 마음은 덕에 기댈 뿐 덕을 멀리하지 않는다. 〈태백〉편을 읽게 되면 이러한 사실을 알 수 있다. 왜냐하면 덕으로 행동하는 사람들을 공자가 소개하고 있기 때문이다.

못난 목수는 연장 탓을 하는 법이다. 제 자신의 능력을 모르고 잘못을 남에게 돌려 자신의 무능함을 감추려는 경우 이러한 말을 듣는다. 무식한 사람은 제 분수를 모르는 사람이다. 지식이 많아도 무식한 사람은 얼마든지 있다. 머릿속에 든 것이 많다고 유식한 것은 아니다. 머릿속의 지식을 알맞게 활용하는 능력이 없으면 그 또한 무식한 것이다. 연장 탓을 일삼는 목수에게 무슨 성실을 바랄 수 있을 것인가.

마음이 성실한 사람은 사리를 알아 처신한다. 무작정 열심히 일한다고 성실한 것은 아니다. 소매치기가 소매치기를 매번 성공하기 위해 기술을 열심히 연마한다고 해서 성실한 인간은 아니다. 선을 위해 땀을 흘리는 사람의 마음이 성실한 것이다. 성실이란 성(誠)의 실천을 말한다. 성이란 무엇인가? 그것은 곧 덕을 위해 충성하는 마음이다. 앞뒤가 꽉 막혀 선후를 분간하지 못하고 할 짓 못할 짓을 가리지 못하는 무모한 인간은 무식한 무뢰한이다. 무식하면 무례하게 마련이다. 무례한 마음은 덕을 떡처럼 집어삼키고 시치미를 떼면서 딴전을 피우고 덕을 짓밟아 버린다.

무식하고 무능하면 신용을 얻지 못한다. 서로 믿고 외상 거래를 한다. 외상으로 물건을 갖고 갔으면 약속한 날에 돈을 갚아야 신용을 얻는 것이 일상의 생활이다. 어디 물건을 사고 파는 데만 신용이 있어야 하는가. 아니다. 서로 더불어 사는 인간의 사회에서는 언약을 믿고 서로 의지하면서 살아가야 한다. 이제 독불장군은 없다. 여기저기 약속을 해 놓고 하나도 지키지 못하면 허풍쟁이가 된다. 아무도 허풍쟁이는 믿어 주지 않는다. 할 수 없는 것을 할 수 있다고 장담하는 것보다 무능한 짓은 없다. 무능함은 사람을 속여서 덕을 짓밟는 죄를 짓는다.

광포한 사람, 무식하고 무능한 사람, 이들은 덕을 멀리하고 덕을 무서워하고 그래서 덕을 짓밟아 버린다. 이러한 인간들은 남의 가슴에 못질을 하고 아픔을 전염병처럼 옮기는 해충들이다. 저 한몸 잘살자고 남을 못살게 하는 인간은 어찌할 수 없다고 공자께서도 한탄했다. 광포한 군왕이 있으면 세상은 피 냄새로 그득하고 무식하고 무능한 군왕이 있으면 세상은 한치 앞을 몰라 불안만 그득해진다. 부덕한 인간의 짓들은 이처럼 세상을 벌집처럼 쑤셔 놓고 백성이 못 살게 여기저기 독침을 놓는다.

만물을 이롭게 하는 덕은 사람의 마음과 행동에 따라 확인된다. 사람이 사람을 해롭게 하면 그것이 곧 부덕이다. 왜 사람들은 선악의 틈바구니에서 몸살을 앓는가? 덕과 부덕 사이에서 신음하는 까닭이다. 왜 정치는 썩고 사회는 타락하고 인간은 방탕한가? 마음이 덕을 잃고 행동이 덕을 잃은 탓이다. 부모와 자식 사이에 가장 큰 덕은 효를 통해 나타남을 증자의 담론에서 여실하게 보여 준다. 〈태백〉 편을 읽게 되면 그러한 담론을 뼈저리게 들을 수 있다.

〈태백〉 편에서 공자는 요순의 덕행을 찬양하고 증자는 효성에 지극

할 것을 누구이 당부한다. 광포하고 무식하고 무능하며 곧지 못하고
성실하지 못하며 믿을 수 없는 자는 부덕의 죄를 짓는다. 이것이 무서
운 것이다.

2. 공자의 어록

(1) 남 모르게 흘리는 땀

일흔을 훨씬 넘긴 그분은 매일 아침 산책을 한다. 그리 크지 않은 키에 어린이 같은 얼굴을 하고 있지만 미소는 별로 띠지 않는다. 말소리가 조용하고 수줍음을 많이 타서 사람들과 잘 어울리지도 않는다. 사람이 싫어서가 아니라 과묵한 성미 탓이다. 그러나 그 속은 누구보다도 다정다감하고 깊고 넓다는 것을 그분의 그림을 보면 안다. 엽서 한 장 넓이의 그림 값이 수백만 원 하는 그림을 창작하는 화가인 그분은 그러한 내색을 전혀 보이지 않는다. 그냥 보아서는 그분이 그렇게 훌륭한 화가라는 것을 알 수 없을 만큼 검소하고 겸허하게 살아간다.

그분은 호화 별장이나 작업실을 짓기 위해 그림을 그려 판 적이 없다. 다만 생활에 필요한 만큼, 그림을 그리기 위한 재료를 구입할 만큼만, 그리고 완전한 비밀로 되어 있는 하나의 목적을 위해서만 그림을 내놓는다. 그분의 비밀은 몇 사람만 겨우 알고 있다. 살아 있는 동안 어느 누구도 이 일을 알아서는 안 된다는 단서가 붙어 있다.

몇십 명의 학생이 혜택을 받는지 그분을 모른다. 혜택을 받는 학생이 누구인지도 모른다. 자기는 그림쟁이이니까 그림만 그리면 되고 학생은 공부만 하면 된다. 그분은 다만 돈이 없어서 고생하며 공부하는 학생들을 소문 없이 도와주면 그만이다. 아마도 그분은 그러한 생각으로 사시는 모양이다. 매일 열심히 작업을 하면서도 지칠 줄 모른다. 그분의 창조력은 나이에 구애를 받지 않는 모양이다. 그러한 은혜에 대한 보답으로 그분은 이름도 알지 못하는 어느 학생들의 학업에 보탬을 주었으면 하는 소망을 남 모르게 가슴속에 간직하고 있을 뿐이다.

그렇게 장학 사업을 해 온 지 벌써 십 년이 훨씬 넘었다. 그저 그림이 팔리면 약간의 생활비와 필요한 경비를 떼어놓고 전액을 약속된 어느 계좌에 넣는다. 한 학기 동안 그렇게 모아 두었다가 등록할 때가 되면 가난하지만 열심히 공부하는 학생들에게 실질적인 학자금이 되게 나누어준다. 그 일도 아주 비밀로 한다. 그분은 주는 자는 받는 자를 모르고 받는 자는 주는 자를 모르게 해 달라고 중간에서 돕는 사람에게 신신당부를 할 뿐이다.

이렇게 장학금을 모아 공부하는 학생에게 나누어주는 그분의 이름을 밝힐 수는 없다. 영원히 밝혀지지 않기를 그분은 바라기 때문이다. 우리는 그분을 어떻게 생각해야 할까? 바보라고 해야 할까, 아니면 도깨비 같다고 해야 할까? 아마 그렇게 생각하는 사람들도 있을 것이다. 좋은 일을 한 번 하면 솜사탕만큼 불려서 알려지기를 원하는 세상이고 허영과 허세를 과시하면서 세상을 떠들썩하게 하기를 좋아하는 세상에서 아마도 그분은 바보처럼 보일지도 모른다. 그러나 그러한 분은 덕이 없는 이 세상에서 덕을 실천하고 있는 분이다. 덕이란 무엇인가? 남을 위해 남 모르게 흘리는 땀인 것이다.

🌿 공자의 말씀

태백은 지극히 덕이 높은 분이다. 세 번이나 천하를 물려주는 일을 아무도 모르게 했다. 그분의 덕을 찬양할 길이 없다. 이렇게 공자는 밝힌다.
子曰 泰伯 其可謂至德也已矣 三以天下讓 民無得而稱焉)

(2) 참기름을 뒤집어쓴 사람

남이야 어떻든 나만 편하면 된다는 사람은 예를 이미 떠난 사람이다. 이렇게 큰소리를 친 한 할아범이 지하철을 탔다. 자리에 편안히 앉아 있는 젊은이의 귀에 들어가라고 아마도 그런 말을 외쳤던 모양이다. 그러자 쑥스러워진 젊은이가 자리에서 일어났다. 큰소리를 쳤던 할아범이 그 자리에 앉았다.

그러나 이 경우 두 사람은 다 예를 멀리한 꼴이 되고 만다. 노인은 그것을 강요했으니 예가 아니고 젊은이는 진심이 깃들지 않은 공손을 마지못해 베풀었으니 헛수고를 한 까닭이다. 예는 사람과 사람 사이를 고마운 마음으로 연결해 주는 줄이지 억지로 묶여지는 매듭이 아니다. 공손은 스스로 좋아서 자신을 낮추는 예이다.

중매 결혼에는 으레 중매쟁이가 따라붙는다. 중매가 흥정거리가 된 것은 어제오늘의 일이 아니다. 중신이 잘되면 쌀이 서 말이고 못되면 뺨이 석 대란 말이 있다. 그러나 오늘날 마담뚜는 중매를 성사시키면 그만이고 그 뒷일은 나 몰라라 하면서 입 하나로 터무니없이 후한 사례를 노린다.

마담뚜는 신부집에 가서 신랑감을 선전하고 신부를 교묘하게 좀 깎아 내리는 술수를 부린다. 반대로 신랑집에 가서는 신부감을 선전하면서 신랑을 좀 쳐 내리는 수작을 부린다. 그러면 양가에서는 손해보는 혼사가 아니라는 감을 잡게 되어 성사가 쉽게 이루어진다. 마담뚜는 이를 미리 계산해 놓고 나름대로 전략을 짜서 신중히 했다고 속을 다진다. 그러나 마담뚜는 사람의 겉만 볼 줄 알지 사람의 속을 들여다 볼 줄은 모른다. 그래서 마담뚜는 결혼 뒤에 파경이 올까 걱정하는 것이 아니라 사례금이 얼마나 나올지를 걱정한다. 또 신부의 부모는 겉만 보고 딸을 보내 놓고는 밤잠을 설치며 두려워한다.

　이러한 두려움은 예를 벗어난 다음의 탈이다. 사람의 속을 보고 딸을 보내지 않고 겉치장만 보고 계산을 한 뒤끝은 항상 두려운 법이다. 그것은 겉보기만 신중했을 뿐 사람의 마음속에 있는 사랑함의 문제를 신중히 하지 않았던 두려움이다. 예는 마음속에 먼저 올바른 사랑이 있어야 한다. 공자께서 가슴에 사랑함[仁]이 없다면 무슨 놈의 예냐고 말한 것은 이를 두고 한 말이다.

　현대인은 사람이 사람을 죽이는 장면을 멋있다고 하면서 구경한다. 폭력물을 즐기고 깡패들은 용맹을 피 흘리기로 여기며 의리라고 셈한다. 힘이 없는 자를 울려서 등을 치고 약점이 있는 자를 찾아 발목을 잡아 넘어뜨린다. 그들의 손에 들린 칼이나 총은 예를 떠난 만용일 뿐이다. 예는 나보다 남을 존중하는 행위이다. 폭력물의 주인공이나 칼을 든 깡패들의 용맹은 용기가 아니다. 힘이 미친 난동일 뿐이다. 난(亂)이란 무엇인가? 그것은 힘으로 모든 것을 밟는 것이다. 그리고 예란 무엇인가? 그것은 곧 난을 부끄러워하는 마음이다.

　강철은 강해서 부러지고 모가 난 돌은 정을 맞게 마련이다. 곧기만 하다고 정직한 것은 아니다. 촌지를 받지 않는 정직한 교사가 있었다. 고3 담임을 맡으면 철따라 학부형들이 봉투를 가져다 준다는 것은 천하가 다 아는 일이다. 그러나 그 교사는 정말로 촌지를 받지 않았다. 그는 그것을 앞세워 촌지를 밝히는 다른 옆 동료들을 내놓고 능멸하는 입버릇을 어디서나 부렸다. 졸업식 날 한 어머니가 그 교사를 찾아와 자식이 졸업하게 되어 고맙다는 인사를 건네고 참기름 한 병을 선물로 들고 왔다. 그 교사는 정색을 하며 받을 수 없다고 거절했다. 그 꼴을 본 옆의 다른 교사가 대뜸 "댁의 아들 담임은 이분이 아니고 저입니다." 하고 알린 다음 참기름을 들고 안절부절하지 못하는 어머니께 고맙다고 인사를 건넸다. 그러자 그 어머니는 그 교사에게 참기름을 건네주고 부리나케 나갔다.

참기름 병을 받아든 교사는 뚜껑을 열고 꼿꼿이 앉아 있는 강직한 교사의 머리에 들이부었다. 결국 졸업식 날 교무실에서는 난투극이 벌어졌고 교무실 안은 참기름 냄새로 진동했다. 예를 떠난 정직은 이처럼 강박한 뒤탈을 낸다. 물이 너무 맑아도 고기가 살지 못하고 탁해도 살지 못하는 법이다. 정은 밥인 것이다. 그 밥을 버리는 것을 강박하다고 한다.

🌿 공자의 말씀

공손하더라도 예가 없으면 헛수고이고 신중하더라도 예가 없다면 두려워하게 된다. 그리고 용감하되 예가 없다면 난폭해지며 정직하더라도 예가 없으면 강박할 뿐이다. 이렇게 공자는 밝힌다.

子曰 恭而無禮則勞 愼而無禮則葸 勇而無禮則亂 直而無禮則絞

(3) 사람답게 되려면

돈밖에 모르는 사람은 돈에 눌려 질식하고 권력밖에 모르는 사람은 권력의 종이 되거나 놀아나 망신을 당한다. 명예나 출세만 탐하다 보면 사람이 추해져 길거리의 개들도 물려고 덤빈다. 이처럼 사람이 하나만 알고 둘을 모르면 낭패를 당하게 마련이다.

이런저런 사람들이 모여 사는 세상에서는 누울 때와 설 때를 알아야 한다. 두루 통하는 마음이 있어야 하고 홀로 사는 것과 더불어 살며 잘 어울릴 줄 알아야 한다. 맨밥은 목이 메어 먹을 수 없고, 너무 싱거워도 침이 말라 입안에서 넘어가지 않는 법이다. 어디 요리만 간이 맞아야 하는가. 살아가는 일도 간이 맞아야 한다. 너무 되도 안 되고 너무 물러도 안 되며 너무 맵거나 짜거나 시어도 안 된다. 맛있는 음식이 식욕을 돋구듯 맛있는 삶 또한 살맛을 나게 하는 법이다. 살맛은 어디에 있을까? 공자는 시에 있고 예에 있으며 악에 있다고 밝힌다.

시는 살맛을 낸다. 살맛을 내는 것을 흥이라고 한다. 흥이 나면 노래도 되고 춤도 된다. 시는 삶을 만나 홀로든 더불어든 어울리게 한다. 사람은 무엇인가와 어울리고 싶어 말을 해야 하고 노래를 불러야 하며 춤을 추어야 한다. 공자는 이를 일러 '흥어시(興於詩)' 라고 했다.

예는 살맛을 맞춘다. 맛이 넘쳐도 탈이고 처져도 탈이다. 너무 짜면 쓰고 너무 싱거우면 심심하다. 예는 사람과 사람 사이의 간을 맞추어 준다. 가족의 입맛에 따라 간을 맞추느라 부엌의 어멈은 음식마다 손맛을 더한다. 그러면 음식을 장만한 어멈은 맛있게 먹는 가족들을 보고 미소를 짓는다. 그 어멈이 짓는 미소를 사회에 있게 하려는 것이 바로 예인 것이다. 이러한 예를 떠나지 말고 지키라는 말을 공자는 '입어예(立於禮)' 라고 했다.

악(樂)은 살맛을 더해 준다. 시간에 맞추어 들어올 남편을 위해 된장찌개를 끓이는 아내의 마음 같은 것이 악이다. 집안에서 기다리고 있을 아내를 기쁘게 해 주려는 다짐으로 집으로 가는 걸음을 재촉하는 남편의 마음 또한 악이다. 사랑을 주고받는 부부처럼 이 세상을 노닐면서 살 수 있다면 그것은 곧 악을 누리는 것이다. 그래서 악은 나와 너를 우리가 되게 한다. 악이란 맹물에 꿀을 타는 것과 같다. 삶을 꿀맛처럼 달게 하는 것을 공자는 '성어악(成於樂)' 이라고 했다.

🌱 공자의 말씀

시로써 감흥을 일으키고 예로써 행위를 세우며 악으로써 마음을 완

성시킨다고 공자는 밝혔다.

興於詩 立於禮 成於樂

(4) 공자의 말꼬리

약고 영악한 치들은 제 욕망만 앞세우고 남의 욕망은 짓밟아 뭉개려고 덤빈다. 아마도 조선조의 양반들보다 더 공자의 말꼬리를 붙들고 늘어진 계층은 없을 것이다. 하나의 집단을 양반과 상것으로 갈라놓고 권리는 양반이 독점하고 의무는 모조리 상것에게 떠맡겼던 조선조의 유교 이념은 공자의 말씀을 영악하게 이용했던 셈이다. 공자께서는 백성이 좇아 따르게 하면 될 뿐 알게 할 것은 없다는 묘한 말을 남겼다. 어쩌자고 공자께서는 악용 당할 빌미가 있는 이런 꼬투리를 《논어》에 실어 놓았을까? 아마도 조선조의 양반 통치자들은 백성을 알게 하지 말라는 공자의 이 말을 가장 충실하게 옮긴 무리에 속할 것이다.

공자의 위와 같은 말을 물론 헤아려 변명할 수는 있을 것이다. 그러나 액면 그대로 하면 백성은 배부르고 어리석은 상태로 내버려두라는 말로 풀이될 수밖에 없다. 세상을 다스리는 일을 어느 한편이 독점하게 되면 다스림을 당하는 편은 줄곧 당하기만 한다는 것을 공자께서 몰랐을 리가 없다. 군자가 다스림을 행해야 한다고 주장한 것은 당연하다. 그러나 그 군자는 백성 속에서 나와야 한다는 말을 달아 두었더라면 조선조의 양반 무리에게서 말꼬리를 잡히지는 않았을지 모른다.

사랑하며 올바르게 세상을 다스려라. 이것이 공자가 밝힌 덕치요 왕도가 아닌가. 세상을 덕치로 이끌기 위해 백성이 어리석어서는 안 된다. 군자가 아무리 덕치를 베풀려 해도 백성이 어리석으면 덕치의 뿌리는 내릴 수 없음을 오늘날 백성들은 안다. 그래서 투표철이 되면 한

표를 제대로 행사하지 못해 돼먹지 않은 인간들이 정치판을 망쳐 왔다는 반성을 백성들은 이제 할 줄 안다. 조선 시대처럼 정치를 독점하는 시대는 영원히 가 버리고 말았다. 왜냐하면 이제는 백성들이 깨어났기 때문이다.

오늘날의 군자는 백성을 따라야지 백성들에게 따라오라고 하면 세상을 다스릴 만한 군자가 될 수 없다. 백성의 뜻을 따라 노를 저어 살고 있는 세상을 편안히 항해해 줄 수 있는 능력을 간직한 사람이 오늘날의 군자가 된다. 물론 오늘날의 군자는 백성을 위해 남몰래 땀을 흘리며 설혹 백성이 몰라주어도 서러워하지 않아야 한다.

성인도 당신의 시대에 알맞은 말을 할 때가 있을 것이다. 백성을 모르게 하라는 공자의 말씀은 덕치의 왕도가 오로지 임금으로부터 나왔던 시절에는 먹혀들었을지 모른다. 그러나 덕치의 왕도가 백성의 깨어남에서부터 비롯되는 지금 세상에서 군자는 백성이 바라는 덕치를 성실하고 믿을 수 있게 실천에 옮겨야 한다. 임금에게 충과 신을 바치는 군자는 이미 사라지고 백성에게 충과 신을 바치는 군자를 이제는 현자라고 부른다.

공자께서는 '군자는 그릇이 아니다〔君子不器〕'라고 했다고 했다. 이것은 군자는 하나의 일에만 종사하는 '장이'가 아니라고 새기면 된다. 다양한 백성을 다스리는 일을 맡아야 하는 까닭에 군자는 어느 한편의 외곬으로 빠져서는 안 된다. 이러한 군자상을 오늘날 치자의 상으로 받아들여도 잘못된 것은 아니다. 다만 덕치가 무엇인지를 몸으로 보여 주고 백성이 이를 따르게 하는 것은 오늘날에도 용인되지만 덕치가 무엇인가를 백성이 알아서는 안 된다는 공자의 말꼬리는 잘라내야 할 것이다.

백성이 좇아 따르게 하면 되지 알게 할 것은 아니다. 이렇게 공자는 말하고 있다.

子曰 民可使由之 不可使知之

(5) 경복궁과 절두산

백성들이 굶어 죽을 지경이었는데도 불구하고 왜 대원군은 경복궁을 중건하여 왕가의 위세를 떨치려고 했을까? 초라해 보이는 왕가를 다시 강성해 보이는 왕가로 복원해야 한다는 대원군의 복안은 자신이 몸담고 있는 왕가의 편에서 본다면 장하고 용기 있는 일이 된다.

왕궁을 지으려면 엄청난 돈이 든다. 그러나 왕궁을 웅장하게 짓는다고 나라의 살림이 펴지는 것은 아니다. 오히려 그러한 짓은 더더욱 백성의 뱃속을 비게 만들고 백성은 굶어 죽어나게 만든다. 절간에 있는 부처까지 녹여서 엽전을 만들어 왕가의 위용을 떨쳐 보려던 대원군의 용기는 세상에 당백전이란 악화(惡貨)를 뿌려 죄 없는 백성들의 살길을 잃게 만들었다. 가장 큰 혼란은 백성이 가난해서 살길이 막막해진 세상이다. 초라한 왕가의 체모가 싫다며 용기를 부린 대원군의 경복궁 중건은 세상을 더욱 난세로 몰고 갔다. 이것은 분명 용기를 앞세워 가난을 질시한 탈이 아닌가.

이러한 꼴을 당하지 않게 하기 위해 공자는 용기를 좋아하고 가난을 미워하면 세상이 난세가 된다고 충고를 했던 셈이다. 대원군이《논어》에 있는 이 말씀을 헤아렸더라면 경복궁을 세우고 패가망신한 당백전의 난을 범하지는 않았을 것이 아닌가.

세상은 엄청나게 변하고 있을 때 대원군은 허물어져 가는 왕가의 사직을 지키겠다며 나라의 모든 문을 걸어 잠가 놓고 삼강오륜을 짓밟는 서양 귀신들을 몰아내야 한다고 사방에 척화비를 세웠다.

그런데 조선 시대 양반들이 내놓았던 미풍양속이란 누구를 위한 것이었던가? 온 사람의 인륜이 아니라 사대부의 정권 유지를 위한 도구로서의 삼강오륜은 이미 백성의 마음에서 떠나 있었다. 공자의 인의는 한 체제의 인륜이 아니라 인류를 위한 인륜인 것을 몰랐던 고질병이 대원군에게는 더욱 심했던 모양이다. 조선이 망한 것은 공자의 도를 택한 탓이 아니라 공자의 인을 사대부가 독점하고 자기들 마음대로 써먹은 탓에 있다.

대원군은 사대부들이 독점했던 인(仁)을 거부하는 무리들의 목을 가차없이 잘랐다. 이른바 서학(西學)꾼들을 절두산에 모아놓고 술 취한 망나니들을 시켜 잡아들이는 족족 목을 쳐서 한강 물을 핏빛으로 물들게 했다. 이러한 참상을 구한말 카톨릭교의 종교 탄압만으로 해석해서는 안 된다. 조선조의 집권층이 독점하고 있었던 이념에 대한 도전을 섬멸해야 한다는 욕심의 탈이 그렇게 나타난 까닭이다.

조선조의 집권층이 독점했던 이념적인 인은 분명 공자께서 밝힌 인의와는 거리가 멀어지고 말았다. 오히려 조선조의 집권자들이 요구한 인은 공자의 편에서 보면 불인에 불과하다. 왜냐하면 조선조의 역사는 덕치를 말로만 했기 때문이다. 따지고 보면 대원군의 쇄국 정책이나 서학의 탄압 등등은 그네들이 주장하는 인에 대한 불인을 너무 질시한 나머지 비롯된 난일 뿐이다. 불인이라며 너무 질시하면 역시 난이 일어난다고 지적한 공자의 충고를 대원군은 들어서 새길 줄 몰랐던 셈이다.

🌿 공자의 말씀

용기를 좋아하면서 가난을 싫어하면 난이 일어난다. 사람이 불인을
너무 싫어해도 또한 난이 일어난다. 이렇게 공자께서 충고하고 있다.

子曰 好勇疾貧 亂也 人而不仁 疾之已甚 亂也

(6) 재주만 믿었던 원숭이

원숭이들이 모여 사는 산속에 사냥꾼들이 몰려오자 한 마리를 빼고
는 모든 원숭이들이 사냥꾼들이 범접하지 못하는 벼랑의 나무 위로
올라가 숨었다. 그런데 유독 한 마리의 원숭이는 피하지 않고 숨지도
않았으며 나무 타는 재주만 믿고 버티고 있었다.

나무 위에서 이 가지 저 가지로 들락날락하면서 사냥꾼들을 놀려대
던 원숭이를 본 사냥꾼은 활을 당겨 원숭이를 노렸다. 그러자 그 원숭
이는 날아오는 화살을 잽싸게 낚아채고는 보라는 듯이 해롱거리며 나
뭇가지에 매달려 사냥꾼들을 조롱하면서 네놈들은 땅 위에서 활을 쏘
지만 나는 나무 위에서 네놈들이 쏘는 화살을 날아오는 족족 이렇게
잡아 분질러 버린다는 뜻으로 앵앵거렸다.

그것을 본 사냥꾼들이 화가 치밀어 모조리 함께 까불어 대는 원숭이
를 향해 살질을 했다. 그러자 비 오듯이 퍼붓는 화살을 한꺼번에 낚아
챌 수 없었던 원숭이는 그만 목에 살을 맞아 나뭇가지 위에서 땅바닥
으로 나동그라지고 말았다. 결국 변을 당한 원숭이는 나무 타는 재주
하나만 믿고 교만을 떨다가 제명에 죽고 만 것이다.

재주가 아무리 빼어나도 교만스럽고 탐욕스러운 사람은 못난 원숭
이만도 못한 법이다. 교만이나 탐욕은 목숨을 앗아가는 무서운 염라
대왕과 같다. 교만해서 낭패를 당하는 경우는 얼마든지 볼 수 있고 탐

욕 때문에 망신을 당하는 꼴 역시 얼마든지 볼 수 있는 일이다. 낭패를 보게 하는 교만과 망신을 당하는 탐욕은 예를 어긴 뒤탈이다. 저만 잘났다는 재주처럼 무서운 함정은 없다. 그러한 함정을 메울 수 있는 것은 겸손이며 겸허한 몸가짐이다. 겸손하고 겸허한 마음과 행동이 합치는 것을 예라고 한다. 어느 날에나 지(知)보다 예를 앞세워 목숨을 편하게 하는 세상이 올까?

🌿 공자의 말씀

비록 노 나라를 세웠던 주공의 빼어난 재능을 간직한다 하더라도 교만하고 인색하다면 그 나머지는 보잘것없는 것이다. 이렇게 공자는 충고한다.
子曰 如有周公之才之美 使驕且吝 其餘不足觀也已

한 삼 년 학문을 하고 벼슬에 뜻을 두지 않는 사람을 만나기 어렵다. 이렇게 공자는 지적한다.
子曰 三年學 不至於穀 不易得也

(7) 부끄러운 세상

까마귀 싸우는 골짜기에 백로는 가지 않는다. 맑은 것이 탁한 것을 만나면 탁해지고 곧은 것이 굽은 것을 만나면 부러지는 탓이다. 이처럼 세상은 악한 것이 선한 것을 억눌러 버리는 일이 자주 일어나고 나쁜 것이 좋은 것을 묻어 버리는 꼴이 여기저기서 빈번하게 일어난다. 그래서 똥 묻은 개가 겨 묻은 개를 흉보는 세상이 펼쳐지는 것이다.

부끄러운 세상이 인간을 더럽게 만드는 것은 무엇일까? 결국 인간이다. 산이 그렇게 하는 것도 아니며 바람이 그렇게 하는 것도 아니다. 사람의 세상이 잘되고 못되는 것은 오로지 사람의 손에 달려 있다. 선악을 알아서 짓는 것은 사람밖에 없는 까닭이다. 들에 핀 꽃은 선악이 무엇인지 미추가 무엇인지 모른다. 다만 사람만이 꽃을 보고 아름답다고 말할 뿐이다. 그러므로 오로지 사람이 문제이다. 결국 사람은 좋은 인간이 되어야 한다. 이를 위해 공자는 사람의 길을 굳게 믿고 배우라고 했다. 공자는 그 길을 학문(學文)이라 했다.

공자의 학문은 지식을 가르쳐 재능을 높이려는 것이 아니라 사랑하고 올바르게 되는 길을 말한다. 그러한 길을 목숨을 걸고 지키라고 공자는 누누이 당부한다. 그러나 세상은 공자의 말씀에 항상 어긋난 짓을 범한다. 그래서 예나 지금이나 부끄러운 세상이 기승을 부린다.

남을 도울 줄 아는 세상은 도가 있는 세상이고 남을 해치는 세상은 도가 없는 난맥의 세상이다. 남을 사랑하고 위하는 세상은 도가 있는 세상이며 남을 미워하고 누르는 세상은 도가 없는 세상이다. 말하자면 남을 먼저 사랑할 것〔仁〕이며 그 사랑을 넓히는 것〔義〕이 없는 세상에서는 아무리 도를 말해도 들어주지 않는다는 것이다.

까마귀들이 싸우는 골짜기로 가서 백로가 아무리 싸우지 말라 한들 들어주지 않는다. 그렇다고 백로가 까마귀 편이 되어서는 안 된다고 공자는 당부한다. 그것은 불인에 야합하고 불의에 담합하는 무리들과 어울리지 말라 함이다. 차라리 숨어 버리라고 부탁하는 공자는 누구보다도 더러운 세상을 아파했던 선생이다.

🌱 공자의 말씀

굳게 믿고 배움을 좋아하라. 목숨을 걸고 도를 높여라. 난세의 나라에는 가지 말고 타락한 나라에는 살지 말라. 세상에 도가 있으면 당당히 나타나고 도가 없으면 숨어 버려라. 도가 있음에도 나라가 가난하고 천하다면 부끄러운 것이고 도가 없는데도 부귀가 있다면 이 또한 부끄러운 노릇이다. 이렇게 공자는 당부한다.

子曰 篤信好學 守死善道 危邦不入 亂邦不居 天下有道則見 無道則隱 邦有道 貧且賤焉 恥也 邦無道 富且貴焉 恥也

(8) 고려의 두 아내

고려 시대만 해도 여자의 발언권이 강했던 모양이다. 남편들이 아내의 조언과 청을 잘 들어주었던 정황만 보아도 그렇다. 그래서 여자가 기를 부리면 집안이 망하고 암탉이 울면 기둥이 빠진다는 말은 고려 때에는 없었던 모양이다.

유월 어느 날 밤 이슥할 즈음 기병장(騎兵將) 세 명이 몰래 왕건의 집을 찾았다. 그들은 포악하기 그지없는 궁예를 물리치고 왕위에 올라 달라고 왕건에게 진언을 할 참이었다. 그런데 왕건의 아내가 그 자리에 있었다. 세 명이 심각하게 머뭇거리자 왕건은 아내에게 뒷밭 언덕에 가서 오이를 따오라고 일렀다. 유월에 오이씨를 심어 칠팔월이나 되어야 오이를 따던 때라 자리를 피해 달라는 것을 안 왕건의 아내는 나가는 척하면서 장막 뒤에 숨어 그들의 말을 엿들었다. 남편에게 왕이 되어 달라는 말에 왕건은 아무리 임금이 포악하다 해도 그럴 수 없다고 말했다. 그때 불쑥 아내가 장막 뒤에서 나와 임금이 포악하면 의병을 일으켜 갈아치우는 것은 예로부터 있던 일이라고 일갈한 다음 여러 장수들의 말을 들으니 자신도 용기가 나는데 대장부가 무엇이 두려워 그러느냐며 손수 왕건에게 갑옷을 내주면서 독려했다. 그리하여 왕건은 고려의 태조가 되었다.

고려의 건국 공신 중에 마군장군(馬軍將軍) 환선길(桓宣吉)은 아우 향식(香寔)과 더불어 큰 공을 세웠다. 왕건은 선길을 믿고 왕궁을 지키게 했다. 그러나 선길의 아내는 왕궁의 수위장이 된 남편을 못내 아쉬워했다. 당신의 재주와 능력은 남보다 월등히 뛰어나 병사들이 당신을 따르고 있다. 큰 공이 있음에도 정권의 권좌는 남에게 있으니 부끄럽다. 이렇게 선길의 아내가 선길에게 입을 쪼았다. 아내의 말을 들은 선길은 그 길로 오십여 명의 정예 부대를 이끌고 왕궁을 쳐들어가 왕건 앞에 섰다. 왕건은 늠름하게 왕좌에 앉아 "비록 선길의 도움이 있어 임금이 되기는 했지만 내 스스로 차지한 자리는 아니다. 천명이 이미 정해져 있는데 네가 그럴 수 있느냐."고 대갈했다. 이렇게 왕건의 거동이 침착한 것을 본 선길은 궁내에 복병이 있으리라는 생각에 달아나려다 붙들려 참수를 당했다.

왕건의 아내는 조언으로 남편을 임금이 되게 했고 선길의 아내는 말짓으로 남편의 목을 잃게 했다. 궁예가 포악하여 백성을 파리처럼 죽이고 아내와 자식마저 죽이면서 왕권을 미친개처럼 부린 탓에 몰아내야 한다며 왕건의 아내는 조언을 했고 선길의 아내는 남이 임금이 된 것이 배가 아파 고자질했던 것이다. 정사(政事)를 두고 고자질을 하지 말라고 공자는 밝혀 두었다. 남의 일이 탐나서 침을 흘리면 그 입은 고자질을 하게 마련이다. 선길의 아내는 남편에게 턱없는 고자질을 나불거려 남편의 목숨을 앗았고 결국 역적의 과부가 되고 말았다.

🌱 공자의 말씀

그 자리에 있지 않으면 그 자리가 해야 하는 일을 놓고 말하지 마라. 이렇게 공자는 당부했다.

子曰 不在其位 不謀其政

(9) 막가는 인간

천하에 몹쓸 놈은 아마도 어린애를 훔쳐다 미끼로 삼아 돈을 뜯어내려 덤비는 유괴범일 것이다. 유괴범은 죄 없는 어린이를 끌고 가서 숨겨놓고 아이의 부모에게서 돈을 뜯어낸다. 아이를 볼모로 잡힌 부모는 어떠한 요구라도 들어줄 수밖에 없다는 것을 알고 그러한 행패를 부리는 것이다.

대서양을 비행기로 제일 먼저 횡단했던 린드버그(Lindbergh)에게는 외아들이 있었다. 횡단 비행의 성공으로 린드버그 집안에는 명성과 부가 한꺼번에 쌓이게 되자 유괴범들이 그 외아들을 유괴하여 엄청난 돈을 뜯어냈다. 그러나 린드버그 부부가 찾아낸 아이는 세 토막으로 잘린 시체였다. 그러나 범인은 끝내 잡히지 않았다.

사업 자금을 마련하겠다고 외삼촌이 조카를 유괴했던 일도 있었다. 외삼촌을 무서워할 어린이가 어디 있겠는가. 그러나 그 외삼촌은 조카를 유괴하여 누나의 수중에 있는 돈을 후려내려고 조카를 놓고 흥정을 했다. 요구하는 대로 주기로 하고 아이를 돌려받으려고 했을 때는 이미 공범이 그 아이를 죽여 땅에 파묻고 난 다음이었다. 아이가 살아 있으면 당연히 범죄 사실이 들통날 것을 안 유괴범들은 아이를 이미 죽여 놓고 흥정을 했던 것이다.

어린이를 잡아 돈을 뜯고 그 뒤탈을 없애겠다고 토막을 내서 죽이고 목을 졸라 죽이는 유괴범을 우리는 어떻게 생각하고 말해야 할까? 이러한 물음에 대해서는 공자도 답을 못할 것이고 사람의 본성은 본래 착하다고 말한 맹자도 말문이 막힐 것이다. 어쩌면 인간은 본래 악하다고 말했던 순자(荀子)만이 인간은 엄한 법으로 다스려야 한다는 단서를 달아 둘 수 있을 것이다. 아, 인간은 유괴를 할 수 있을 만큼 포악한 근성을 감추고 있는 더러운 짐승일지도 모른다.

🌱 공자의 말씀

방자하면서 강직하지 않고 아는 것이 없으면서도 성실하지 않고 무능하면서도 믿을 수 없는 사람은 어찌해야 좋을지 모르겠다. 이렇게 공자는 한탄하셨다.

子曰 狂而不直 侗而不愿 悾悾而不信 吾不知之矣

(10) 허망한 일류병

매일 시험을 치르고 점수로 등수를 매기는 학교를 학생들이 좋아할리 없다. 하는 일마다 고통스럽기 때문이다. 일등을 한 학생은 그 일등 자리를 놓칠까 봐 전전긍긍하고 꼴찌를 한 학생은 그 꼴찌를 벗어나지 못할까 봐 속이 있는 대로 타고 녹아내린다. 따지고 보면 일등병이나 꼴찌병이나 사람을 못살게 하는 것은 마찬가지다. 점수로 등차를 매겨 인간을 한 줄로 세운다는 것은 굴비를 크기대로 엮어서 세상에 돈을 받고 팔려고 하는 심사나 다를 바 없다.

몇 점을 받았느냐 몇 등을 했느냐며 밤마다 성화를 부리는 부모가 있는 집을 아이들이 좋아할 리 없다. 너는 일류 대학을 가야 하고 무슨 과를 가야 출세를 하고 출세를 해야 사람 대접을 받는다고 아우성을 치는 어머니를 어느 아이가 부모품으로 여기고 기댈 것인가.

요즘은 학교에서나 집안에서나 사람이 되어야 한다는 쪽보다는 일꾼이 되어야 한다는 외곬으로 아이들을 몰아간다. 그래서 아이들은 막다른 골목에 몰린 생쥐처럼 기를 펼 수 없다. 공자는 학문(學文)을 좋아하라고 했지 재능을 연마하라고 하지 않았다. 그 이유를 왜 우리들은 모를까? 학문은 지식을 탐구하는 학문(學問)이 아니라 사람이 가야 할 길을 찾아 걷는 것을 말한다. 무슨 일을 하든지 먼저 사람이 되어야 한다는 것을 공자께서 누누이 말씀했는데 왜 우리는 그 말씀을 귀담아듣지 않을까? 그 결과 지금 우리는 무엇을 얻었는가? 공부를 못해서 죄송하고 성적이 나빠 죄송하다는 유서를 써 놓고 아파트에서 떨어져 자살한 어린 초등학생을 우리는 어떻게 생각해야 할까?

사람답게 살려면 아이들을 지식의 노예로 몰아가서는 안 된다. 사랑하며 살고 바르게 살고 그리고 열심히 일하는 사람이 되고 난 다음 출세도 하고 명성도 얻고 돈도 버는 것이라고 아이들에게 타이르는 부모 밑에서는 투신 자살을 하는 아이가 나오지 않는다. 그래서 공자는 사람이 되는 길을 밟는 데 항상 만족스럽지 못하다는 생각을 버리지 말라고 했던 것이다.

🌿 공자의 말씀

사람이 되는 법을 배우는 것에 항상 만족하지 못하고 있다는 심정으로 해라. 그렇게 해도 놓쳐 버릴까 싶어 두렵다. 이렇게 공자는 당부한다.

子曰 學如不及 猶恐失之

(11) 도망가서 죽은 궁예

천 년을 넘는 사직은 없는 모양이다. 신라는 천 년을 바라보면서 꺼져 가는 불꽃처럼 신라 정신을 밝히는 빛을 잃기 시작했다. 통일을 이루어 영토가 넓어지기는 했지만 큰 덩치를 이끌어 갈 정신과 힘이 모자랐던 것이다. 나라가 코끼리처럼 크면 병통이 생겨도 알기 어렵다.

코끼리는 생쥐를 제일 무서워한다. 생쥐가 코끼리의 어느 부위를 갉아먹기 시작하면 덩치 큰 코끼리는 아주 작은 생쥐를 어떻게 공격해볼 도리가 없기 때문이다. 덩치가 큰 나라에는 생쥐 같은 무리들이 이 고을 저 고을에서 날뛰게 마련이다. 신라 말기에도 이러한 생쥐들이 들끓었던 모양이다.

고을마다 도적들이 횡행하여 선량한 백성이 편안히 살 수 없었지만 신라는 맥이 빠져 병들고 늙은 코끼리처럼 힘을 쓰지 못했다. 그때 자기가 미륵불이라고 외치면서 백성들의 호감을 샀던 두 사람이 있었다. 하나는 견훤이고 다른 하나는 궁예였다. 미륵불이란 세상을 구하기 위해 온 부처를 말한다. 동양의 메시아를 미륵불이라고 한다.

궁예는 신라의 여러 고을을 쳐서 자신의 영역으로 만든 뒤 후고구려라 칭하고 스스로 임금의 자리에 올랐다. 그렇다고 완전한 나라의 틀을 갖춘 것은 아니었다. 몇몇 고을을 점령한 정도였을 뿐이다. 나라도 없는데 임금을 하겠다는 것은 처음부터 잘못된 헛욕심에 불과했다. 그러나 궁예는 모든 사람을 의심하면서 임금의 자리를 빼앗길 것이 두려워 포악한 짓을 가리지 않고 저질렀다. 임금의 자리를 넘본다고 아내를 쳐죽이고 임금의 자리를 탐할까 봐 아들을 때려죽이고 조금만 의심이 가도 신하를 잡아 죽였다. 왜 이렇게 궁예는 포악해졌을까? 미륵불을 팔아 백성의 귀를 홀리게 할 수는 있었지만 자신이 미륵불이 아니라는 것을 스스로 잘 알았기 때문이었을 것이다. 또 거짓으로 잡은 임금의 자리는 내놓을 수도 없고 빼앗길 수도 없다는 강박감이 궁예라는 한 인간을 광포한 미친개로 만들었을 것이다.

미친개는 맞아 죽게 마련이다. 궁예도 예외는 아니었다. 폭군은 항상 신하의 손에 의해 죽게 마련이다. 왕건을 앞세워 궁예를 배척하자 궁예는 더러운 목숨을 보전하기 위해 변장을 하고 야반도주를 해서

평양에 숨었다. 하지만 뒤쫓는 왕건의 병졸들에게 붙들려 결국 목을 잘리고 말았다. 궁예는 왜 이렇게 목을 잘려야 했을까? 임금의 자리를 지키지 못할 것이 두려워 포악한 짓을 서슴없이 저질렀던 죄 값을 뒤집어쓴 때문이었다.

폭군이나 포악한 독재자는 이렇게 남의 손에 죽임을 당하게 마련이다. 그 손은 멀리 있는 것이 아니라 측근에 있다. 그래서 폭군이나 독재자는 등잔 밑이 어두운 줄도 모르고 행패의 불꽃으로 세상을 태우다 등잔 밑둥이 부러져 꺼지고 마는 것이다. 그러나 다스림이란 불꽃으로 세상을 태우는 것이 아니다. 밝게 비추어 온 세상을 환하게 하는 임금이나 대통령이 있다면 그가 곧 성군(聖君)이다. 그리고 그러한 치자는 항상 물려줄 사람을 찾아 후임자를 위해 자신의 자리를 비워 줄 채비를 해 놓는다. 천하를 개인의 것으로 생각하면 독재자요, 천하를 백성의 것으로 생각하면 바로 성군이다. 임금의 시대에만 성군이 있었던 것이 아니라 첨단 과학의 시대에도 성군이 있을 수 있음이다.

《시경(詩經)》에는 순(舜)과 우(禹) 임금은 천하를 자기의 것으로 여기지 않고 백성의 것으로 여겼다는 기록이 나온다. 이를 들어 공자는 순우 두 임금을 덕치의 근본을 헤아린 위대한 임금이라며 감탄한다. 소인 같은 임금이나 독재자는 누구인가? 천하를 제 것으로 착각하는 자이며 저 아니면 안 된다는 고집에 열병이 든 자들이다. 궁예는 임금의 자리를 붙들고 늘어지려고 갖은 행패를 부리다 참수를 당해 역사의 웃음거리가 되었고 순 임금은 임금의 자리를 물려주어 덕치의 아버지로 역사의 존경을 받고 있다.

🌱 공자의 말씀

높고 크도다. 순과 우는 천하를 얻었으나 제 것으로 여기지 않고 덕으로 다스릴 수 있는 자들에게 맡겼다. 이렇게 공자는 밝힌다.

子曰 巍巍乎 舜禹之有天下也而不與焉

우 임금에 대해 나는 비난할 것이 없다. 음식을 검소하게 먹으면서도 귀신을 마음껏 모셨고 싸구려 옷을 입으면서도 제복은 더없이 아름다웠고 궁궐은 조촐하게 했지만 논밭의 물을 대주는 도랑을 힘들여 가꾸었던 우 임금을 나는 비난할 수 없다. 이렇게 공자는 단언했다.

子曰 禹 吾無間然矣 菲飲食而致孝乎鬼神 惡衣服而致美乎黻冕 卑宮室而盡力乎溝洫 禹 吾無間然矣

3. 문답의 담론

(1) 아들의 무덤을 찾는 노모

어느 해인가 현충일에 TV에서 아들의 묘비를 쓰다듬는 노모의 모습을 클로즈업해서 보여 준 일이 있었다. 팔순이 넘은 그 노모는 눈물을 줄줄 흘리면서 차가운 묘비를 어루만지고 있었다. 떨리는 목소리로 "이 에미가 죽고 나면 누가 와서 너를 쓰다듬어 줄 것이냐?"고 울먹이며 흙에 묻혀 이미 흙이 되어 버린 자식의 묘비를 어루만지며 통곡하는 그 노모는 우리로 하여금 효란 무엇인가를 눈으로 보게 했다.

아이의 손등에 상처가 나면 그 아이의 어머니 가슴에는 못이 하나 박힌다는 말이 있다. 그러나 부모를 둔 자식들은 이런 줄도 모르고 제 몸을 함부로 다루어 부모의 가슴을 치게 만든다. 이것이 곧 불효이다. 부모에게 맛있는 음식이나 값비싼 옷, 또는 패물을 사 드린다고 효도를 하는 것은 아니다. 무엇보다 먼저 부모의 마음을 살펴 몸가짐을 조신하게 하는 것에서 효는 시작된다. 전선에 나가 전사한 탓에 국군 묘지에 묻힌 자식의 묘비를 어루만지며 통곡하는 팔순 노파의 가슴에는 아무리 나라가 거창한 훈장을 달아 주어도 아들의 죽음이 박아 준 못을 뽑아 낼 수는 없을 것이다. 하물며 못된 짓거리를 하다가 옥살이를 하거나 길거리에서 행패를 부린다거나 몸을 함부로 굴려서 폐인이 되어 가는 자식을 둔 부모는 밤낮으로 가슴을 조이며 마음을 태우고 산다. 이러한 짓을 하는 자식은 불효의 망나니다.

예부터 손톱 하나 머리털 하나도 귀중히 여기라고 했다. 몸이야말로

부모로부터 물려받은 것이니 무엇보다 몸조심을 해서 부모의 마음을 편하게 하라는 말이다. 효는 부모를 먼저 생각하고 행동하게 한다. 부모가 기뻐할 행동이면 서슴없이 할 것이며 부모가 슬퍼할 행동이면 무슨 일이 있어도 하지 않는다는 마음가짐이 효의 출발이다. 어느 부모가 제 자식이 못되기를 바라겠는가. 그런 부모는 아무도 없다. 어느 부모나 자식이 좋은 사람이 되기를 갈망한다. 그래서 효를 실천하는 마음은 이 세상을 마음놓고 살 수 있는 터전이 되게 해 주는 근거가 된다.

사람의 마음과 행동이 나쁘면 세상은 어둡고 막막해진다. 이러한 꼴은 못된 인간들 탓에 빚어지는 인간의 아픔들이다. 이러한 아픔들은 사람이 선해져야 없어지는 병들이다. 효는 이러한 병을 근본부터 고칠 수 있는 약을 인간의 마음으로 조제하게 한다. 그러한 약을 우리는 섬김이라고 한다. 제 부모를 섬길 줄 아는 자는 남의 부모 역시 귀하다는 것을 안다. 이러한 생각을 지니면 자연히 세상은 선한 사람들로 메워지게 된다. 그러면 인간의 마음을 아프게 하는 짓거리는 소멸해 갈 것이 아닌가.

공자의 제자 중에 증자는 효행이 지극한 것으로 이름이 높다. 증자가 병이 들어 임종이 임박하게 되었음을 알고 제자들을 모이게 했다. 모든 제자들이 머리를 조아리며 슬픈 표정을 짓고 주변에 앉았다. 그러자 증자는 이불 밑에 들어 있는 자신의 손을 먼저 펴 보이게 하고 손이 온전한가를 보게 했다. 그런 다음 발을 들어내 펴 보이게 한 다음 발이 온전한가를 보게 했다. 자신의 손발이 온전한 것을 확인하게 한 다음 증자는 다음처럼 독백했다.

"깊은 못가에 서 있듯, 얇은 얼음을 밟듯 몸을 조심했는데 이제부터는 걱정을 면하게 되었구나."

증자의 독백은 무엇을 의미할까? 효행을 구체적으로 실천한 것을 손발을 들어 보인 다음 말로 한 것이 아닌가. 내 몸이라고 해서 내 것이 아니라 부모로부터 물려받은 몸이니 함부로 하지 말고 귀하게 여기는 것이 부모의 마음을 편하게 하는 첫걸음인 것을 증자는 보여 주었던 셈이다.

천하의 불효는 부모에 앞서 흙으로 가는 자식이라고 한다. 우리는 이러한 효를 잊어버리고 너는 너, 나는 나라는 생각을 지니고 세상을 살아간다. 그래서 온 세상이 깡패처럼 뒹굴며 무섭게 되고 살벌하다. 효를 낡은 것이라고 말하지 마라.

🫖 증자와의 담론

증자가 병이 들어 앓아 눕게 되었다. 증자는 제자들을 모이게 했다. 그리고 이불 밑에 있는 발을 들어내 보이게 했고 다시 이불 밑에 있는 손을 들어내 보이게 한 다음 이렇게 말했다. 《시경》에 말하기를 전전긍긍하며 깊은 못가에 서 있듯, 얇은 얼음을 밟고 있듯 하라는 말씀대로 몸을 조심했는데 내 지금 이후로는 걱정을 면하게 되었구나.

曾子有疾 召門弟子曰 啓予足 啓予手 詩云 戰戰兢兢 如臨深淵 如履薄氷 而今而後 吾知免夫 小子

(2) 살인범의 눈물

온 세상을 닭장쯤으로 여기고 닭장에 든 살쾡이처럼 이 사람 저 사람을 닥치는 대로 살해한 살인범이 제 목을 맬 오랏줄이 걸려 있는 사형대 앞에서 이런 말을 남겼다.

"나는 어서 죽어야 마땅합니다. 그러나 그동안 빛을 보지 못한 내 눈을 기증하여 선한 사람의 눈이 되게 하고 싶습니다."

그러면서 그 살인범은 눈물을 흘렸다고 한다.

악을 범했던 사람이 선을 알아차리면 눈물을 흘리게 된다. 맨눈으로 회개하는 사람은 없다. 눈물이 두 눈을 적시고 메말랐던 마음속을 적신다. 이 순간은 아무리 살인마의 마지막일지라도 숙연하고 엄숙해진다. 왜냐하면 세상 탓에 인간이 악해질 수도 있고 선해질 수도 있다는 생각이 밀물처럼 밀려들기 때문이다. 그러나 아무리 세상 탓이라고 해도 악한 사람이 되는 것은 용서받을 수 없는 일이다.

눈을 기증하고 마지막 눈물을 흘렸던 그 살인마는 제 몸을 조심히 간직하는 효를 몰랐던 사람이다. 제 몸 아까운 줄 몰랐던 탓에 남을 해치고 남을 죽이는 짓을 저질렀던 것이다. 된사람이라면 남의 몸을 아낄 줄 알아야 한다. 이를 몰라 살인범이 생기는 것이다.

왜 살인범은 빛을 보지 못했던 자신의 눈을 뽑아 빛을 볼 수 있는 사람에게 기증해 달라고 했을까? 증자는 예절이 바른 눈은 신뢰를 얻는다고 밝혔다. 살인범이 말한 빛은 무엇을 말하는가? 그 빛을 선이라해도 될 것이며 예절이나 신뢰라 해도 될 것이다. 사람을 믿거나 도와줄 마음이 있는 인간은 살인을 범하지 않는다. 살인을 저지른 살인범은 마지막 죽는 순간에서야 자신의 눈을 어둠이라고 말했던 셈이다.

그러나 살인범들이 모두 죽음의 순간에 선해지는 것은 아닌 것 같다. 막 가면서도 울부짖고 갖은 꾀를 부리며 사형을 피해 보려고 악을 쓰면서 억지를 부리고 난폭한 발언을 서슴지 않으며 끝까지 세상을 저주하며 형장의 이슬로 사라져 가는 살인범들도 있다. 죽는 순간까지 막가는 인간들은 동정의 여지도 없다. 그러나 어둠만 보았던 자신의 눈이 빛을 보게 해 달라는 마지막 간청을 남기고 간 살인범은 죄는 미워하되 사람은 미워하지 말라는 말을 실감나게 한다. 빛을 보게 해 달라는 한 마디의 말로 살인을 범하던 천한 과거를 속죄하는 극악한 살인범의 마지막 말은 증자의 타이름을 생각나게 한다. "새도 죽으려 할 때는 애처롭게 울고 사람이 죽으려 할 때는 그 말이 착하다. 예를 낡은 것이라고 말하지 마라."

🫖 증자와의 담론

증자가 병이 들어 앓고 있을 때 노 나라의 대부(大夫)인 맹경자가 문병을 왔다. 맹경자를 맞은 증자는 다음과 같이 말했다. 새가 죽으려 할 때는 울음소리가 애처롭고 사람도 죽으려 할 때는 그 말이 착합니다. 군자가 소중히 여겨야 할 도에는 세 가지가 있습니다. 몸을 예에 맞게 움직이면 난폭한 짓을 멀리하게 됩니다. 눈빛을 예에 맞추면 신의를 가까이 할 수 있습니다. 말을 예에 맞게 하면 천한 억지를 멀리할 수 있습니다. 제사 지낼 때 쓰는 그릇들은 그것들을 전문으로 담당하는 사람들에게 맡기시기 바랍니다.

曾子有疾 孟敬子問之 曾子言曰 鳥之將死 其鳴也哀 人之將死 其言也善 君子所貴乎道者三 動容貌 斯遠暴慢矣 正顔色 斯近信矣 出辭氣 斯遠鄙倍矣 籩豆之事 則有司存

(3) 증자가 그리워하는 벗

유능하다는 사람은 대개 무능한 사람을 만나면 업신여기려 한다. 제 능력만 믿고 자기보다 못한 사람이라 생각되면 얕보고 깔보면서 남을 송두리째 무시하려고 덤빈다. 그래서 조금 아는 것을 앞세워 천하를 다 아는 양 허세를 떨면서 알아야 일을 하지 모르면 탈이라며 으스댄다. 그러한 연유로 모난 돌이 정을 맞는다는 속담이 생기게 된 것이다. 알면 얼마나 더 알고 지식이 많다면 얼마나 더 많을까? 이런 치들 탓에 뛰는 놈 위에 나는 놈 있다는 속담이 생겨났을 것이다. 그러나 증자가 그리워하는 옛 벗은 유능했지만 유능한 티를 내지 않았고 무능한 사람을 만나도 묻고 배웠다고 한다. 증자가 그리워하던 벗은 누구였을까?

사람들은 조금이라도 좋은 일을 했다 싶으면 세상에 알려지기를 바란다. 만일 알려지지 않게 되면 안절부절못하면서 부산을 떤다. 덕을 베푸는 사람은 본래 남몰래 하기를 좋아한다. 꽃송이가 화사하고 클수록 향기도 없고 꿀도 없다. 수수하고 초라해 보이는 꽃일수록 향기가 짙고 꿀샘도 깊다. 덕이란 꿀과 향기와 같다. 그래서 덕은 외롭지 않다고 한다. 꽃의 꿀과 향기가 벌과 나비를 불러들이는 이치나 같을 것이다. 참으로 덕이 있는 사람은 겸손하고 뒤로 물러선다. 마음속에 덕이 가득하면서도 내색을 하지 않고 항상 뒤로 물러서서 겸허했던 그 옛 벗을 증자는 그리워한다. 그가 그리워하는 벗은 누구였을까?

현대인은 누구나 한판 할 각오로 사회생활을 한다. 특히 이해가 걸린 문제에서는 목숨을 걸고 이익을 빼앗길까 봐 물러서지 않는다. 다툼에서 지면 끝장이라는 생각으로 다져져 있기 때문에 물러선다는 것은 패배요, 패배는 바로 자기 파멸이라고 공언한다. 증자가 그리워하던 벗은 남에게 욕을 당해도 따지고 덤비거나 다투지 않았다. 그 사람은 누구였을까? 공자는 없어도 있는 듯하고 틈실하면서도 비어 있는 듯하며 가난해도 태연해하면서 사람이 한결같기란 매우 어려운 일이라고 했다. 그러므로 증자의 벗은 아마 공자의 말을 만족시킬 인품을 타고 난 사람일 것이다.

증자는 그가 누구라고 잘라서 밝히지는 않고 있지만 대충 알 만하다. 공자의 문하에 있는 제자들 중 덕행으로 치면 안회(顔回)가 아닌

가. 주자도 증자가 그리워하던 벗은 바로 안회라고 밝혔다. 아마도 안회 같은 사람이 서울에 있다면 서울에서 제일 못나고 얼간이 같다는 흉을 잡히고 말 것이다. 그러나 누구든 안회와 같은 벗이 하나만 있어도 좋겠다고 바라면서도 제 자신은 안회처럼 되지 않으려는 현대인의 심사는 욕심이 발끝에서 머리끝까지 차 있다.

🍵 증자와의 담론

유능한 사람이지만 무능한 사람을 만나면 묻고 널리 두루 알면서도 천학비재를 만나면 묻고 도와 덕을 가득히 지녔음에도 속이 텅 빈 듯하고 겸손하며 뒤로 물러서기만 하였으며 남으로부터 욕을 당해도 마주 따지고 다투지 않았다. 옛날 나의 벗이 이러한 태도를 취했다. 이렇게 증자는 술회하였다.

曾子曰 以能問於不能 以多問於寡 有若無 實若虛 犯而不校 昔者吾友 嘗從事於斯矣

(4) 세조와 단종

아마 조선조에서 불교를 가장 가까이 했던 임금은 세조일 것이다. 세조는 어려서부터 절에 자주 다녔고 신심도 두터웠다. 그래서 세조는 부처의 일대기를 손수 지은 〈석보상절〉을 남기기도 했다.

그러나 세조가 임금이 된 바탕을 돌이켜보면 부처의 말씀을 처음부터 어긴 셈이다. 살생하지 말라는 계율을 세조는 엄청나게 어겼기 때문이다. 그러므로 아무리 임금이 되어 나라를 튼튼히 다스리는 기틀을 쌓았다 하더라도 인간으로서는 못할 짓을 범한 임금일 뿐이다. 왜냐하면 조카인 단종의 목을 조르고 왕좌에 앉은 삼촌인 까닭이다. 날

파리 하나라도 목숨이니 죽이지 말라는 불살생의 계율은 그만두고라도 인륜을 어긴 세조의 짓은 누가 뭐라 해도 할말을 잊게 한다.

세조가 등창이 나서 고생했던 적이 있었다. 세조는 등창을 고치기 위해 명산대찰을 찾아다니면서 불공을 드렸다. 이는 조카의 목숨을 앗은 죄업을 풀어 보려고 한 인간으로서의 고뇌로 보이기도 한다. 조카를 죽인 죄업은 아무리 신심이 깊다 한들, 그리고 아무리 대찰의 부처에게 빈다 한들 씻길 리 없다. 그러니 살생의 계율로 본다면 축생으로 태어나는 벌을 받았을 것이다.

공자 역시 세조를 소인배로 몰아붙일 것이다. 임금이 왕도를 버리면 소인배나 다를 바 없다. 임금이 군자가 되려면 왕도를 펼쳐야 한다. 왕도는 힘으로 나라를 다스리는 것이 아니라 덕으로 나라를 다스리는 임금의 길이다. 세조는 처음부터 그러한 길을 걸을 수 없었다. 왜냐하면 군자의 도를 송두리째 어겼기 때문이다. 군자라면 어린 왕을 끝까지 보필하는 충(忠)과 신(信)을 지녀야 하기 때문이다. 세조는 그러한 충과 신을 저버렸던 임금이다. 〈석보상절〉을 백 번 써서 책으로 묶어 본들 조카를 죽인 살생은 벗을 수 없고 인륜을 어긴 죄로는 군자의 길을 처음부터 밟을 수 없는 노릇이다. 임금이 군자가 되려면 어떻게 해야 하는가? 이는 증자의 말을 들으면 누구나 헤아릴 수 있을 것이다.

증자와의 담론

어린 임금을 믿고 맡길 수 있고 백 리 사방의 나라를 맡길 수도 있으며 존망의 위기에 처해도 굽히지 않으면 군자다운 사람이다. 이렇게 증자는 밝힌다.

曾子曰 可以託六尺之孤 可以寄白里之命 臨大節而不可奪也 君子人與 君子人也

(5) 급행료를 받는 관리들

중이 고기 맛을 알면 방 벽에 파리가 남아나지 못한다고 한다. 이처럼 관리가 돈맛을 알면 날강도가 부끄러울 만큼 유들유들해지고 뻔뻔스럽게 남의 호주머니 속을 긁어 낸다. 법에 어긋나지 않아도 별의별 구실로 법에 어긋난다는 핑계를 붙여 일을 미루고 애를 타게 한다. 애를 태우는 불을 끄기 위해서는 뒷돈을 주고라도 관리의 욕심을 식혀야 한다. 이를 급행료라며 백성들은 투덜댄다. 급행료를 제대로 쓰기만 하면 법에 어긋난 일도 법에 맞추어 얼버무려지고 안 될 일도 되게 하는 수법 또한 비상하다는 것이다. 그래서 급행료만 있으면 안 되는 일이 없다고 백성은 원성을 품고 한탄한다. 이러한 짓거리들은 알량한 관을 앞세워 남의 등을 생으로 치는 꼴이다.

관리는 누구인가? 증자의 말을 빌리면 인을 행하는 당사자라고 한다. 인의란 무엇인가? 남을 먼저 사랑하는 것이다. 관리는 누구를 사랑해야 하는가? 물론 백성을 사랑해야 한다. 백성을 사랑할 줄 아는 관리를 청백리라고 한다. 돈벌이를 해서 부자가 되려면 장사치가 되어야지 관리가 되어 돈벌이를 하려고 덤비면 쇠고랑을 찰 수밖에 없는 것이다. 언제 어디서나 청백리는 귀하다. 그만큼 백성을 사랑하는 관리가 드물다는 증좌이다.

겉으로는 시민에 봉사하는 공복이 되겠다고 외치지만 관료 사회는 항상 문턱을 높이려는 야심을 버린 적이 없었다. 시민의 심부름꾼이 되려면 마음이 넓고 꿋꿋해야 한다. 마음이 좁고 옹졸한 치는 자기밖에 모른다. 그러면 남을 먼저 사랑하라는 인의 길을 걷기 어렵다. 부정하고 썩은 관리는 누구일까? 백성을 업신여기고 등을 치며 겁을 주는 자들이다. 이러한 치들은 인이 무엇인지 생각조차 않으려 든다. 그래서 서울 시청과 세무서를 복마전이라고 부르게 된 것이다. 청백리는 누구인가? 선비다운 관리를 말한다.

🫖 증자와의 담론

선비는 반드시 마음이 넓고 꿋꿋해야 한다. 그 임무는 무겁고 갈 길이 멀다. 인을 제 임무로 삼았으니 무거울 수밖에 없다. 죽어야 겨우 그 길을 가는 것을 멈출 수 있으니 어찌 멀지 않겠는가. 이렇게 증자는 말했다.

曾子曰 士不可以不弘毅 任重而道遠 仁以爲己任 不亦重乎 死而後已 不亦遠乎

(6) 머리를 빌리는 사람

몸이 건강해야 대권을 잡아도 임무를 수행할 수 있다. 사람의 머리는 빌릴 수 있지만 건강은 빌릴 수 없다고 단언한 정치가가 있다. 사십대부터 대권의 꿈을 키우면서 한평생을 대권에 도전한다는 의지를 굽힌 적이 없는 그 사람은 아침마다 조깅을 하고 짬만 나면 헬스클럽에서 몸을 단련하느라 땀을 흘렸다.

천하를 다스리는 일은 한 사람이 할 수 있는 일이 아니다. 절대 권력을 가졌던 있었던 임금도 신하를 잘 두어야 폭군으로부터의 위험을 벗어날 수 있었다. 하물며 민주 시대인 오늘날에는 더욱 사람을 잘 골라 쓰는 머리가 있어야 대권을 잡아도 쫓겨나지 않는다. 과거에 이승만 대통령이 팔순의 노구를 끌고 하와이로 가야 했던 일도 따지고 보면 옆에 거느린 사람들을 잘못 둔 탓이었다.

그러므로 머리는 빌려도 건강은 빌릴 수 없다는 말보다 '된 사람을 찾아서 쓸 수는 있어도 건강은 빌릴 수 없다'고 말을 했으면 더 옳았을 것이다. 아무리 머리가 좋아도 사람이 되어 있지 않으면 탈을 내는 신하가 될 위험이 항상 뒤따르기 때문이다.

주 나라의 무 왕은 은 나라의 고을을 토벌하여 임금이 되었다. 임금이 된 무 왕은 순 임금에게는 다섯 명의 신하가 있었지만 자기에게는 열 명의 신하가 있다고 자랑했다. 이 말을 들은 공자는 인재를 얻기는 참 어려운 일인데 열 명이나 되는 훌륭한 신하를 둔 무 왕은 요 임금의 나라(唐)와 순 임금의 나라(虞) 이래 가장 많은 좋은 신하를 두었다고 토를 달았다.

좋은 신하는 누구일까? 백성의 귀가 되고 백성의 입이 되는 신하일 것이다. 백성이 어디를 아파하고 어디를 긁어 주기를 원하는지를 알아서 있는 그대로 임금에게 알려 주는 신하가 제일 좋은 신하일 것이다. 그렇지 않고 제 뱃속을 채우려고 임금의 귀를 흐리게 하고 임금의 눈을 어둡게 하는 신하는 간신일 뿐이다. 간신을 거느리고 놀아난 임금은 폭군이 되어 노략질을 하다가 결국에는 비참한 최후를 맞게 된다. 그러므로 좋은 신하를 둔다는 것은 결국 사람의 길을 제대로 밟아 가게 할 수 있는 사람을 옆에 두어야 한다는 뜻이다.

머리가 영민하면서도 사람이 되어 있지 않으면 술수를 쓰는 재주는 있지만 다스림의 물길을 제대로 트는 데는 약아서 제 꾀에 제가 빠지는 꼴을 당하기 쉽다. 약은 사람이 제 도끼로 제 발등을 찍는 법이다. 머리만 좋으면 이러한 낭패를 당할 뿐이다. 예부터 재주가 너무 앞서면 덕이 얇다고 했다. 그러므로 사람이 머리를 빌리는 것보다 그 덕을 먼저 빌릴 줄 알아야 건강을 유지하더라도 똑똑하고 당당한 대권의 주자가 될 수 있을 것이다.

🫖 공자와의 담론

순 임금은 다섯 명의 좋은 신하로 천하를 다스렸다. 그러나 나에게는 열 명의 좋은 신하가 있다고 무 왕이 자랑을 했다. 이러한 무 왕의 자랑에 대해 공자께서는 다음처럼 토를 달아 두었다. 인재를 얻기 어렵다고 하는데 참으로 그렇지가 않느냐. 요 임금의 국호인 당과 순 임금의 국호인 우 이후로 주 나라에 인재가 가장 많았다. 무 왕의 신하 중 하나는 무 왕의 아내였으니 나머지는 아홉 명인 셈이다. 주 나라는 천하의 삼분의 이를 차지하고도 여전히 은 나라를 섬겼으니 주 나라의 덕은 참으로 컸다고 말할 수 있는 일이 아닌가.

舜有臣五人而天下治 武王曰 予有亂臣十人 孔子曰 才難 不其然乎 唐虞之際 於斯爲盛 有婦人焉 九人而已 三分天下 有其二 以服事殷 周之德 其可謂至德也已矣

제3장
〈자한(子罕)〉편

1. 〈자한(子罕)〉편의 체험

(1) 한 사람의 공자

보통 사람들인 우리들과 마찬가지로 공자도 어머니의 탯줄을 달고 태어났다. 공자에게는 신비로운 탄생 설화 같은 것이 없다. 그냥 사람의 아들로 태어나 일생을 사람으로 살았다. 〈자한〉 편을 읽으면 이를 확인하게 된다. 〈자한〉 편은 한 사람의 공자를 여실히 만나게 해 주기 때문이다.

〈자한〉 편에서 공자를 만나면 그분은 멀리 높이 계시는 성자라기보다는 우리 모두를 어루만져 주고 북돋워주는 인자한 할아버지처럼 느껴진다. 손자를 품에 안은 할아버지 같은 공자가 외경스럽고 신비로운 성자보다 더욱 우러러보이는 것은 무슨 연유일까? 〈자한〉 편은 이러한 물음을 곰곰이 따져 보게 하고 새겨 두게 한다.

보리수나무 아래서 어머니의 옆구리를 뚫고 나온 석가모니는 탄생부터 보통 사람과는 다르게 이 세상에 왔다. 마리아 동정녀의 몸을 빌려서 이 세상에 온 예수는 사람의 아들이 아닌 하느님의 아들로 이 세상에 왔다. 그러나 공자는 보통 사람들인 우리들처럼 태어났다. 하느님에 비하면 공자는 범인에 불과하고 부처에 비해도 공자는 필부에 불과하다. 그럼에도 공자의 말씀을 들으면 저절로 사람에 대한 신앙이 깊어지는 연유는 무엇일까? 〈자한〉 편을 읽게 되면 이러한 물음에 대한 해답을 얻을 수 있다.

예수는 사람의 죄를 용서해 주려고 하늘에서 이 세상으로 내려오셨고 여래(如來)는 사람의 고(苦)를 면하게 해 주려고 도솔천을 넘어서 이 세상으로 돌아왔다. 그러나 공자는 태어난 이후부터 스스로 선생 당신이 뜻을 세워 사람이 걸어가야 할 길을 튼 분이다. 물론 예수와 여래와 공자를 동열에 놓고 보자는 것은 아니다. 그렇지만 그 세 분께서 인간에게 내린 숙제를 풀어 보면 묘하게도 같은 문제에 걸리게 된다. 그 공통의 숙제는 무엇인가? 그것은 다음과 같은 것이 아닌가. 사랑하라, 그리고 미워마라.

원수마저도 사랑하라. 이것은 예수가 우리 모두에게 내준 숙제이다. 자비하라. 이것은 여래가 남긴 숙제이다. 애인(愛人)하라. 이것은 공자가 남긴 숙제이다. 이러한 숙제는 따지고 보면 모두 나를 사랑할 것이 아니라 남을 사랑하라는 것이다. 우리는 이러한 숙제를 받고 삶을 누리면서 그 정답을 어떻게 이룩할 것인가? 〈자한〉 편을 읽게 되면 이러한 문제를 아주 편안하게 풀어 갈 수 있다. 왜냐하면 공자께서는 애인하는 방법을 몸소 보여 주시기 때문이다.

공자는 당신의 삶으로 남을 사랑하는 방법을 보여 준다. 공자의 숙제 속에 계율이란 것은 없다. 선하면 천당을 가고 악하면 지옥을 간다는 엄한 결정도 없다. 다만 살아야 할 인간이므로 제대로 사는 것이 잘못 사는 것보다는 가치있다는 사실을 보여 줄 뿐이다. 〈자한〉 편은 그러한 사실을 우리로 하여금 만나게 한다.

공자는 사람 그 자체를 믿는다. 완전하다고 믿는 것이 아니라 불완전한 사람을 믿는다. 왜냐하면 사람은 불완전하므로 완전함을 향해 닦는 뜻을 버리지 않는다고 공자는 확신하기 때문이다. 〈자한〉 편은 공자의 그러한 확신을 밝힌다.

〈자한〉 편에서 슬퍼하는 공자를 만나면 우리 모두는 슬퍼진다. 기뻐하는 공자를 만나면 우리 모두는 기뻐진다. 서글퍼하는 공자를, 씁쓸

해하는 공자를, 연민하는 공자를, 순응하는 공자를 만나면 우리 모두
역시 그렇게 된다. 이것은 분명 감화일 것이다. 공자는 스스로의 삶을
보여 주어 우리를 감화하게 할 뿐 엄한 벌을 앞세우지 않는다. 사랑하
는 것[仁]과 미워하는 것[不仁] 중에서 무엇을 택할 것인가? 〈자한〉 편
의 공자를 만나면 인을 택하게 된다. 올바른 것[義]과 그른 것[不義]
중에서 어느 것을 택할까? 〈자한〉 편의 공자를 만나면 의를 택하게 된
다. 이런 것이 공자가 주는 감화이다.

　　손자를 어루만지며 무릎에 앉혀 놓고 그 손자를 기루어하는 손길은
성인의 숨결로 이어지는 법이다. 평범한 사람으로 태어나 성인이 된
공자는 〈자한〉 편에서 우리 모두의 할아버지가 되어 숨을 쉰다.

(2) 언행을 하나이게 하라

　　말이 곧 행동이고 행동이 곧 말이 될 때 그보다 더한 믿음은 없다.
믿음은 성실한 마음에서 우러나와 성실한 행동으로 맺어진다. 이것이
곧 충신(忠信)이다. 입만 살아 있을 뿐 행동이 다르다면 이는 겉과 속
이 서로 어긋나 있음을 말한다. 이러한 인간은 스스로를 속이는 인간
이다. 모든 불인(不仁)과 불의(不義)는 이러한 인간으로부터 비롯된
다. 그러므로 충신(忠信)은 인의를 보장하는 성채의 담벽과 같다고 보
아도 될 것이다. 왜 공자는 꾸며진 말[巧言]을 멀리하라 했을까? 덕을
해치는 까닭이다. 〈자한〉 편은 공자께서 말을 삼갔다는 내용으로 시작
되고 있다. 우리는 이 점을 주목해야 한다.

　　말하기는 쉽지만 행하기는 어렵다는 것을 아는 사람은 함부로 말하
지 않는다. 말을 낭비하는 사람은 말만 앞설 뿐 한 말에 대한 책임을
질 줄 모른다. 그래서 사람들로부터 믿음을 잃어버린다. 그러므로 사

람은 무엇보다 먼저 사람을 믿어야 한다. 그렇지 않으면 덕은 사라져 버린다. 덕이 없으면 사랑을 올바르게 실천할 수 없다.

공자께서는 이(利)나 명(命)이나 인(仁)을 말하는 일이 드물었다. 이렇게 〈자한〉 편은 시작된다. 물건을 파는 장사꾼은 남는 것이 없다는 말을 입술에 달고 산다. 물건값을 부르면서 손해보고 판다며 호들갑을 떤다. 손해본다는 장사꾼의 말은 따지고 보면 이익을 무엇보다 밝히고 있는 셈이다. 사리(私利)를 버렸다고 천명했던 사람들이 뒤로는 재물을 숨겨두고 청빈을 말로만 앞세우는 경우를 우리는 무수히 보아 왔다. 운명을 미리 알아서 나쁘면 좋게 하고 좋으면 더욱 좋게 해 준다고 점쟁이는 떠벌린다. 그러면 사람들은 복채를 두둑이 놓고 머리를 조아리며 고맙다고 한다. 그러나 그렇게 말하는 점쟁이는 운명을 전혀 모르고 거짓말을 하는 셈이다.

운명이란 사람의 영역을 떠나 있음을 공자는 분명히 알았다. 사람은 사람으로서 충실하면 그만이다. 사람이 알 수 없는 것을 두고 괴로워 할 것이 아니라 알 수 있는 것을 열심히 닦으라고 공자는 당부한다. 누가 운명을 거역하거나 조정하거나 조작할 것인가. 그러한 짓은 모두 거짓일 뿐이다. 삶은 곧아야 한다. 굽어서는 안 된다. 이렇게 하기 위해서는 먼저 말과 행동이 하나가 되어야 한다.

공자는 별로 인을 말하지 않았다. 이러한 구절은 우리를 어리둥절하게 할 것이다. 왜냐하면 인의를 떠난 공자를 생각할 수 없기 때문이다. 그러함에도 왜 〈자한〉 편은 그렇게 밝히고 있을까? 말이란 대패질과 같아서 하면 할수록 얇아진다. 사람은 사람을 사랑해야 한다는 진실에는 덜할 것도 없고 보탤 것도 없다. 다만 그 사랑을 몸소 행하면 된다. 공자의 삶 그 자체가 바로 인이므로 뭐라고 더 말할 것이 있을 것인가. 사랑하는 사람끼리는 사랑을 말로 하지 않는다. 서로 손을 잡고 그저 묵묵히 걸어갈 뿐이다. 사랑하느냐고 물을 것도 없고 사랑한다고 대답할 것도 없다. 사랑하므로 사랑을 말하지 않는다.

이(利)를 버리라고 공자는 말하지 않는다. 올바른 이라면 왜 멀리할 것이냐고 분명히 한다. 그러나 이를 탐할 때는 불의가 있게 마련이므로 이를 삼가라고 당부한다. 이를 의가 되게 하면 공자는 기뻐할 뿐이다. 여기서 우리는 부끄럽게 된다. 의보다 이를 앞세워 사람과 사람 사이가 이해 상관에 따라 멀어지기도 하고 가까워지기도 하는 우리를 부끄럽게 한다.

공자는 인을 간명하게 말해 두었을 뿐이다. 사람을 사랑하라〔愛人〕, 그리고 사람을 편하게 하라〔安人〕. 공자께서는 이 두 마디를 밝혔을 뿐이다. 그 이상 더 말할 것이 뭐 있을 것인가. 인에 대해 말이 많으면 덕이 엷어지고 인에 대해 말이 길어지면 덕에 시비만 늘어날 뿐이다. 휴머니즘에 관한 무수한 이론들이 있지만 그것을 실천하는 경우보다 반휴머니즘의 현실이 훨씬 많은 것을 보면 공자의 안인과 애인이 그리워질 뿐이다.

우리는 사람을 믿기보다는 의심하고, 도와주기보다는 이용하고, 사랑함에는 인색하면서도 미워하기 시작하면 단번에 증오와 분노로 치닫는 길을 밟는다. 〈자한〉 편의 공자는 사랑하는 길을 걷고 검소한 길을 걸으며 겸허한 길을 걸어 우리를 편하게 한다. 언행이 하나가 되어 모든 것이 미더워 편하다.

(3) 무엇이 우리를 얽어매는가

조선조 선비들이 공맹을 앞세워 짜 놓은 예론을 보면 빡빡하고 딱딱한 규범들로 숨통이 막힐 지경이다. 자유로움이란 전혀 보이지 않고 사람을 꽁꽁 얽어매려고만 한다. 남녀는 칠 세가 되면 한 자리에 앉지도 말라는 말은 《논어》의 어느 구석에도 없다. 공자는 사람을 얽어매지 않았다. 오히려 걸림 없는 내면을 간직하게 했다. 불가의 선(禪)에서만 내면의 자유가 주장되는 것은 아니다. 공자의 절사(絶四)에서도 걸림 없는 내면의 자유를 확인할 수 있다. 인심(仁心)이 곧 해탈이라는 것을 공자의 절사로 알 수 있는 일이다.

속사정을 모르겠다. 앞뒤가 맞지 않는다. 저의가 무엇일까? 사람들은 한 사람을 두고 이렇게 떠보려고 하거나 저울질을 하려 한다. 사람마다 의도를 간직하기도 하고 숨기기도 한다. 협상 중이라거나 모색중이라는 말도 따지고 보면 상대편의 의중을 떠보고 손익을 계산한다는 심산이다. 이처럼 사람들이 만나면 이해를 따지고 약점을 노린다. 공자께서는 이러한 수작을 하지 말라고 한다. 그래서 공자에게는 숨겨둔 의도 같은 것은 없다[毋意]고 말한다. 숨기거나 감출 것이 없으면 매일 것도 없다. 그러면 자유롭다.

목숨을 걸었으므로 성사가 안 되면 끝장이다. 하늘이 무너져도 해치워야 한다. 이렇게 사람들은 중대한 일이 생기면 막가는 골목을 만들어 놓고 배수진을 친다. 그러다가 배수진이 무너지면 물귀신 작전을 쓰기도 하면서 자기 탓인 줄은 잊어버리고 남을 원망하거나 팔자타령을 하거나 심하면 하늘을 원망한다. 그러나 세상은 나를 위해 있는 것이 아니며 내 뜻대로 되는 것도 아니다. 이러한 진실을 안다면 무슨 일이든 막다른 골목에 몰아넣고 목숨을 담보로 배수진을 치는 허욕은 부리지 않을 것이다. 공자는 그렇게 하지 말라고 했다. 그렇게 하면 사람은 제 발목을 스스로 묶는 꼴이 되어 버리기 때문이다. 그래서 공자께서는 '하늘이 무너져도 해야 하는 일은 없다[毋必]'고 밝혀 준다. 이는 걸림이 없음을 말한다. 그러면 자유롭다.

벽창호다. 앞뒤가 꽉 막혔다. 제 생각만 할 뿐 남의 생각을 모른다. 이것은 고집스러운 사람에게 던지는 험담이다. 사람의 일은 서로 얽혀 있게 마련이다. 얽힌 것을 풀기 위해서는 매듭의 코를 찾아 한 가닥씩 풀어내야 한다. 그렇지 않고 막무가내로 실을 풀려고 하면 실타래는 끊어지고 만다. 사람의 관계나 일이 끊어지지 않고 잘 풀리려면 서로 상대의 입장이 되어 보아야 한다. 남의 입장이 되어 생각해 보면 고집이란 불 앞에 얼음처럼 녹아 버린다. 이를 공자는 이순(耳順)이라고 일컬었다. 공자에게 고집 따위는 아예 없다[毋固]고 제자가 밝힌 것은 이순의 경지를 말한 셈이다. 무엇이든 고집할 것이 없으면 사로잡힐 것도 없다. 그러면 자유롭다.

나 아니면 안 된다는 생각 때문에 세상에는 무수한 탈이 생긴다. 모든 것을 내가 정하고 남의 생각은 틀렸고 내 생각만 옳다고 주장하는 일 때문에 세상은 수없이 상처를 입는다. 하기야 나를 버렸다고 공언하기도 하고 마음을 비웠다고 선언을 하는 경우도 있지만 속셈은 딴 전에 두고 말로만 그렇게 하는 경우를 수없이 보아 왔다. 참으로 나를 버린 사람은 막힐 것도 없고 매일 것도 없다. 이를 무심이라고도 하고 허심이라고도 하며 무아라고도 한다. 공자나 여래나 노자나 모두 이를 실천에 옮겼다. 그래서 여래는 부처가 되었고 노자는 도인이 되었으며 공자는 성인이 되었던 것이다.

무아는 자유의 절정이다. 따지고 보면 무의(毋意)·무필(毋必)·무고(毋固) 등등은 무아(無我)의 조건들에 속한다. 공자께서는 이러한 조건들을 두루 갖추고 인간을 말하고 삶을 말하면서 인의의 길을 텄던 것이다. 대인(大人)은 무아의 인간이며 소인은 아집의 사람이다. 아집이란 부자유이며 무아야말로 곧 자유인 것이다.

〈자한〉 편에서는 공자의 이런 모습들을 여러 면에서 만날 수 있다.

성실함을 몸소 보여 주는 공자, 사랑을 몸소 행하는 공자, 스스로 겸허하면서 순응하고 올바름을 행하는 공자, 세상과 사람들을 어루만지며 세상의 상처를 아파하는 공자를 만날 수 있다. 그러나 신비로운 초인이 아닌 아주 친근한 할아버지의 모습으로 공자를 누구나 만날 수 있다. 그러한 만남은 바로 절사(絶四)의 자유를 우리로 하여금 깨우치게 한다.

(4) 〈자한〉 편의 세 제자

"자로야, 허세나 허영을 부리지 마라." 이렇게 공자는 꾸중을 한다.
"자공아, 사고파는 일이라면 당당하게 하라." 이렇게 공자는 면박을 주기도 한다. 그러나 안연은 선생의 가르침을 어떻게 하면 따를 수 있느냐며 탄식한다. 덕의 화신인 안연은 스승에게 묻는 일이 없다. 다만 선생의 생각을 헤아리고 선생의 행동을 보면서 자신도 그렇게 되기를 바랄 뿐이다. 〈자한〉 편에서 이러한 세 제자는 우리로 하여금 많은 것을 헤아리게 한다.

공자께서 병을 앓았다. 일흔이 넘어 병을 오래 앓게 되자 성급한 자로는 선생의 임종이 가까웠다고 생각했던 모양이다. 자로는 황급히 공문의 제자들을 불러모아 선생의 장례 준비를 위세 당당하게 갖추자고 제안을 했다. 그는 제자들을 가신으로 삼아 장례 위원회를 조직했으면 했다. 가신을 두고 하는 장례는 높은 관직에 있는 사람의 공식적인 장례 행사를 의미한다. 요사이로 치면 사회장이나 국장 아니면 무슨 기관의 이름을 빌려서 행하는 장례에 해당된다. 병중의 공자는 자로의 이러한 심사를 알았다. 그래서 공자는 자로를 불러 나를 속이려 드느냐며 나무랐다. 공자는 자로에게 담담하게 말한다.

"순명을 하면 그만이지 그 이상 무엇을 바랄 것인가. 높은 관직도 없는 자의 장례식에 무슨 가신을 두려고 하느냐? 평범한 인간으로서 조촐한 임종을 바랄 뿐이다."

허세를 부리지 마라. 허영을 부리지 마라. 제발 없는 것을 있는 것처럼 꾸미지 마라. 공자께서 자로에게 당부한 것은 바로 이러한 부탁이었을 것이다.

공자의 제자인 자공은 돈벌이에 밝아 어릴 때 가난을 면해 부자가 되었다. 그 자공이 공자에게 다음처럼 물었다. "여기 아름다운 옥이 있을 때 그 옥을 선생님은 궤짝에 감추어 두시겠습니까, 아니면 파시겠습니까?" 그러자 공자는 서슴없이 팔겠다고 단언하면서 제값을 주고 사 갈 사람을 기다리는 중이라고 응대했다. 자공 앞에서 옥을 살 사람을 기다리는 중이라고 했으니 자공은 옥을 살 만한 사람이 아닌 것이다. 돼지 눈에는 돼지만 보인다고 했던가. 자공이 걸맞게 팔고 사는 문제를 선생께 물었으나 공자에게는 분명 자공이 생각했던 그런 옥이 아니라 다른 옥이었을 것이다. 공자께 아름다운 옥이란 무엇일까? 공자가 가장 아름다운 옥으로 치는 것은 인의나 덕 같은 것이지 보석상의 진열대에 놓여 있는 보석 같은 옥은 아니다. 이러한 심중을 자공은 헤아렸을까? 모를 일이다. 공자가 자공에게 던진 말은 바로 우리를 향해 던진 것이라는 기분을 면할 수 없다. 모든 것을 돈으로 환산하려 덤비는 우리들을 면박하는 것 같아 우리를 부끄럽게 한다.

그런데 안연이 선생을 우러러보면서 선생처럼 될 수 없음을 알고 탄식하는 장면을 〈자한〉 편에서 만나면 누구나 가슴이 뭉클해질 것이다. 사람이 되는 길로 인도하는 선생이 옆에 있다는 것만큼 더한 행복은 없다. 안연은 이러한 행복을 뼈에 사무치게 헤아리면서도 그러한 행복을 누릴 만큼 인간의 품이 넉넉치 못해 안타깝다고 탄식했던 인물이다. 선생의 덕을 따르려 하나 아무리 노력을 해도 그렇게 될 수 없음을 알고 안연은 괴로워했다.

안연이여, 괴로워할 것은 없다. 이미 공자께서도 학문(學文)을 배우는 유일한 사람이 안연임을 알고 있었던 것이 아닌가. 공자가 말하는 학문이란 덕의 길을 닦아 걷게 하는 것을 말한다. 인이 무엇인가를 배우고 알고 실천하며 의가 무엇인가를 배우고 알아 실천하는 것이 바로 공자께서 말하는 학문이다. 지식이 많다고 사람이 되는 것은 아니다. 많은 지식은 사람의 능력을 늘어나게는 하지만 사람을 어질게 하지는 못한다. 지식을 배우게 하는 것을 우리는 학문(學問)이라고 한다. 안연은 어진 사람이 되기를 바랄 뿐 유식한 사람이 되기를 바라지 않았다. 공자는 이러한 안연을 사랑했고 믿었다.

현대인은 실속 있는 사람이 되고 싶어할 뿐 남에게 사랑을 베푸는 어진 사람이 되려고 하지는 않는다. 모든 경쟁에서 승리를 거두어야지 한 치라도 물러서면 안 된다고 다짐하는 현대인은 지식을 쌓게 하는 학문에 매진하려고 할 뿐 인의의 길을 걷는 학문(學文)을 닦으려고 하지는 않는다. 현대인은 안연 같은 사람을 그저 바보라고만 하고 있다. 그러한 안연이 우리를 부끄럽게 한다.

2. 공자의 어록

(1) 막돼먹은 세상

못된 짓을 범하고도 무엇이 못된 짓이며 어떻게 하는 것이 못된 짓인가를 모르는 인간은 참으로 딱하다. 무릇 못된 짓은 남을 해롭게 하고 남의 마음을 아프게 한다. 이를 안다면 사람들은 자기만을 위해서 세상이 있다고 여기지 않을 것이다. 따지고 보면 못된 짓은 결국 자기만을 생각하고 행동하는 경우에 비롯된다. 버릇이 없다는 남의 말을 들을 때 자신을 살펴볼 줄 아는 사람은 못된 짓을 범하기 어렵다.

막돼먹은 짓은 스스로를 부끄럽게 한다. 하늘을 보고 침을 뱉으면 그 침방울은 결국 자신의 얼굴에 떨어지는 법이다. 부끄러움을 모르는 사람은 마구잡이로 행동하게 마련이다. 그래서 자신을 자신이 망신스럽게 하면 남의 눈길을 사는 법이다. 그러면 결국 망측한 놈이란 말을 듣는다.

여름 휴가철에 세상을 떠난 사람은 불쌍하다며 한 스님이 세상을 향해 흉을 보았다. 절에 얼마의 돈을 주고 제를 올려 달라고 부탁하는 사람들이 많아졌기 때문이다. 그러나 제삿날이 되어 제상을 마련해 놓아도 제를 부탁한 사람들이 오지 않아 망자의 이름만 올려놓고 목탁을 치는 경우가 많다는 것이다. 죽은 사람이 어찌 목탁을 치는 사람을 알아보겠느냐고 되묻고는 후손들은 멀리 여행을 떠나고 절간의 중놈에게 얼마간의 수고비를 주고 제삿밥을 부탁한 꼴이라고 그 스님은 세상 인심을 흉보았다.

제사는 목숨을 준 사람에게 고마움을 바치면 된다. 제상을 산해진미로 차린다고 예를 갖추는 것은 아니다. 이승을 떠난 영혼이 무슨 음식 타령을 하겠는가. 본래 제사 음식이란 산 사람들의 목구멍을 위해 마련하는 것일 뿐이다. 정성을 들여 떠놓는 냉수 한 사발로도 망자를 추모할 수 있는 일이다. 휴가철에 젯날이 들었다면 휴가를 간 곳에서도 얼마든지 제를 올릴 수 있을 터인데 중에게 목탁이나 쳐 주고 망자를 달래 달라고 몇 푼을 던져 놓고 가는 세상은 살맛이 없다며 그 스님은 망연해 했다.

불가의 스님도 예를 말씀하셨다. 못된 짓이나 막가는 짓은 예를 짓밟는 짓이 되고 만다는 것은 불가든 유가든 다를 바가 없다. 그래서 부모 젯날은 잊지 말고 제상 앞에 앉으라고 타일렀다. 자식들이 번듯한데 망자를 절간의 중들이 모시면 되겠느냐고 그 스님은 푸념했다. 이제는 죽더라도 휴가철을 피해서 죽어야 한다는 그 스님의 푸념은 우리가 얼마나 막가고 못된 짓을 하면서도 불감증에 걸려 있는가를 헤아리게 한다. 물론 위아래도 없어지고 힘만 있으면 다 된다는 세상이 되어 가고 있는 판에 무슨 놈의 예냐고 삿대질을 할 사람들이 많다는 것을 그 스님도 알고 있을 것이다.

🌿 공자의 말씀

삼으로 만든 제관이 예법에 맞다. 그러나 지금 사람들이 명주실로 만든 제관을 쓰는 것은 절약하기 위해서이다. 나도 여러 사람들을 따를 것이다. 당 아래서 절을 하는 것이 예법인데 지금 사람들이 당 위에서 절을 하는 것은 교만이다. 이러한 짓은 여러 사람과 내가 어긋나지만 나는 당 아래에서 절을 하겠다 이렇게 공자는 타일렀다.

子曰 麻冕 禮也 今也純 儉 吾從衆 拜下 禮也 今拜乎上 泰也 雖違衆 吾從下

(2) 문화를 믿는 공자

문화란 무엇이냐? 소의 코에 걸려 있는 코뚜레다. 이렇게 말한 장자는 문화를 믿지 않았다. 자연이란 무엇이냐? 소의 네 발이다. 이렇게 말한 장자는 자연을 믿었다. 그러나 공자는 문화를 삶의 예악(禮樂)으로 보았고 인의를 실현하는 가능성으로 보았다. 그래서 공자는 문화를 믿었다.

공자께서 광이란 고을에서 위태로운 지경에 빠졌던 적이 있었다. 아마도 광의 사람들은 거칠고 사나울 뿐 부드럽고 세련된 맛은 없었던 모양이다. 그래서 광 땅의 사람들은 문화를 내거는 공자를 혼내주려고 했다. 이러한 지경을 보고 제자들은 걱정을 했다. 그러나 공자는 태연하게 "사람은 문화를 벗어나서 살 수 없다. 문화는 하늘과 같은 삶의 진리이기 때문이다. 그러한 진리 덕에 사람은 산하의 짐승들처럼 살 수 없고 나는 새처럼 살 수 없는 것이 아닌가"라고 말씀하셨다.

물질로 풍요한 생활을 한다고 해서 문화생활을 하는 것은 아니다. 우리는 집에 냉장고가 있느냐 에어컨이 있느냐 등등으로 문화생활의 지수를 따지려는 통계 감각에 압도되어 있다. 그러나 공자가 말하는 문화는 그러한 것이 아니다. 문화생활을 영위하려면 믿을 만한 사람들이 모여서 삶을 영위하고 있느냐고 물어야 한다고 공자는 주장한다. 믿을 수 있는 사람은 누구인가? 사람을 사랑하고 돕고 위하는 인간을 믿을 수 있는 사람으로 보면 된다. 이렇게 미더운 사람을 성취하는 문화를 공자는 믿었다. 그러한 세상을 이룩한 분을 공자는 문 왕이라고 지칭하면서 포악한 광 땅의 사람들을 공자는 무서워하지 않았다. 왜냐하면 문 왕이 씨앗을 뿌린 문화가 없어질 리 없다는 것을 공자는 믿었기 때문이다.

그러나 공자께서 지금 이 세상에 오면 광 땅에서보다 더 무서운 고초를 겪을 것이다. 선생이 말한 문화는 물질로 바뀌어 돈이라면 목숨을 바쳐도 된다고 믿는 인간들이 세상에 넘쳐나는 까닭이다. 불안과 공포 그리고 증오와 불신이 뒤범벅되어 있는 세상은 광 땅보다 더 무서운 인간들의 세상이 아닌가. 공자여, 그래서 지금 그대의 말씀을 실천해야 하는 문화의 소명이 필요한 것입니다.

🌱 공자의 말씀

공자께서 광이란 고을에서 어려운 지경을 당했다. 그때 공자께서는 다음처럼 밝혔다. 문 왕은 이미 죽었지만 그가 남긴 문화는 전해져 있지 않는가? 하늘이 그의 문화를 없애 버리려 했다면 후세의 사람들이 그 문화에 어울리지 못했을 것이다. 하늘이 그 문화를 없애지 않고자 하는 이상 광 땅의 사람들이 나를 어떻게 하겠느냐?

子畏於匡 曰 文王旣沒 文不在玆乎 天之將喪斯文也 後死者不得與於斯文也 天之未喪斯文也 匡人其如予何

(3) 겸허한 공자

입술이 푸짐하면 마음속은 텅 비어 있다. 이는 말만 시끄러울 뿐 속에 든 것은 없음을 말한다. 빈 수레가 요란을 떠는 법이고 얕은 물이 출촐거리며 물밑의 모든 것을 드러내는 법이다. 깊은 바다는 그림자를 드리우지 않는다고 하지 않는가. 공자는 한평생 사람이 되는 길로 사람을 인도하려고 했지만 무엇을 남보다 많이 안다고 말한 적은 없었다.

지금 세상은 입심 좋게 떠들어야 한다고 아우성이다. 그래서 입을 자기를 선전하는 스피커로 생각하고 될 소리 안 될 소리를 지껄이면서 주변의 사람을 사로잡아 보려는 위인들이 많다. 자신의 능력을 과시하라. 그러면 사람들이 너를 두려워하고 승복할 것이다. 이렇게 처세술을 부르짖는 경우가 지금은 조금도 낯설지 않게 되어 버렸다.

공자는 모든 사람을 선생으로 맞았다. 그러면서 세 사람이 길을 가면 거기에는 반드시 선생이 있게 마련이라고 말했다. 공자께서는 사람이야말로 사람이 되는 길을 가르쳐 준다고 여겼던 셈이다. 이러한 마음씨를 갖고 있다면 어떻게 방자해지고 오만해지고 교만을 떨 것인가. 항상 배우는 마음을 지니고 있다면 저절로 겸허해지고 겸손해지는 것을 공자는 이미 우리에게 몸소 보여 주셨다.

그러나 이제는 모두 공자를 낡아빠진 옛날의 성인으로 생각하려고 한다. 왜냐하면 공자의 말씀대로 겸허하게 살다가는 이 세상에서 못난 사람으로 몰린다고 사람들이 무서워하기 때문이다. 그러나 허풍쟁이는 언제나 신용 없는 인간으로 떨어지고 만다. 공자는 이를 우리들에게 가르쳐 주고 있다.

🌱 공자의 말씀

내가 아는 것이 뭐 있을 것인가. 아는 게 없다. 그렇지만 무식한 사람이라도 나에게 성심껏 물어 오면 나는 내가 아는 한 다 털어서 그에게 가르쳐 줄 뿐이다.

子曰 吾有知乎哉 無知也 有鄙夫問於我 空空如也 我叩其兩端而竭焉

(4) 임종을 앞둔 공자

천 년을 산다는 학은 마지막 울음으로 임종을 맞아 허공에 소리를 채우고 한 번도 꽃을 피우지 않던 난초는 임종이 임박하면 마지막 꽃을 피워 허공을 향기로 그득하게 한다. 살생을 일삼던 여우도 마지막 숨을 거둘 때는 태어난 언덕에 눈길을 준다고 한다. 이처럼 목숨은 마지막을 한없이 경건하게 맞이한다. 다만 인간만이 죽음 앞에서 벌벌 떨거나 죽음을 거부하려고 발버둥을 칠 뿐이다. 인간은 천명이 무엇이며 순명이 무엇인지를 몰라서 죽음을 놓고 흥정해 보려고 그렇게 아등바등할 뿐이다.

태어남도 딱 한 번 오는 것이고 죽음도 단 한 번 오는 것이다. 태어남과 죽음은 분명 유무(有無)의 되바꿈일 뿐 다른 사건이 아님을 많은 성인들은 누누이 밝혀 두었다. 그러나 삶의 애착에 매인 범인들은 생사의 갈림길에서 철부지처럼 오는 죽음을 무서워하고 가는 삶을 안타까워한다. 그러나 이러한 짓을 흉볼 것은 없다. 무릇 목숨이란 삶을 탐하는 까닭이다. 다만 한 번은 죽음을 맞이해야 한다는 명(命)을 알면 된다.

칠백 년을 살았던 팽조(彭祖)는 요절한 것이고 갓 태어나 죽음을 당한 어린애가 가장 오래 산 것이라고 노장(老莊)은 말하지만 공자는 그러한 비유로 생사를 말하지 않는다. 부끄럼 없는 삶을 떳떳이 살았다면 아무런 미련 없이 죽음 앞에 마주 서기를 공자는 바란다. 그래서 임종을 앞둔 공자는 의연한 모습으로 인간을 엄숙하게 한다. 여기서 공자는 슬픔이나 이별의 눈물보다도 지나온 삶에 회한이 없다면 경건하게 명에 따라야 함을 보여 준다. 이처럼 죽음에 임해서 당당하다면 삶 또한 당당했음을 말하는 것이니 이 얼마나 장엄하고 장대한 인간의 마지막 정리인가.

공자께서 임종이 임박했음을 안 자로가 제자들을 불러모아 장례를 지낼 준비를 서둘렀다. 지위가 높은 분이 타계하면 공식적인 장례식을 치르게 된다. 임금이 죽으면 국장을 지내고 업적이 많은 분이 죽으면 사회장을 지낸다. 자로는 선생의 장례를 그렇게 치르자며 제자들 사이를 수소문했다. 이를 알게 된 공자는 마음이 아팠다.

"자로야, 너는 오랫동안 나를 속여 왔구나. 아무런 직위도 없는 나를 지위가 높은 사람처럼 꾸미려고 하다니 누구를 속이자는 것이냐? 아니면 하늘을 속이자는 것이냐?"

공자는 자로를 향해 다시 말씀하셨다.

"국장이나 사회장처럼 내 장례식을 치르기보다 제자들 앞에서 조촐하게 죽고 싶다. 내 비록 성대한 장례식을 치르지 못한들 설마 길가에서 죽게 되겠느냐?" 이렇게 공자는 임종 자리에서 자로를 향해 마지막 말씀을 남긴다. 성대한 장례식에는 즐비한 조화가 골목을 채우고 수많은 조문객들이 모여든다. 공자는 이러한 성대한 장례식을 바라지 않았다. 삶을 엄숙하게 산 것처럼 죽음을 엄숙하게 명으로 받아들이면 그만일 뿐 죽음을 치장하지 말라고 했다. 정승집 개가 죽으면 문간에 조문객이 장사진을 치지만 정작 정승이 죽으면 동네의 개들도 넘보지 않는다는 속담을 헤아린다면 죽음을 치르는 장례식에는 참다운 마음만 있으면 된다는 것을 알 수 있을 것이다.

🌱 공자의 말씀

공자께서 병들어 심하게 앓게 되었다. 자로는 문인들로 하여금 공자의 가신을 삼아 장사 지낼 준비를 했다. 병이 좀 차도가 있자 자로의 짓을 알게 된 공자는 다음처럼 말했다. 오랫동안 자로가 나를 속였구나. 가신이 없는 나를 가신이 있는 꼴로 꾸몄다니 누구를 속이자는 것이냐? 하늘을 속이자는 것이냐? 나는 가신들 앞에서 죽느니보다는 차라리 제자들 앞에서 죽는 것이 나을 것이며 내 비록 성대한 장례식을 치르지 못할망정 설마 길가에서 죽기야 하겠는가.

子疾病 子路使門人爲臣 病間 曰 久矣哉 由之行詐也 無臣而爲有臣 吾誰
欺 欺天乎 且予與其死於臣之手也 無寧死於二三子之手乎 且予縱不得大
葬 予死於道路乎

(5) 열무 파는 할머니

열무김치는 여름 한철 입맛을 돋구는 반찬 중에 으뜸일 것이다. 특
히 비닐하우스 안에서 자란 열무보다 노지에서 햇볕을 그냥 받고 자
란 열무로 김치를 담아야 열무김치가 서글서글하고 상큼하다. 열무
줄기가 약하면 여름철 더위로 빨리 시어 버려 풋풋한 열무 맛을 쉽게
잃어버린다. 양식 재배한 열무는 그래서 김치를 담근 지 얼마 안 되어
도 질척해져서 열무 맛을 잃어버린다.

한 할머니가 밭에서 그냥 내놓고 키운 열무를 한 보따리 머리에 이
고 와서 아파트 단지 입구에서 팔고 있었다. 그러나 채소 가게에서 파
는 열무보다 볼품이 없고 마구잡이로 단을 묶어서 상품이 되어 있지
않았다. 상품이란 포장을 잘해야 팔린다고 한다. 치장을 하고 꾸며서
보기 좋아야 상품은 제값을 받는다고 한다. 보기 좋은 떡이 먹기도 좋
다는 말처럼 무엇이든 보기 좋게 꾸며 놓아야 잘 팔리는 법이다. 그러
나 할머니의 열무는 그러한 노력을 하나도 받지 않았다. 그저 밭에서
막 뽑은 열무 그대로였다.

한 시어머니와 며느리가 아파트 단지 안으로 들어가려다 열무 파는
할머니를 보게 되었다. 시어머니는 열무를 몇 단 사자고 하고, 며느리
는 볼품이 없다면서 슈퍼마켓에 가서 사자고 했다. 그러나 시어머니
는 저 열무는 노지에서 자랐고 금방 뽑은 열무여서 싱싱하고 김치 맛

이 한결 시원할 것이라고 하면서 열무 몇 단을 달라고 했다. 열무를 파는 할머니는 아무 말 없이 말끔하게 차려 입은 아파트에 사는 할멈을 쳐다보며 미소를 지었다. 그러자 아파트 할머니도 미소를 지었다.

시어머니 옆에서 시무룩해진 며느리는 열무가 한 단에 얼마냐며 퉁명스럽게 물었다. 얼마를 받아야 할지 모르지만 한 단에 오백 원씩 달라고 시골 할머니가 말했다. 그러자 눈이 번쩍한 며느리는 백 원을 깎자고 했다. 그러시라고 시골 할머니는 순순히 응했다. 그러자 "에미야 열무 몇 단 사면서 몇 백 원 깎을 것은 없지 않느냐. 그냥 달라는 값을 주고 사거라." 점잖게 시어머니가 면박을 주었다.

화장을 말끔하게 하고 세련되게 차려 입은 며느리는 돈을 부르는 값대로 치르면서 비닐 주머니에 넣어 달라고 했다. 그러나 시골 할머니에게는 비닐 주머니가 준비되어 있지 않았다. 빨간 비닐 끈으로 그냥 묶어서 주는 할멈을 힐끗 쳐다보면서 며느리는 저쪽에 있는 아파트 수위실로 갖다 달라고 했다. 시골 할멈은 그러마 하며 순순히 응했다. 그러자 시어머니께서 "에미야 너 먼저 집으로 가거라." 하고 말했다. 그 말을 들은 며느리는 횡하니 아파트로 갔다.

두 할멈은 미소를 짓다가 젊은이들에게 팔라고 하지 힘들게 손수 이고 왔느냐며 아파트 할머니가 먼저 말을 걸었다. "젊은이가 어디 있어야지요. 아이들은 다들 월급 생활을 하고 영감이 송충이는 솔잎을 먹어야 한다면서 농사일을 놓지 않아 지은 열무를 내가 이고 왔다우."라며 시골 할멈이 말을 받았다. 다시 두 노파는 서로 미소를 건넸다. 그리고 묶여 있는 열무를 들어다 주려는 할멈을 말리며 아파트 할멈은 직접 들고 갔다.

공자가 바라는 문화란 무엇일까? 바로 두 할멈이 서로 주고받는 미소 같은 것일 게다. 두 할멈과 며느리 중에서 누가 문화인일까? 추례

한 차림으로 열무를 이고 와서 파는 할멈은 수수하다기보다는 초라해 보일 정도로 꾸밈이 없다. 아파트 할멈은 말끔하게 차려 입었지만 마음만은 열무를 파는 할멈과 통한다. 그러나 며느리는 겉은 세련되고 말끔하지만 속은 앙큼하고 영악하다. 채소 가게에서는 팔백 원 하는 열무를 오백 원만 달라고 하는데도 깎자고 하는 며느리의 마음은 무서운 속셈이다. 열무 파는 현장에서 군자와 소인은 분명해졌다. 두 할멈은 군자의 모습을 보였고 똑똑한 며느리는 소인배의 모습을 보였다.

이러한 속셈으로 그득한 마음들이 득실거리는 곳이 서울이다. 사람을 치고 받는 마음속의 속셈을 공자가 밝히는 문화는 가장 무서워한다. 그래서 공자는 중원(中原)을 떠나서 오지로 들어가려고 했다. 인심이 부드러운 사회가 문화의 사회이지 인심이 사나우면 아무리 세련된 세상일지라도 문화가 병든 곳이다. 문화의 중심지라고 자랑했던 중원을 왜 공자는 떠나려고 했을까? 시어머니의 요구로 내키지 않은 열무 값을 깎지 못하고 억지로 사야 했던 며느리 같은 인간들이 설치는 세상이 싫어서 공자는 아마도 중원을 떠나 오랑캐의 땅으로 가려 했을 것이다. 아마 공자가 지금 서울에 있다 해도 서울을 떠나려고 할 것이다.

🌱 공자의 말씀

공자는 오랑캐의 땅에 가서 살고 싶어했다. 이를 안 어떤 이가 누추할 터인데 어쩌자고 그렇게 하시려는 거냐고 물었다. 그러자 공자께서는 군자가 자리잡고 사는데 어찌 누추하다고 할 것이냐며 면박을 주었다.

子欲居九夷 或曰 陋 如之何 子曰 君子居之 何陋之有

(6) 외다리 언문 선생

어느 산속 마을에 서른을 갓 넘긴 한 남자가 남루한 옷차림으로 나타났다. 그는 마을 서당 선생의 생질뻘 되는 사람이었다. 서당 선생은 그를 따뜻이 맞아 주며 밤마다 서당 아이들에게 언문을 가르치게 했다. 그러나 선생님은 낮만 되면 그를 산속으로 피하게 하고는 아무 말을 하지 않았다. 그러던 어느 날 우리는 그 사람이 일본 순사에게 끌려가 고문을 받은 탓에 한쪽 다리를 잃어버렸다는 사실을 알게 되었다. 그것이 독립 운동과 상관이 있다는 것을 알 만한 노인들은 다 알고 있었으나 어린 우리 학동들은 몰랐다.

서당 선생은 공자께서 천하를 두루 돌아다니시다 실망만 하시고 고향으로 돌아와 제자들을 가르치고 옛날의 책을 두루 살피시면서 세상에서 불려지던 노래를 다시 손수 손질하여 먼먼 후대를 위해 마련해 두었다는 이야기를 해 주시면서 나라를 잃어버리면 다리를 잃어버리고 결국에는 고향을 몰래 찾아오게 된다는 이야기를 해 주었다. 그 말을 들은 어린 학동들은 마을에서 징용에 끌려간 아저씨들도 살아서 돌아오면 다리를 하나씩 잃고 오리라는 걱정을 했었다.

그러나 그곳은 아주 외진 산속 마을이어서 사람들의 입이 무거웠다. 며칠 간격으로 순사들이 긴 칼을 차고 와서 아무리 무섭게 행패를 부려도 마을 어느 누구도 서당 선생의 생질이 피신해 와 있다는 고자질을 하지 않았다. 그리고 우리는 밤마다 언문을 배웠다. 외다리 언문 선생은 가갸거겨를 가르치지 않았다. 나무 이름, 새 이름, 그리고 풀 이름을 소리나는 대로 적을 수 있는 우리글인 한글을 가르쳐 주었다.

몇 달이 지나자 우리는 서당 선생의 한문보다 외다리 언문 선생이 가르쳐 준 글이 훨씬 쉽고 쓰기도 편하다는 것을 알았다. 그러나 외지에 나가서는 언문으로 글을 써서는 안 된다는 다짐을 밤마다 받아야 했다. 그렇게 지내던 어느 날 깃발을 든 청년들이 우리 마을에 와서 해방이 되었다고 알려 주었다. 그러자 서당 선생은 우리나라 만세를 부르면서 산으로 피신 가 있는 생질을 찾아오라고 우리들을 올려 보냈다.

외다리 언문 선생은 산속 개울가 큰 바위 위에 우두커니 앉아 하늘을 보고 있었다. 우리는 해방이 무슨 말이냐고 물었다. 그러자 외다리 언문 선생은 펑펑 울면서 드디어 그날이 왔다면서 우리나라 만세를 불렀다. 하는 짓이 서당 선생과 언문 선생이 너무나 같아 우리는 아무 영문도 모르면서 선생을 따라 우리나라 만세를 불렀다.

외다리 언문 선생은 부모가 있는 고향으로 다시 돌아갔다. 그리고 우리는 초등학교 학생이 되어 야지의 초등학교를 다니게 되었다. 우리는 어느 마을 학생들보다 한글을 빨리 읽고 빨리 쓸 수 있었다. 다른 마을 아이들은 우리를 부러워하면서 언제 그렇게 배웠느냐고 물었다. 그러나 사실을 말하면 안 된다는 교육을 받았기에 가르쳐 주지 않았다. 집으로 돌아와 아이들에게 물어 말하고 싶었지만 입을 다물었다는 말을 들은 서당 선생은 이제는 사실을 말해도 괜찮다고 했다. 나라를 찾아 이제는 한글이 우리글이고 일본말은 멀리 갔으며 우리말이 되살아나게 되었다는 말을 서당 선생은 해 주었다. 그러면서 공자께서 노 나라로 돌아오셔서 제자를 가르쳤던 것처럼 외다리 언문 선생도 이러한 날이 올 것을 미리 알고 우리들에게 언문을 가르친 것이라고 타일러 주었다. 공자께서는 인간의 미래를 위해 《시경》을 편집했고 《주역》에 해석을 달았으며 모든 경전을 살펴서 책으로 엮었다. 그러나 이 사실을 언제쯤에야 세상 사람들이 알아줄 것인지 모를 일이다.

🌿 공자의 말씀

내가 위 나라에서 노 나라로 돌아온 뒤 음악을 바로잡았다. 그래서 임금이나 귀족들이 부르는 아악과 제사 때 부르는 송악이 각각 제자리를 얻게 되었다고 공자는 밝혔다.

子曰 吾自衛反魯 然後樂正 雅頌各得其所

(7) 공연한 자랑거리

서운하다느니 섭섭하다느니 투정하는 사람은 공치사를 앞세우는 경우가 많다. 훈장을 달아 주어도 시원찮은데 업신여긴다고 칭얼대는 사람은 자기를 몰라준다고 화를 내는 경우가 많다. 이처럼 사람은 자기 판단에 좋은 일을 했다 싶으면 남에게 알리거나 알려지고 싶어한다. 그러나 좋은 일일수록 왼손이 한 일을 오른손이 모르게 해야 한다. 남을 도와주었다고 자랑을 하면 도움을 받은 사람이 민망할 수도 있는 일이다. 남을 민망하게 하는 일은 결국 자기만 돋보이게 하고 남은 처지게 하는 꼴이 되기 쉽다.

진실로 부모를 섬기는 사람은 자신을 효자라고 과시하지 않는다. 아무런 저의 없이 윗사람을 섬기는 사람은 야비하게 굽실거리지 않는다. 당연한 일을 한 까닭이다. 본래 자랑이란 무엇인가? 모자라서 더 보태어 보려는 욕심이 말로써 허세를 부리는 경우이다. 자랑하는 것은 재롱을 떠는 짓과 같다. 재롱은 어린애가 떨어야 보기 좋지 다 큰 어른이 재롱을 떨면 눈뜨고 보기 어렵다. 당연한 일을 두고 공치사를 하는 사람은 재롱을 떠는 애어른에 불과할 뿐이다.

누군가 공자를 찾아와 자기를 좀 알아 달라고 과시했던 모양이다. 남을 제치고 자기를 앞세우려는 사람에게 뭐라고 타일러야 할까? 이러한 경우 공자께서는 곧장 자기 자신을 빗대어 말귀를 터주는 경우가 많다. 공치사를 하는 사람에게 그러한 짓을 하지 말라고 말하는 것보다 누구나 그러한 일을 해야 도리라는 것을 깨우치게 공자는 분위기를 만든다. 상대가 민망하지 않은 상태에서 스스로의 부끄러움을 알려주는 일은 침을 아프지 않게 놓아 병을 고치는 인술과 같다. 제자랑하는 병만큼 마음속에 헛바람이 찬 경우는 드물다. 그래서 군자라면 남이 몰라준다고 서운해하거나 성을 내서는 안 된다고 공자는 말하지 않았던가.

🌱 공자의 말씀

세상에 나가면 윗사람을 모시고 집에 들어오면 부형을 모시고 상을 당하면 정성을 다해 장사를 치른다. 또 술에 취해 꼴사나운 짓을 부리지 않는다. 이러한 일들은 나 자신도 쉽게 할 수 있다고 공자께서 응하셨다.

子曰 出則事公卿 入則事父兄 喪事不敢不勉 不爲酒困 何有於我哉

(8) 유수(流水)를 막지 마라

가만히 있는 것은 영원이 아니다. 끊임없이 움직이는 것, 그것이 바로 영원이다. 여래는 만물이 무상하다 했고 공자는 흐르는 물에 발을 담그고 지나가는 것을 보았으며 서양의 아우구스티누스(Augustinus Aurelius)는 흐르는 물에 발을 씻다가 같은 물에 두 번 발을 씻을 수 없음을 알고 시간을 보았다. 공자든 여래든 아우구스티누스든 모두 같은 것을 보았던 셈이다. 그들은 바로 변화하는 것을 보았던 것이다. 이러한 변화를 영원이라고 보아도 된다.

나무에 잎이 나오면 꽃이 피고 꽃이 이울면 열매가 열리게 된다. 꽃이 지나가면 열매가 나오지만 잎은 여전히 가지에 달려 있으니 지나가지 않는 것이 아니냐고 말해도 될까? 아니다. 잎이 지나가면 낙엽이 떨어지고 낙엽은 흙으로 돌아간다. 이처럼 지나가는 것은 어디로든 돌아가는 곳이 있다. 돌아가는 곳을 노자는 도라고 했고 공자는 지나가는 것마저도 다 모르는데 돌아가는 곳이 어디냐고 물어서 알려고 할 것은 없다고 했다. 공자의 당부는 몰라도 된다는 것은 아니다. 기지도 못하면서 걷기를 말하지 말 것이며 걷지도 못하면서 달리지 말라는 당부를 공자는 남기고 있는 것이다. 말하자면 살아 있는 동안 어떻게 하면 제대로 사는 것인가를 먼저 알아야 함을 공자는 누누이 말한다. 그래서 공자는 삶도 모르는데 죽음을 알아서 무얼 하느냐고 반문하기도 했다.

그러나 공자도 산다는 것은 지나가는 것임을 부인하지 않는다. 삶은 흐르는 물처럼 지나간다. 흐르는 물이 쉼 없이 흘러가는 것처럼 삶 또한 그렇게 흘러간다. 어디를 향해서 가는 것일까? 죽음을 향해서 가는 것이 아닌가. 그렇게 흘러가는 삶을 안타까워한들 아무런 소용이 없다. 하늘의 명을 따른다는 것은 흐르는 물에 발을 담그고 스치고 흘러가는 물처럼 두는 것과 같다. 흐르는 물을 아무리 막아도 그 물을 멈추게 할 수는 없다. 물은 흘러야 맑고 썩지 않는다. 고인 물이 썩을 뿐이다.

변하는 것을 받아들이면 흐르는 물처럼 막힘이 없다. 삶이 변하여 죽음이 됨을 받아들이면 아무런 두려움 없이 순명(順命)하게 된다. 생사의 순명, 그것은 공자가 본 흐르는 물이요, 그것은 아주 막힘 없이 지나가는 것이 아닌가. 흐르는 물을 보고 막힘이나 매듭이 있어서는 안 되는 것임을 헤아리면 될 것이다. 그러면 사람은 막가는 짓을 범하지 않을 것이고 마음속이 훤히 트여 사람과 사람 사이가 흐르는 물처럼 부드러울 것이다.

원수가 되고 한을 짓고 원을 맺으면서 사납게 살 것은 없다. 걸림없이 유장하게 살아가면 무엇이든 지나가지 않는 것이란 없다는 것을 받아들이는 마음의 길과 같은 것일 게다. 악한 짓을 범하고 못된 짓을 저지르는 인간은 영영 사는 것으로 착각하고 악착같이 흐르는 물을 막아 멈추게 하려고 억지를 부리는 것과 같다. 이 얼마나 꽉 막혀 딱한 인간인가.

🌿 공자의 말씀

공자께서 냇물에 서서 이렇게 말했다. 지나가는 것들은 흐르는 물과 같구나. 밤낮 쉬지 않는구나.

子在川上 曰 逝者如斯夫 不舍晝夜

(9) 돈의문을 막은 사람

조선조 3대 임금이었던 태종이 임금의 자리에 오르는 데는 우여곡절이 많았다. 왕자들이 많다 보면 임금의 자리를 두고 은근히 군침을 흘리게 마련이다. 그러면 자연히 군침을 흠뻑 흘리게 뜸을 들이고 꾀를 부리는 무리가 생겨나는 법이다. 권력이란 고깃덩어리 같아서 그 옆에는 항상 개미떼처럼 측근이 생기게 된다. 못할 짓을 마다않고 임금의 자리에 오른 태종에게도 측근이 없을 리 없었다.

태종의 측근 중에 이숙번이란 자가 있었다. 태종이 등극하는 데 결정적인 역할을 맡아 했던 이숙번은 오만방자하고 안하무인이었다. 말하자면 그는 나는 새도 떨어뜨릴 만큼 막후 실력자 노릇을 남김없이 하고 있었다. 궁궐에 나와서 일을 하는 것이 아니라 제 집에서 걸림없이 일을 마음대로 보았다. 임금이 불러도 나오지 않았고 요직에 사람을 등용할 때도 쪽지 한 장을 써서 궁궐로 보내면 즉각 기용이 되었다고 하니 이숙번 집의 문턱은 날마다 닳아빠질 정도였다. 권력을 이쯤 휘두를 수 있었던 이숙번은 세상이 제 손 안에 있는 것처럼 생각했다.

이숙번은 돈의문 근처에 엄청난 집을 지어 놓고 갖은 호사를 부리며 살았다. 서울 장안의 미색들은 날마다 불려가 노리개 노릇을 해야 했다. 역사는 밤에 이루어지고 잠자리에는 여자의 알몸들이 뒹군다는 옛말은 변함이 없다. 언제나 권력은 여색을 탐하고 덕을 무서워한다. 그래서 권력은 사람을 잡아먹는 호랑이보다 더 무섭다며 백성은 두려워한다.

돈의문은 서울 안팎의 수많은 사람들과 우마차, 그리고 사람을 태운 말들이 끊임없이 오고가는 커다란 성문이었다. 사람들의 시끄러운 소리와 말발굽 소리 때문에 시끄러워 잠을 잘 수 없으니 돈의문을 막아 달라고 이숙번은 임금에게 간했던 모양이다. 결국 돈의문은 막혔고 오고가는 사람들은 먼길을 돌아서 다녀야만 했다.

제 한몸 편하기 위해 만인이 다니는 길을 막고 문을 막는 짓보다 더한 부덕은 없을 것이다. 날마다 산해진미를 차려 놓고 여색을 탐하며 온갖 호사를 다 누렸던 이숙번 같은 무리들은 언제 어디나 있는 모양이다. 그래서 공자께서도 여색을 좋아하는 만큼 덕을 좋아하는 사람을 본 적이 없다고 세상을 서글퍼했다. 돈의문을 막고 조용하고 편하게 잠을 잔 이숙번은 남을 편하게 할 줄은 조금도 몰랐다. 남을 편하게 해 주면 그것이 덕이다. 부덕한 인간은 천벌을 받는다고 하지 않았던가. 결국 이숙번은 귀양살이를 갔고 돈의문은 다시 트이게 되었다. 막혔던 돈의문은 부덕이었고 트인 돈의문은 덕인 셈이다. 그래서 만

사람의 분노를 범하기 어렵고 한 사람의 욕망은 이루어지기 어려운 법이다.

아름다운 여인을 좋아하는 것처럼 덕을 좋아하는 사람을 본 적이 없다고 공자는 말씀하셨다.

子曰 吾未見好德如好色者也

(10) 실존하는 나

프랑스의 작가 알베르 까뮈(Camus, Albert)는 〈시지프스의 신화〉를 들어서 실존하는 인간을 밝히려고 했다. 시지프스가 자신에게 내려진 운명을 피하지 않고 운명에 대결하는 모습을 통해 인간 역시 자신의 운명을 피하지 말라는 뜻을 밝혔다.

인간의 운명은 부조리하다. 이러한 부조리를 극복하려는 의식을 인간은 버릴 수 없다. 부조리의 모순을 극복하려는 의식이 있는 한 나는 실존한다고 서양의 실존 철학은 주장한다. 생사가 부조리이며 선악이 부조리이며 길흉이 또한 부조리하다는 것이다. 모순의 운명을 인간은 직시하고 스스로 극복해야 한다는 주장을 공자께서는 어떻게 들을까? 아마도 불혹의 경지에 달하지 못해 안타까워하는 철학이라고 조용히 타일렀을 것이다.

공자는 학문(學文)을 열심히 하라고 한다. 시지프스가 산정으로 열심히 돌을 굴려 올리는 것처럼 열심히 학문을 하라고 한다. 정상 부근에서 돌이 굴러 떨어지더라도 포기하지 않고 다시 돌을 굴려 올리는 짓을 회피하지 않는 시지프스 신은 굴려 올린 돌이 굴러 떨어질 것을 분명히 알면서도 끊임없이 돌을 굴려 올리는 일을 포기하지 않았다. 돌을 굴려 올리는 일은 누가 해야 하고 굴러 떨어지는 것은 무엇이 하는가를 시지프스는 분명히 알았다. 그러나 그것에 대해 시지프스는 의심하지 않았다. 불혹의 시지프스. 공자의 눈으로 보면 시지프스는 불혹의 실존이다. 시지프스는 해야 할 일을 알고 있었기 때문이다.

생사를 모순으로 볼 것은 없다. 태어남도 내가 선택한 것이 아니고 죽음도 내 뜻대로 되는 것이 아니다. 그래서 생과 사를 하늘에 맡긴다. 공자는 이를 분명히 알라고 한다. 다만 생과 사의 사이에 있는 삶을 열심히 살라고 한다. 어떻게 살아야 하는지를 나 자신이 열심히 찾아 터득하고 헤아리라고 당부한다. 삶을 열심히 배워라. 이렇게 공자는 당부한다.

공자가 학문(學文)에 매진하라고 한 것은 삶을 열심히 배우라는 말이다. 그 삶은 인간의 삶이다. 그러나 우리는 직장에서의 삶은 강조하면서도 인간으로서의 삶은 지나치려고만 한다. 서로 사랑할 줄 아는가? 그렇다면 인간의 삶을 사는 것이다. 서로 성실하게 믿는가? 그렇다면 인간의 삶이다. 그러나 어떻게 하면 이윤을 남기고 어떻게 하면 좋은 자리를 차지하고 어떻게 하면 남보다 빨리 승진할 수 있는가? 이러한 생활로 치닫고 있다면 이는 직장인의 삶을 기능적으로 살고 있는 셈이다.

공자는 스스로 사람이 되는 길을 걷는 걸음을 멈추지 않는 사람을 그리워한다. 사람이 되는 길을 밟는 걸음은 스스로 하는 것이다. 누가 시켜서 하는 것이 아니라 사람은 사람이 되어야 하므로 인의의 삶을 배워야 한다. 그러한 배움은 내가 하는 것이지 남이 시켜서 하는 것이 아니다. 그래서 공자는 학문(學文)이란 산을 쌓는 일과 같다고 했다. 이러한 산을 쌓기 위해서는 놉을 대거나 인부를 댈 수 없다. 인간의 삶을 쌓아가는 사람을 공자는 군자라 했다. 아마도 삼천 제자 중에 공자는 안연을 군자의 자리에 두었던 모양이다. 그렇게 쉼 없이 덕으로 삶을 쌓던 안연이 일찍 죽자 공자는 하늘을 원망하듯 통곡했다.

🌿 공자의 말씀

학문에 비유하자면 산을 쌓아 올리는 것과 같다. 흙 한 삽이 모자라는데 그만두었다면 그것도 내가 그만둔 것이다. 학문에 비유하자면 평지를 고르는 일과 같다. 땅을 고르려고 흙 한 삼태기를 부으면 그만큼 일이 진척된 것이고 그일 또한 내가 하는 것이다.

子曰 譬如爲山 未成一簣 止 吾止也 譬如平地 雖覆一簣 進 吾往也

말해 준 것을 게을리하지 않는 사람은 안연뿐이라고 공자가 밝혔다.

子曰 語之而不惰者 其回也與

안연이 세상을 뜨자 공자는 애석해하며 다음처럼 말했다. 아깝다. 내가 보건대 그는 언제나 나아갔을 뿐 한 번도 멈춘 적이 없었다.

子謂顔淵 曰 惜乎 吾見其進也 未見其止也

(11) 잎과 꽃, 그리고 열매

한 그루의 나무를 빌려서도 사람을 살필 수 있다. 나무는 잎을 피우고 꽃을 틔워 열매를 맺는다. 나무는 이를 위해 철따라 해야 할 일을 어김없이 한다. 나무는 이러한 삶을 해마다 되풀이하지만 사람은 해마다 새롭게 하려는 욕망을 갖는 것이 다를 뿐이다.

못된 송아지 엉덩이에 뿔난다고 한다. 그런 송아지 같은 사람은 어디를 가나 화를 만들고 남을 해치게 마련이다. 이러한 사람은 덜된 사람이고 모자란 사람이다. 나이만 먹고 철없는 인간을 싹이 노랗다고 한다. 나무로 치면 잎 구실을 못할 이파리에 불과함을 말한다. 제구실도 못하고 떨어져 버릴 나뭇잎 같은 인간이 될 것인가 아니면 그렇게 되지 않을 것인가? 이러한 물음을 스스로에게 던지는 사람은 엉덩이에 뿔이 나지 않는다.

서툰 목수는 연장 타령을 일삼는다. 제 손재주가 없음을 인정하지 않고 연장이 나빠서 목수질을 할 수 없다고 핑계를 댄다. 연장을 다루는 기술을 열심히 연마하려는 노력은 하지 않으면서 연장이 집을 지어 주고 농이나 궤를 만들어 준다고 생각하는 목수는 정신 나간 인간과 같다. 덜 떨어진 인간은 열매를 맺지 못하는 싱거운 꽃 떨기와 같다.

내가 할 일을 남에게 넘겨서도 안 되고 내가 잘못한 일을 남의 탓으로 돌려서도 안 된다. 일이 잘되면 그만큼 내가 땀을 많이 흘린 탓이고 일이 잘못 되었으면 그만큼 내가 빈둥댔거나 하는 척만 했기 때문이다. 이렇게 생각하는 사람은 꽃을 피울 수 있는 잎이자 열매를 맺을 수 있는 꽃이다. 꽃을 피우려고 열심히 햇빛을 빨아들이는 잎과 열매를 맺으려고 열심히 향기를 피우고 꿀샘을 채워 벌과 나비를 부르는 꽃은 여물고 속이 찬 결실을 얻는다. 그렇게 성취된 삶을 나무는 열매로 드러낸다. 사람 역시 그러한 열매를 맺기 위해 삶을 살아가라. 그러나 그러한 열매를 얼마의 돈으로 따져서 생각하지는 마라. 사람값으로 따져라. 그대는 난 사람인가 아니면 된 사람인가? 이렇게 물어보라. 항상 공자는 이러한 질문을 던지고 우리로 하여금 답하게 한다.

🌱 공자의 말씀
싹은 트지만 꽃으로 피지 못하는 것도 있고 꽃은 피되 열매를 맺지 못하는 것도 있을 것이다. 이렇게 공자는 말했다.

子曰 苗而不秀者 有矣夫 秀而不實者 有矣夫

(12) 못난 선배의 텃세

오뉴월 하루빛이 어디냐. 후배 녀석이 하룻강아지 범 무서운 줄 모르는 것처럼 버르장머리 없이 덤빈다며 기갈을 부리는 선배가 있다면 그러한 선배는 무시해 버려도 된다. 나이나 졸업 년도, 입사 년도 등등을 앞세워 선배라고 강조하는 사람은 자신의 능력이 부친다는 것을 드러낼 뿐이다. 누워서 절 받기로 선배 대접을 하라며 강요하는 사람도 매양 마찬가지다. 이는 무능하기 때문에 선배 티를 내면서 후배에게 군림하려고 발버둥을 치는 꼴밖에 되지 않는다.

후배가 밀고 올라와도 기득권이 위협받는다고 걱정하지 않고 젊은 후배들의 새로운 생각을 수용하여 자신의 시야를 넓히는 선배는 후배로부터 존경을 받게 마련이다. 그러나 무능한 선배는 항상 후배의 앞길을 가로막고 훼방을 일삼는다. 심술을 부리고 애를 먹이고 혹시 흠이 없나 눈초리를 굴리는 직장 상사는 아랫사람들이 공연한 신경을 쓰게 하여 분위기를 살벌하게 한다. 그리고 직위가 높다고 큰소리를 치면서 복종을 강요한다. 이러한 상사는 두려움을 거짓으로 감추고 위장하는 잔꾀를 부리는 사람에 불과하다.

뉴턴(Newton, Isaac)에게는 바레트라는 선생이 있었다. 바레트 선생은 제자로 맞이한 뉴턴을 가르치다 뉴턴이 자신보다 수학을 월등히 잘한다는 사실을 발견하였다. 어느 날 바레트는 학생 자리에 있는 뉴턴을 불러 그대가 설자리는 교단이고 내가 앉을 자리는 학생의 자리라고 밝힌 다음 뉴턴에게 새로운 수학을 가르쳐 달라고 부탁했다. 공자께서는 이러한 바레트와 같은 사람을 두고 후진을 두려워할 줄 안다고 말할 것이다. 나이만 많이 먹었다고 사람의 길을 더 많이 아는 것은 아니다. 쉼 없이 배우는 사람만이 후진을 두려워할 줄 안다. 무서워서 두려워하는 것이 아니라 나보다 더 삶의 길을 진실로 밟는 사람이 바로 옆에 있음을 잊지 말라며 공자는 후배를 두려워하라고 했다.

공자는 복고주의나 보수주의 따위를 신봉하지 않았다. 매일 진보가 없으면 삶의 맛이 없음을 일러 매일매일 새롭게 만나라고 당부한다. 이 얼마나 진보적이며 발전적인가. 다만 공자를 판 양반들이 권위주의의 화신처럼 공자를 팔았을 뿐이다.

🌿 공자의 말씀

젊은 후배를 두려워하라. 먼 훗날 그들이 오늘날의 우리만 못할 것이라고 말할 수 있을까? 그러나 마흔을 넘어 쉰이 될 때까지 업적을 남기지 못한다면 역시 두려워할 것은 없다. 공자는 이렇게 단언했다.

子曰 後生可畏 焉知來者之不如今也 四十 五十而無聞焉 斯亦不足畏也已

(13) 식인종을 뉘우치게 한 노인들

식인종들이 두 마을을 이루고 살았다. 그 두 마을은 서로 왕래하는 이웃 마을이 아니라 상대편 마을 사람을 만나면 잡아먹는 마을이었다. 각 마을의 추장은 일 년에 한 번씩 만나 회담을 하면서 몇 개의 두개골을 지니고 있는가를 상대편에게 알리는 회담을 가졌다. 어느 마을이 상대편 마을의 사람을 더 많이 잡아먹어 두개골을 많이 소장하느냐를 따져 마을의 힘 자랑을 했던 것이다. 그래서 식인종들은 멀리 나가지 못하고 마을 주변에서 망을 보면서 열매를 따먹으며 배고프게 살아야만 했다.

추장들이 만나는 날이 되었다. 추장들은 둘만이 아는 비밀 장소에서 만나게 되어 있었다. 그 장소는 신성한 곳이어서 추장이 아니면 아무도 범접할 수 없는 깊은 밀림 속이었다. 추장들은 그 장소로 가면서 수없이 많은 맛있는 산짐승들을 보았다. 그들은 입맛만 다실 뿐 서로 아무 말 없이 걸었다. 그러나 추장들은 두개골로 힘 자랑을 할 수 없었다. 그 해에는 두 마을 사람들이 다 잡아먹히지 않으려고 온갖 조심을 한 탓에 한 사람도 잡아먹을 수 없었기 때문이었다.

밀림의 고기를 서로 먹을 수 있다면 좋겠다고 한 추장이 말을 걸었다. 다른 추장도 고개를 끄덕였다. 만일 우리가 사람을 잡아먹는 버릇만 버린다면 마음놓고 밀림에 와서 사냥을 할 수 있을 것이라고 서로 의견을 같이 했다. 그러나 사람을 잡아먹는 것은 나쁜 습속이라고 아무리 타일러도 말을 듣지 않을 것이니 어떡하면 좋겠느냐고 서로들 걱정을 했다. 그런 다음 추장들은 자신들이 너무 오래 살았다고 하면서 내일 우리가 잡혀 먹히자고 비장한 약조를 서로 나누었다.

마을로 돌아온 추장은 각각 다음처럼 마을 젊은이들에게 명령을 내렸다. "우리 마을 사람들이 사람의 고기 맛을 보지 못한 지 일 년이 넘었다. 내일 남쪽으로 가면 붉은 옷을 입은 놈이 걸어갈 것이다. 그놈을 잡아다 성대한 마을 잔치를 벌이자." 식인종들은 모두 환호했다.

다음날 추장의 예언대로 붉은 옷을 입은 놈이 걸어가고 있었다. 그놈을 향해 여러 젊은이들은 일제히 창을 던졌다. 쓰러진 사람의 목을 따려고 보았더니 놀랍게도 적군의 추장이었다. 모두들 상대편 마을의 추장을 잡았다며 환호성을 질렀다. 그때 맞은편 마을에서도 똑같은 환성이 들려왔다. 두 마을을 자신의 목숨을 바쳐서 식인종의 버릇을 고치려 했던 두 추장의 뜻을 사람들은 그제서야 알게 되었다. 사람 잡는 일을 이제 그만두자고 했던 추장들이었다. 만일 식인종들이 올바른 말을 들을 줄 알았더라면 두 마을의 추장은 죽지 않았을 것이다. 그리고 사람이 사람을 잡아먹어서는 안 되는 참뜻을 헤아릴 줄 알았더라면 밀림에 맛있는 고기를 두고 마을 근처의 거친 열매만 따먹고 살지는 않았을 것이다.

공자께서 지금 우리를 보신다면 문화인이라고 부르기보다 기술 문명으로 사람을 잡아먹는 새로운 식인종이라고 부를 것이다. 그리고 자기 목숨을 바쳐 사람 잡는 짓을 하지 않게 하려고 할 것이다.

🌱 공자의 말씀

올바른 말을 따르지 않을 수 있겠느냐? 그러나 그러한 말을 듣고 잘못을 고치는 일은 더욱 귀하다. 조용히 타일러 주는 말이 듣기에 즐겁지 않으냐? 그러나 그 말의 참다운 뜻을 찾아내는 일이 더욱 귀하다. 즐거워만 하고 참뜻을 찾지 않고 따르기만 하고 고치지 않는다면 나로서도 어찌할 방법이 없다. 이렇게 공자는 실토했다.

子曰 法語之言 能無從乎 改之爲貴 巽與之言 能無說乎 繹之爲貴 說而不繹 從而不改 吾末如之何也已矣

(14) 할아버지와 손자

할아버지의 눈에는 어린 손자가 예쁘게만 보인다. 죄를 저질러도 그냥 예뻐 보이고 울어도 예쁘고 웃어도 예쁠 뿐이다. 심지어 할아버지의 무릎에 앉아서 오줌을 싸도 할아버지를 기쁘게 한다. 하는 일마다 즐거움과 기쁨을 주는 어린 손자는 그 자체가 할아버지에게 성실함 그것이고 믿음 그것이다. 손자 돌보는 재미로 여생을 산다고 자랑하는 늙은이들이 옛날에는 많았다. 그러나 지금은 그러한 할아버지들이 흔치 않다. 삼대가 한 지붕 밑에서 사는 경우가 흔치 않은 까닭이다.

여섯 살 무렵 할아버지의 이야기를 많이 듣고 초등학교에 간 어린이는 누구보다 행운을 갖는다. 학교에 가면 지식은 배울 수 있을지언정 지혜를 터득하는 기회는 얻기 어렵기 때문이다. 대여섯 살 때 듣는 슬기로운 이야기는 어느 보약보다 낫다는 말이 그래서 있는 셈이다. 학교에 가면 많은 것을 배울 것이다. 무엇보다 마음이 군밤처럼 구수할수록 좋다. 그 군밤은 달아야 한다. 구수한 마음을 어려운 말로 성실이라고 한다. 마음이 달면 누가 싫어하겠느냐? 그러면 손자는 모두 좋아할 것이라고 맞장구를 친다. 남을 달게 하는 마음은 믿음을 얻는다. 믿음이란 말이 무슨 뜻인지 학교에 가면 알게 될 것이다라고 할아버지가 말씀하시면 손자는 호기심에 찬 눈으로 할아버지를 바라본다.

사람을 알아보려면 사귀는 친구를 보면 안다. 도둑놈은 도둑놈과 친하고 사기꾼은 사기꾼과 사귄다. 그러나 훌륭한 사람은 훌륭한 사람과 사귄다. 그러니 나쁜 사람과 친한 사람은 나쁜 사람이라고 보아도 된다. "할아버지 나쁜 사람이 누군데?" 이렇게 손자가 묻는다. "남을 해치거나 해롭게 하는 사람을 나쁜 사람이라고 한단다." 이러한 할아버지의 해답에 고개를 끄덕이면 할아버지는 커서 학교에 갈 손자를 대견해한다. 그리고 할아버지는 '저놈이 중학교를 가면 충(忠)을 말해 주고 신(信)을 말해 주어야지.' 하고 다짐한다. 충이란 성(誠)을 말한다. 성이란 무엇인가? 내가 나를 속이지 않는 마음가짐이다. 그리고 신이란 무엇인가? 내가 남을 나처럼 여기는 것이다. 이렇게 저놈하고 대화를 나눌 때까지 살아야지. 이렇게 할아버지는 손자와 더불어 사는 삶을 즐거워한다.

대여섯 살 무렵의 어린이에게 이러한 이야기를 들려주는 할아버지가 있다면 그 아이는 행복한 삶을 바라볼 수 있을 것이다. 사람이 되는 길을 처음부터 올바르게 가르쳐 줄 선생을 그러한 어린이는 모신 까닭이다. 공자님은 누구인가? 인류의 할아버지로 여기면 된다. 공자는 모든 사람을 손자처럼 여기고 사람이 되는 길을 열어 놓았다.

🍃 공자의 말씀

성실과 신의를 주로 삼아라. 나만 못한 자를 벗으로 삼지 말 것이며 잘못을 알았으면 주저하지 말고 고쳐라. 이렇게 공자는 타이른다.

子曰 主忠信 無友不如己者 過則勿憚改

(15) 사람의 뜻

길이 아니면 가지 말고 말이 아니면 듣지 마라. 이러한 속담은 분명 유구한 삶의 역사가 새겨 놓은 진실의 비명(碑銘)임에 틀림없다. 세상에는 무수한 종족들이 있어서 수많은 문화와 역사들이 있게 마련이다. 그러나 그러한 문화와 역사들이 모조리 인간을 위한 것이라고 할 수 없는 것은 사람이 사람이면서도 사람이 아닌 것처럼 생각할 수 있고 행동할 수 있음을 말해 주기도 한다. 사람은 가장 고귀한 존재가 될 수도 있고 가장 천한 짐승처럼 타락할 수도 있다. 공자는 이를 가장 먼저 알고 있었던 선생이다.

만일 공자가 후백제를 세웠던 견훤을 만난다면 어떠한 질문을 던질까? 아마도 다음처럼 물었을 것이다. "귀한 사람이 될 것인가, 아니면 천한 짐승처럼 될 것인가?" 이렇게 물었을 때 견훤은 고개를 들 수 없을 것이 분명하다. 못된 뜻으로 제 목숨을 천하게 굴렸기 때문이다.

견훤은 스스로를 왕이라고 자칭했다. 그러나 견훤은 날이 갈수록 포악해져 사람의 목숨을 파리 목숨보다도 못하게 여겼다. 제 마음에 들지 않는다고 아내와 아들을 죽였다. 이는 짐승만도 못한 짓이다. 그렇게 행패를 부리다가 결국 다른 아들에게 쫓겨나 왕건 밑에 가서 목숨을 부지해 달라고 애걸했다. 이 얼마나 부끄럽고 천한 인간인가.

어느 날 견훤은 왕건을 만나 아비를 몰라보는 자신의 아들을 잡아서 죽여 달라고 간청했다. 그는 아비의 자리를 빼앗아 임금 노릇을 도모하는 놈은 자식이 아니라고 했다. 그러나 견훤은 아비 타령을 할 만큼 염치 있는 인간이 아니다. 아내를 죽였으니 남편 노릇을 팽개친 놈이고 자식을 죽였으니 아비의 노릇을 버린 놈이다. 사람은 자기 하기에 달린 존재이다. 견훤이 아들을 죽이고 살아남은 다른 아들이 아비를 내몰아 죽이려 하는 것은 천륜을 어긴 내리받이 형벌일 뿐이다.

공자는 사람의 뜻은 백만 대군의 힘으로도 어쩔 수 없다고 했다. 어진 사람의 뜻은 만물에 비치는 햇빛과 같고 못된 사람의 뜻은 오뉴월에도 서리가 내리게 만든다. 견훤 같은 인간을 보라. 아내를 죽이고 아들을 죽이고도 임금 노릇을 못 잊어 비루든 개처럼 게걸을 떠는 견훤을 보라. 그릇된 인간의 못된 뜻일수록 독사의 입보다 더 무섭게 천하를 물어 버린다. 공자는 이러한 그릇된 인간의 뜻을 해독하려고 무엇보다 사람의 뜻을 인의로 이끌려고 했다. 어진 마음이 뜻을 세우면 동지섣달 서릿바람도 봄바람이 된다. 공자는 이를 믿었다. 이것이 공자의 인간주의가 아닌가.

🌱 공자의 말씀

백만 대군의 장수를 빼앗을 수는 있어도 한 사나이가 세운 뜻을 빼앗을 수는 없다. 이렇게 공자는 다짐해 준다.

子曰 三軍可奪帥也 匹夫不可奪志也

(16) 세종 때의 두 정승

세종 때에 황희(黃喜) 정승과 허주(許稠) 정승은 사람들의 입에 자주 오르내렸다. 흠을 보거나 욕을 하는 입질이 아니라 백성들은 그 두 사람을 거울로 삼자고 했었다. 바다같이 넓은 도량을 타고난 황희는 어진 덕을 베풀어 푸근한 할아버지처럼 여겼고 매섭게 끊고 맺음이 빈틈없었던 허주는 회초리를 든 선생처럼 여겼다.

황희는 사람은 다 같다고 여겼다. 양반이 어디 있고 상것이 어디 있느냐는 반문을 할 만큼 사람을 가리지 않았다. 집안에 들면 꼬마 손자들과 종의 아이들과 어울려 놀았다. 서로 황희의 무등을 타고 머리를 쥐어 잡거나 수염을 쓰다듬거나 뺨을 때려도 그저 귀염둥이라고 얼러 주고 안아 주었다.

손님이 오면 개다리소반에 술상을 보았다. 계집종이 들고 들어오는 술상에는 콩자반 안주가 고작이었다. 술상을 놓으면서 여종은 먼저 술을 빨리 마시라고 채근했다. 손님이 의아해하자 황희는 그럴 만한 이유가 있다며 빙긋이 웃으며 버르장머리 없는 종의 편을 들어 주었다. 아니나 다를까 꼬마들이 우르르 들어와 시키면 손가락으로 콩자반을 먹어 치우고 황희의 몸에 기댄 채로 낯선 사람을 물끄러미 구경했다. 황희가 손님을 향해 빙긋이 웃자 상대도 빙긋이 웃었다. 그제서야 손님은 종이 빨리 술을 들라던 속뜻을 헤아릴 수 있었다.

찾아온 손님에게 글을 써 드려야 한다면서 꼬마들을 달랜 황희가 붓을 들고 글을 쓰자 꼬마들은 병아리 떼처럼 둘러앉아 조잘댔다. 그런데 가장 어린 꼬마 녀석이 그만 종이 위에 오줌을 싸고 말았다. 그러나 황희 정승은 화를 내지 않고 "어어 그놈 급했구나." 하면서 쓱 옷소매로 오줌을 훔쳐내고 그냥 글을 죽죽 썼다. 꼬마 오줌에 젖은 서찰을 받아 들고 나온 선비 손님은 하늘을 보면서 황희 정승의 덕은 하늘보다 더 높고 바다보다도 더 깊다고 중얼거리면서 칭송해 마지 않았다.

허주 정승은 깡마른 체구에 허리가 약간 굽어 있었다. 공의 성품은 맑고 한 치의 허물도 없어 틈이 없었다. 언제나 방정한 마음씨로 나랏일을 돌보는 데 전념할 뿐 사사로운 일에는 관심이 없었다. 새벽닭이 울면 몸을 깨끗이 하고 의관을 차려 입은 다음 하루의 일을 곰곰이 생각한 후에 등청을 했다. 매사에 빈틈이 없어 나랏일을 벼슬아치들이 적당히 해치울 수 없었다. 무서운 선생으로 통하기도 하여 경박한 무리들은 허주를 멀리하거나 미워하기도 했다. 나쁜 사람이어서 미워한 것이 아니라 결함이 너무나 없어서 부러워 미워했다. 그래서 허주는 깡마른 매라는 별명을 얻었다. 배가 고파야 사냥을 하지 배가 부르면 달아난다는 매의 성질을 비유한 허주의 별명은 항상 잘못된 일이 없나 하고 찾아 고치려는 성미를 비유한 셈이다.

허주 정승은 집안에서도 법도가 서슬 퍼런 칼날 같았다. 아우나 아들들이 잘못을 범하면 조상에게 고한 다음 매로 다스려 벌을 주었고 집안 종들에게 허물이 있으면 규율에 맞게 벌을 주었다. 등청하기 전에는 반드시 형을 문안하여 조언을 들었고 형을 엄친처럼 모셨다. 어느 날 형이 아프게 되어 조상의 제를 허주가 올리게 되었다. 형과는 약간 달리 제를 올리자 형은 노발대발하면서 허주를 보지 않으려고 했다. 밤새도록 문간에 서서 사죄를 해도 형은 용서를 하지 않았다. 그 형에 그 아우였다.

공자께서 황희를 만나면 안연 같다고 할 것이고 허주를 만나면 자로 같다고 할 것이다. 안연은 덕을 베풀어 삶을 어질게 했던 제자이고 자로는 성깔이 불과 같아 불의를 보면 참지 못하고 배운 법도는 반드시 실천에 옮기는 성미였다. 자로는 제 생각에 허물이다 싶어지면 사람을 가리지 않고 질타했다. 위 나라의 내란 중에 창에 맞아 자로가 죽게 되었을 때 갓끈이 풀린 것을 보고는 갓끈이 풀어져 있으면 매어야 법도에 맞는다면서 갓끈을 매어 달라 한 다음 숨을 거두었다. 이러한 자로가 '해치지도 않고 탐내지도 않으니 어찌 좋지 않겠느냐'는 《시경》의 구절을 죽을 때까지 외우고 싶다고 공자께 아뢰자 공자께서는 어찌 그러한 것만으로 훌륭하다 하겠는가 하고 반문을 했다. 아마도 이러한 반문은 허주를 만나도 했을 성싶다. 지자는 엄한 산 같고 인자는 물 같다는 공자의 말씀이 생각나면서 안연과 황희가 겹치고 자로와 허주가 겹친다. 법도보다는 어진 덕을 선의 근본으로 보았던 공자에게 자로는 항상 물가에 둔 아이처럼 보였을 것이다.

🌿 공자의 말씀

다 해진 솜옷을 입고서도 여우나 담비의 털옷을 입은 사람들과 함께 있으면서 부끄러워하지 않을 사람은 유(由)일 것이다. 이렇게 공자가 말했다. 자로가 해치지도 않고 탐내지도 않으니 어찌 좋지 않겠느냐는 《시경》의 구절을 죽을 때까지 외우겠다고 했다. 그러자 공자께서 그러한 도리만으로 선한 것이라고 할 수 있겠느냐고 반문했다.

子曰 衣敝縕袍 與衣狐貉者立 而不恥者 其由也與 不忮不求 何用不臧 子路終身誦之 子曰 是道也 何足以臧

(17) 추사(秋史)의 세한도(歲寒圖)

추사의 세한도에는 하얀 하늘과 깡마른 노송과 창문이 둥글게 하나만 나 있는 가늘고 긴 빈집이 있다. 이 그림을 보면 쓸쓸하고 차갑고 매섭다는 기분이 단번에 든다. 세한도의 찬 겨울은 분명 시련을 맛보게 한다. 한여름 울창했던 나무들은 다 어디로 갔나? 청청한 솔만 찬 겨울을 맞고 서 있을 뿐이다.

세한도를 보면 성삼문 생각도 나고 만해 한용운과 백산 안희재 선생 생각도 난다. 나 홀로 청청하리라 읊었던 성삼문은 춥고 매서운 겨울 바람에도 굽히지 않고 버티는 솔처럼 불사이군(不事二君)의 뜻을 보였다. 친조카를 죽여서라도 왕위를 지켜야 했던 세조의 등극은 분명 삭풍이 부는 겨울과 같았을 것이다. 겨울에 앙상한 나무들처럼 다들 숨을 죽이고 있을 때 불의를 견디지 못해 목숨을 던졌던 사육신들의 모습이 추사의 세한도를 보면 아련히 비친다.

일제 36년은 분명 우리에게 혹한의 겨울이었다. 36년 내내 겨울처럼 꽁꽁 얼어서 사족을 못쓰고 왜인의 종노릇을 해야 했을 때 죽어 살수는 없다며 3·1일 독립 만세를 외치자고 선언했던 분들 중에 만해가 단연 돋보인다. 끝까지 변절하지 않았고 일제의 호적마저 거부하면서 무호적으로 살았던 만해는 식민 시대라는 겨울을 높은 산의 청송처럼 꿋꿋하게 살았다. 추사의 세한도를 보면 서대문 형무소 감방에서 민족 대표들이 죽음이 두려워 벌벌 떨고 있을 때 "이놈들아 죽자고 거사를 했지 살자고 거사를 했느냐."며 감방의 똥바가지를 뿌렸던 만해가 생각난다.

추사의 세한도를 보면 백산 선생도 생각난다. 일제의 눈초리를 피해 해외로 나가 독립 운동을 했던 분들이 많았지만 만해나 백산은 이 땅을 떠나지 않고 끝까지 독립 운동을 했다. 특히 백산은 독립 운동 자금을 국내에서 거두어 해외에 보내는 일도 도맡아 했다. 그로 인해 사흘 걸러 왜경에 끌려가 갖은 고문을 다 받았다. 한두 번 그런 것이 아니라 거의 30여 년을 그렇게 고문의 세월을 보냈다. 하지만 한 번도 뜻을 굽히지 않았던 백산 선생은 분명 추사가 그린 세한도의 노송처럼 고문의 세월에서도 꿋꿋이 살다 가셨다.

불인(不仁)의 시대에 인을 베푸는 사람은 꿋꿋하다. 불의의 시대에 의를 행하는 사람도 꿋꿋하다. 사랑이 없는 세상은 춥고 차가운 겨울과 같고 올바름이 짓밟히는 세상 역시 추워 떨어야 하는 겨울과 같다. 이러한 겨울에 청청한 잎을 떨어뜨리지 않고 꿋꿋하게 서 있는 청송은 분명 옳게 세상을 살아가는 사람에 비유된다. 불인의 시대에 인을 베풀고 불의의 시대에 의를 행하는 사람을 공자는 아마도 춥고 거친 겨울에 꿋꿋한 소나무로 비유했으리라. 추사의 세한도를 보면 공자의 말씀이 들려 온다.

🌱 공자의 말씀

한겨울의 추운 날씨를 겪은 다음에야 푸름이 시들지 않는 소나무와 전나무를 알 수 있다. 공자는 이렇게 말했다.

子曰 歲寒 然後 知松柏之後彫也

(18) 독사도 물지 않는 사람

예순이 넘어 머리카락이 하얗게 센 노인이 있었다. 글자는 하나도 몰라 자신은 무식하다고 항상 말하면서 사람들 앞에 나서는 법이 없었다. 그러나 그는 자기가 할 일이 무엇인지를 알았다. 농사짓는 일을 그는 알았다. 철 따라 무슨 일을 해야 하고 해서는 안 될 일이 무엇인지 알았다. 서둘러야 될 일과 미루어도 될 일을 알았고 농작물에 따라 어떻게 키워야 하고 어떻게 거두어야 하는지도 알았다. 그래서 그는 언제나 바빴다. 그리고 누구보다도 농사를 잘 지어 농사에 달통했다는 말도 들었다. 분명 그 노인은 논밭을 다루고 곡식을 가꾸는 일 뿐만 아니라 하늘의 구름만 보고도 다음날의 날씨를 짐작했고 흙의 빛깔만을 보고 퇴비를 얼마나 더해야 하는지도 알았다. 노인은 분명 농사꾼으로서 지자였다. 지자란 누구인가? 아는 것을 분명히 알고 모르는 것은 분명히 모름을 아는 것이 지자라고 공자는 밝힌다.

여름이 되면 그 노인은 어김없이 보리 밑거름 장만을 서둘렀다. 보리 밑거름은 한여름 다 자란 풀을 산에서 뜯어 와 두엄을 만들어 마련해야 한다. 두엄은 땅을 걸게 하여 보리 이삭을 튼실하게 한다. 그 노인은 두엄에 알맞은 풀을 거울이라고 했다. 거울 베는 철이 되면 그 노인은 낫을 시퍼렇게 갈아 지게에 지고 산으로 가 풀을 베었다. 그러다 힘이 부치면 낫자루를 베개처럼 베고 나무 밑에서 낮잠을 자기도 했다. 낫에 상처를 입으면 어쩌냐며 다른 사람들이 걱정을 하면 잠자는 사람을 누가 해치느냐며 빙긋 웃을 뿐이었다.

하루는 그 노인이 풀을 베다가 쉬고 있는데 쉬는 터 바로 옆에 독사가 똬리를 틀고 용을 쓰고 있었다. 다른 사람들이라면 놀라고 겁이 나서 질색을 하면서 그 독사를 잡으려고 했을 것이다. 그러나 그 노인은 먼저 해치지 않으면 어느 것도 상대를 해치지 않는다는 생각을 항상 지니고 있었다. 그 노인은 그 독사를 물끄러미 쳐다보면서 "이놈아, 사람을 물어서 죽게 하지 말아라. 네 놈이 그런 짓을 하니까 사람들이 너를 보는 족족 잡아죽이는 것이 아니냐."면서 두 다리를 쭉 뻗고 담배를 피웠다. 가만히 앉아서 담배를 피우는 그 노인은 아마도 독사의 눈에는 바위처럼 보였을 것이다. 그러자 그 독사는 안심을 했는지 똬리를 풀어 그 노인의 두 발을 산비탈에 널려 있는 돌팍쯤으로 여기고 스르르 넘어서 어디론가 지나갔다.

그 노인은 풀짐을 놓고 쉬는 터에서 젊은이들에게 이 이야기를 해주었다. 이야기를 들은 젊은이들 중 아무도 노인의 말을 의심하는 사람은 없었다. 왜냐하면 그 노인은 없는 일을 말하지 않는다는 것을 너무도 잘 알았고 너무도 어진 어른이어서 독사도 물 생각을 하지 못했을 것이라고 믿었기 때문이다.

인자란 누구인가? 무슨 일에도 해칠 생각을 하지 않는 사람이다. 남에게 해를 끼치고 속이고 아픔을 주는 사람은 자신도 그렇게 될까 봐 근심하고 걱정하지만 해칠 생각이 없이 다만 돕는 생각만 하는 사람은 근심하거나 경계하거나 걱정할 일이 없다. 그래서 공자는 어진 사람은 걱정하지 않는다고 했다.

어질면 아주 자연스럽게 용감한 성품이 생긴다. 사랑할 줄 아는 마음은 두려움을 모른다. 미워하고 시샘하며 경쟁을 하여 남을 지게 하고 내가 이겨야 한다는 사람만이 겁을 내고 움츠린다. 그러나 어진 마음은 아무것도 두려워할 것이 없다. 한 번 물리기만 해도 목숨을 잃게 하는 독을 품은 독사가 두 발 위로 기어가도 가만히 앉아 담배만 피웠던 그 노인은 참으로 용감하다. 독 이빨을 지닌 독사에게 아무런 두려움을 품지 않고 담배를 피울 수 있는 마음은 항우장사도 지니지 못했을 것이다. 힘이 세서 용감할 수 있는 것이 아니라 해칠 마음이 없는 어진 마음이 용감한 것이다. 그래서 용자는 두려워하지 않는다고 공자가 밝혀 두었다.

🌱 **공자의 말씀**

알고 있는 사람은 미혹되지 않으며 어진 사람은 걱정하지 않으며 용감한 사람은 두려워하지 않는다. 공자는 이렇게 말했다.

子曰 知者不惑 仁者不憂 勇者不懼

(19) 평등이라는 허상

　사람 위에 사람 없고 사람 아래 사람 없다. 이 말은 인권선언의 요지이자 사람은 모두 다 같고 법 앞에 평등하다는 것을 의미한다. 이러한 표어나 요지를 반대할 사람은 아무도 없을 것이다. 사람은 누구나 다 같은 목숨을 지니고 있는 까닭이다. 어느 목숨이나 소중하므로 차별해서는 안 된다. 사람의 목숨의 가치로 보면 모든 사람은 다 같다.

　그러나 사람을 능력으로 보면 사람마다 자기 나름대로 할 수 있는 일이 다른 법이다. 이러한 능력은 하나라도 같을 수 없고 천차만별이다. 공자는 이를 분명히 알라고 타일러 두었다. 한날 한시에 난 손가락도 길고 짧음이 있다. 사람 역시 개인마다 할 수 있는 능력이 모두 다르다. 사람들이 이러한 사실을 안다면 시샘이나 질시나 음해나 모함을 하지 않을 것이다.

　천치도 있고 바보도 있고 둔재도 있고 수재도 있고 준재도 있고 천재도 있다. 그래서 오르지 못할 나무는 쳐다보지 말라고 한다. 이는 분수를 알라는 말이다. 사람이 제 분수를 모르면 망신을 당하기도 하고 못된 짓으로 인해 남에게 해를 끼치기도 한다. 그러한 사람은 결국 둥근 구멍에 네모난 것을 박으려고 심통을 부리는 짓을 하고 만다. 되로 배워서 말로 써먹어야 한다는 말을 옛날 서당의 선생들은 자주 했다. 말하자면 하나를 배우면 둘을 알아야 한다는 것이다.

　그러나 사람의 능력은 한 홉짜리가 있고 한 되짜리도 있으며 한 말짜리나 한 섬짜리도 있게 마련이다. 마음 쓰는 도량이 한 홉 정도인 사람이 한 말짜리처럼 행세하면 세상은 비뚤어지게 마련이다. 그래서 옛날에는 어떤 사람이 비범한 일을 하면 하늘이 낸 사람이라며 칭송했다. 이는 자기 분수에 맞지 않는 능력을 탐하거나 시샘하지 말라는 뜻일 게다.

언제나 용렬한 사람은 제 분수를 모르고 욕심만 앞세운다. 과대망상에 사로잡혀 자신을 과대 포장하면서 세상이 자기를 몰라준다고 한풀이를 한다. 이러한 사람은 자기 스스로 자기를 소모하는 소인배에 불과하다. 정승 자리에는 정승감이 앉아야 임금의 눈이 밝아지는 법이다. 그렇지 못하면 임금의 눈이 멀어져 백성의 허리가 굽는다고 백성들은 한탄을 했다. 물론 지금도 그러한 일이 빈번하게 일어난다. 그래서 세상은 항상 소란스럽고 사람들은 서로 아웅다웅한다. 이를 알고 공자는 먼저 자신을 알라고 타일렀다.

🌿 공자의 말씀

함께 배울 수는 있어도 함께 도를 지켜 나갈 수는 없다. 같이 도를 지킬 수는 있어도 같은 일을 할 수는 없다. 같이 일을 할 수는 있어도 같이 순발력을 발휘해 큰 뜻에 맞추어 마무리 할 수는 없다. 이렇게 공자는 개인의 소질과 능력에 차이가 있음을 밝혔다.

子曰 可與共學 不可與適道 可與適道 未可與立 可與立 未可與權

(20) 어머니의 마음

방랑벽이 심해서 몇 해만에 잠깐씩 집에 들르는 아들을 둔 노모가 있었다. 오랜만에 아들이 노모가 있는 집으로 돌아오자 다른 식솔들은 모두 방랑벽을 나무라며 어머니께 효도를 하라고 성화를 부렸다. 그러나 노모는 오랜만에 얼굴을 보게 된 아들을 속상하게 하지 말라며 손을 만지고 발을 만져 보고 머리를 쓰다듬어 주면서 밥은 제때에 먹고 다니냐고 물었다. 그러자 방랑벽이 병이었던 아들의 눈에서 눈물이 주르르 흘렀다. 노모는 옷섶으로 자식의 눈물을 거두어 주면서 사내가 그런 일로 울 것까지 있느냐며 멀리서 돌아온 아들의 등을 어루만져 주었다.

노모는 아들에게 네가 없는 동안 보고 싶었다는 말을 하지 않았다. 다만 객사만 하지 않고 건강히 살아 있기만 빌었다는 말만 했다. 그 말을 들은 자식은 고개를 숙였다. 풀기 없이 축 처진 자식을 어느 에미가 좋아할 것이냐면서 어머니는 고개를 들라고 했다. 그리고는 수척해진 아들의 얼굴을 보면서 다시 제때 밥을 먹었느냐고 물었다. 아들은 대답을 하지 않았다. 노모는 다시 어디 아픈 데는 없느냐고 물었다. 아들이 없다고 말하자 노모는 긴 한숨을 쉬며 다음처럼 말했다.

"네가 나가 있어도 너는 항상 내 옆에 있었다. 다만 내 눈앞에 없는 네 몸이 성하기만을 바랐다."

돌아온 아들에게 이렇게 말하는 노모의 마음은 아들 생각이 간절했음을 일러 준다. 공자는 간절한 생각에는 멀고 가까움이 없다고 했다. 이것은 아마도 노모를 두고 한 말일 수도 있을 것이다.

🌿 공자의 말씀

당채나무 꽃들이 펄럭이는데 어찌 님 생각 않으리. 그러나 너무나 멀리 떨어져 있구나. 이러한 내용의 시구를 두고 공자는 다음처럼 토를 달았다. 진정으로 생각하는 것이 아니다. 생각이 진정해 절실하다면 어찌 멀고 가까움이 있단 말이냐.

唐棣之華 偏其反而 豈不爾思 室是遠而 子曰 未之思也 夫何遠之有

3. 문답의 담론

(1) 인(仁)을 말로 하지 않은 공자

열 길 물 속은 알아도 한 길 사람 속은 모른다. 이러한 속담 때문인지 사람의 속을 떠보려는 경우가 허다하다. 어떤 사람을 알아보기 위해 여러 사람들의 입을 빌려 그 사람의 됨됨이를 점쳐 보려고 하는 경우 남의 입질에 오른 그 사람은 도마 위에 오른 생선이 된다.

칼질을 잘못하면 상처를 내는 법이다. 칼질을 마구잡이로 하면 자를 곳을 함부로 잘라 버려 칼질로 인해 오히려 아무 쓸모가 없게 만들어 버리는 경우도 생긴다. 사람을 칼질하는 것 중 험담이 제일 무섭다. 험담하는 입은 난도질하는 칼잡이의 손과 같은 까닭이다.

험담은 주로 이해(利害) 문제로 일어난다. 나하고 상관없는 일이면 아무런 관심이 없다는 생각은 항상 이해를 끈으로 해서 입질을 하게 만든다. 나에게 좋은 일을 한 사람은 좋은 사람이고 나에게 나쁜 일을 행한 사람은 나쁜 사람이라는 생각을 지닌 사람의 입은 험담할 수 있는 입이다. 이러한 험담은 주로 당사자가 없는 순간에 일어난다. 그리고 그 험담은 뒷말로 퍼져 입질에 오른 사람은 부당하게 저울질 당하고 만다.

험담이나 뒷말을 밑천으로 사람을 저울질하는 것만큼 어리석고 못난 짓은 없다. 꼭 알아볼 일이 있으면 당사자를 만나 담판을 지을 것이지 남을 통해 떠볼 것은 없다. 남이 하는 말을 믿을 것인지 믿지 않을 것인지는 본인이 확인해야지 남의 조언을 통해 저울질을 하다 보면 저울추가 두 개가 되어 저울 눈금은 흐려지고 마는 법이다.

어떤 사람이 공자가 어떤 위인이냐고 공자의 제자에게 물었다. 그러나 공자의 제자는 입을 다물었다. 그러자 그는 다시 공자를 선생으로 모시면 무슨 이익이 있느냐고 물었다. 이 말에도 제자는 역시 입을 다물었다. 다시 그는 공자를 뵈오면 운명을 알 수 있느냐고 물었다. 제자는 또다시 입을 다물었다. 마지막으로 그는 공자께서 말하는 인이란 무엇이냐고 물었다. 공자의 제자는 그제서야 선생께서는 인에 관해 말하는 경우가 드물다고 응답했다.

공자는 기회만 있으면 인을 설파했다. 그럼에도 불구하고 왜 이름을 밝히지 않는 이 제자는 선생께서는 별로 인을 말하지 않았다고 대꾸했을까? 말로만 알고 싶어하는 사람은 실천에서는 인색하다. 입으로만 인을 주워댄들 무슨 소용이 있겠는가. 인을 안다는 것만으로는 공자가 말하는 인이 아니다. 알고 있는 인을 실천해야 공자가 밝히는 인인 것이다.

주자를 앞세워 공맹의 길을 걷는다면서 조선왕조의 궁궐 문턱을 넘나들었던 선비들이 공자께서는 별로 인을 말하지 않았다는 구절을 잘 새겨들었더라면 결과적으로 공자를 배반하는 어리석음은 범하지 않았을 것이다. 어디 조선조에만 그러할 것인가? 지금도 여전히 사랑하라, 정직하라, 그리고 성실하라고 주장하는 입들이 많다. 그러나 그러한 말씀들을 얼마나 몸소 행하는가? 이러한 물음에 대부분은 입을 다물 것이다. 공자는 실천하지 않거나 못할 인은 말하지 않았다.

🫖 제자와의 담론

공자께서는 이익에 대해서는 드물게 말씀하시고 명과 인을 긍정하셨다.

子罕言利 與命 與仁

(2) 농담으로 넘기는 공자

'사내로 태어났으면 천하에 이름을 남겨야지. 길가의 풀잎이나 돌멩이처럼 살면서 명을 다할 수 없지 않느냐? 젊은이여, 청운의 뜻을 품어라.' 이러한 말이 아무런 거리낌없이 들리는 세상일수록 매명(賣名)에 걸신들린 사람들이 여기저기서 일을 내게 마련이다. 자기의 이름을 팔아 한몫 차지하려 덤비는 족속들은 사람의 마음속을 파먹으려고 덤비는 식인종과 다름없다. 어디 사람의 몸을 먹어야만 식인종인가. 아마 남을 잡아서라도 내가 잘되어 이름을 남기겠다고 입을 다무는 무리보다 더 독한 식인종은 없을 것이다.

명함을 한 통씩 호주머니에 넣고 날마다 시정 골목을 돌면서 만나는 사람에게 명함을 돌리는 사람들이 많다. 이름을 널리 팔아 놓아야 한 표를 얻는다고 장담하면서 이름 석자와 직함이 꽉 들어찬 명함을 건네면서 제 이름을 제가 호명하고는 알아 달라고 미소를 던진다. 이렇게 이름을 판 사람들은 다음 선거 때 다른 입후보의 이름을 사지 말고 자기 이름을 사 달라고 애걸한다. 이처럼 이름을 내거는 것은 결국 자기를 알리기 위함이고 한 표를 부탁한다는 인기 전략인 셈이다.

공자께서도 인기에 대해 농담을 건 일이 있었다. 달항이라는 마을에 이르렀을 때 마을 사람들이 공자를 보고 위대하고 널리 알면서도 왜 이름을 얻지 못하는지 모르겠다고 수근거렸던 모양이다. 이러한 소문을 들은 공자는 제자들에게 이름을 내기 위해 마차꾼 노릇이라도 해야겠다고 농을 걸었다. 공자의 이러한 농담을 진담으로 받아들이면 탈이 나게 마련이다. 매명에 걸신이 들리면 사람 구실을 하기 어려운 까닭이다. 진시황이나 나폴레옹, 히틀러, 연산군 등등을 보라. 이들은 권력이 식인종의 칼이라도 되는 양 백성의 목숨을 하찮게 여기며 세상을 못살게 굴었던 인간들이다. '군자는 남이 몰라준다고 해도 서운해하지 않는다.'는 공자의 말을 새겨듣는다면 나 아니면 안 된다는 자만이나 과대망상에 빠져 공연히 자기를 소모하는 일은 없을 것이다.

🫖 제자와의 담론

위대하다 공자여, 박학하면서도 그대는 이름을 내지 못했다. 이렇게 달항의 마을 사람들이 수근거렸다. 이러한 소문을 들은 공자는 다음처럼 제자들에게 농담을 걸었다. 내가 무엇을 맡아야 할까? 수레를 모는 일을 맡을까? 명사수가 될까? 차라리 수레를 몰아 이름을 내리라.

達巷黨人曰 大哉孔子 博學而無所成名 子聞之 謂門弟子曰 吾何執 執御乎 執射乎 吾執御矣

(3) 떠돌이 매월당(梅月堂)

단종 임금이 어리다는 핑계로 수양대군이 섭정을 하자 김시습은 단번에 세상이 잘못 돌아가고 있다는 냄새를 맡았다. 결국 수양대군이 조카인 단종을 몰아내고 세조가 되어 임금의 자리에 앉았다. 그러자 김시습은 세상을 떠나 산속을 배회하면서 떠돌이로 살았다.

다섯 살에 시를 지어 읊어 세종의 놀라움을 샀던 김시습이었으니 과거에 급제하여 벼슬아치가 되는 것은 식은 죽 먹기나 다름없었다. 그러나 벼슬아치가 되면 살아남기 위해 사사로운 생각을 버릴 수 없고 목숨을 걸고 도모해야 할 일이 생길 것이며 고집을 부려 상대의 의견을 무시해야 하는 일도 일어날 것이고 높은 벼슬자리로 올라가기 위해 자기를 앞세워 주장해야 할 일도 일어나게 마련이다. 성군 밑에서도 그러한 일들이 빈번한데 힘으로 자리를 빼앗은 임금 밑에서는 진

흙 밭에서 개들이 싸움질하듯 더러운 싸움을 늘상 벌여야 할 것이다. 김시습은 이러한 싸움이 싫었다. 그래서 매월당 김시습은 미치광이 행세를 하며 이리저리 돌아다녔다.

워낙 뛰어난 사람인 까닭에 세조는 매월당을 불렀다. 김시습은 한사코 가지 않다가 한 번은 억지로 불려가게 되었다. 그러나 하는 꼴들이 모두 속이 뻔하게 들여다보여 메스꺼워진 매월당은 몰래 빠져나오고 말았다. 나인들이 그를 찾아 나오자 매월당은 그만 길가의 똥통으로 들어가 머리만 내놓고 나인들이 자신을 찾는 광경을 보다가 그들이 들어간 다음에야 서울을 빠져나갔다.

이런 사람 저런 사람들이 북적대는 시장을 둘러보다 우두커니 서서 무엇인가를 응시하며 쭈그리고 앉아서 중얼거리고 공연히 싸움을 걸어 얻어맞는 매월당을 모든 사람들은 미친놈으로 쳐 버렸다. 그러나 매월당은 설잠(雪岑)이란 법명을 붙이고 중 행세를 했다. 그러면서도 그는 부처의 길을 말한 적이 없고 공맹의 길이 아니면 걷지 않는다고 했다. 매월당은 하도 많은 기행을 남긴 사람이어서 속을 알 길이 없다고 당시의 사람들은 입방아를 찧었다.

그러나 매월당이 돌아간 할아버지에게 올린 제문을 보면 공맹의 길을 제대로 걷기 위해 시대를 미친놈처럼 살았음을 알 수 있다.

'할아버지, 이 미천한 소자는 이단의 길을 밟고 있지만 장차 도를 닦아 천거를 받을 것이고 허황된 말에 끌려들지 말아야 함을 깨달았습니다. 간략한 일에 힘쓰면서 마음을 깨끗이 하고 풍성하도록 힘쓰면서 정성이 있어야 하겠습니다. 청빈하게 살아갈 길을 알았습니다. 이렇게 제문을 올리면서 삼천 가지 죄 중에서 불효가 제일 크다는 것을 알았습니다.'

세상 사람들이 미친놈으로 보고 개나 소처럼 대해도 매월당은 자기를 드러내지 않았다. 또한 수많은 시를 지었지만 남길 생각을 하지 않았다. 하루는 물가에 앉아 온종일 시를 지어 물 위에 흘려 보냈다. 시를 쓸 종이가 다 떨어졌을 때야 일어나 저문 해를 뒤로 하고 산속으로 어슬렁거리며 들어간 매월당을 공자가 만나면 뭐라 할까? 아마도 불의가 넘실대는 세상에서 미친놈처럼 사는 그대의 마음을 알 만하다고 위로했을 것이다. '그대의 마음에는 사사로운 뜻이 없으니 맑고, 목숨을 걸어서라도 끝장을 보자고 악을 쓰는 일을 멀리하니 그대의 마음은 너그럽고, 세상일로 고집을 부리지 않아 그대의 마음은 걸림이 없고, 시류에 따라 맞추어야 하는 자기를 버렸으니 그대의 고뇌는 미친 것이 아닐세.' 이렇게 공자는 매월당을 위로해 주었을 것이다.

🫖 제자와의 담론

공자께서는 네 가지 잘못이 없었다. 사사로운 자의(恣意)가 없었고 단서를 앞세운 약조가 없었고 남이 틀리고 내가 맞다는 고집이 없었으며 나만을 앞세우는 자기가 없었다.

子絶四 毋意 毋必 毋固 毋我

(4) 꾸중듣는 자공

공자의 제자 중에서 이재에 가장 밝았던 자공이 태재(太宰)를 만났다. 태재는 재상에 해당되는 높은 벼슬이다. 태재가 자공에게 공자는 정말로 성인이냐고 물었다. 자공은 그렇다고 응답했다. 그러자 태재는 공자는 들리는 대로 정말 여러 가지 능력이 있느냐고 물었다. 이에 대해서도 사실이라고 자공이 맞장구를 쳤다.

상대가 없는 데서 그 사람이 어떠냐고 누가 물을 때 맞장구를 쳐 준다는 것은 사람의 뒤를 캐고 싶어하는 생각을 함께 갖는 꼴이다. 아마도 자공은 이러한 잘못을 미처 깨닫지 못했던 모양이다. 등뒤에서 남에 대해 이러쿵저러쿵 말짓을 하는 것은 군자가 할 일이 못된다. 남을 좋게 말하다 알게 모르게 험담하는 재미로 빠지는 경우가 허다한 까닭이다. 사람이 사람에 대한 말을 하기 시작하면 말꼬리에 붙들려 공연한 일로 말장난을 하기 쉽다. 번지르르한 말솜씨는 별것이 아님을 공자는 누누이 말했다. 남을 칭찬할 것도 없고 남을 욕할 것도 없다. 사람은 저마다 할 일을 부끄럼 없이 성실히 치르려는 마음을 간직하면 그만이다.

선생을 이러쿵저러쿵 말하는 제자는 선생을 돕는 것이 아니라 입질거리로 삼기 쉽다. 스승이 제자를 칭찬하는 일은 자연스러워도 제자가 자기의 스승을 칭찬하는 일은 어쩌면 자신을 돋보이게 하려는 짓일 수도 있다. 못난 사람일수록 조상 자랑을 한다. 몇 대 조가 정승을 하고 판서를 지냈다면서 해골을 팔아 낯을 세우려는 사람만큼 얼간이는 없다. 이러한 꼴은 남의 얼굴을 빌려서 못난 제 얼굴을 감추어 보려는 수작에 불과할 뿐이다. 자공이여, 태재라는 높은 분에게 그대의 선생을 칭찬한다고 스승이 돋보일 수 있을 것인가. 공자는 칭송을 바라고 인의를 부르짖고 실천한 것이 아니라 사람이라면 당연히 해야하는 일을 했을 뿐이다.

동업자끼리는 술을 마시지 말라는 말이 있다. 맛있는 술을 마시고 즐겁게 시간을 보내려는 목적에서 벗들이 모여 술을 마실 수는 있다. 그러나 동업자끼리 술을 마시다 보면 들어서는 안 될 뒷말도 듣게 되고 모르면 그냥 넘어갈 일도 꼬투리가 되어 서로 삿대질을 하게 되는 경우가 생긴다. 남이 없는 데서 사람을 입질에 올리는 일은 밥에 재를 뿌리는 경우와 같다.

공자께서 자공이 태재에게 했다는 말의 내용을 전해 듣고 남의 말을 하지 말라고 타일러 주었다.

"자공아 네가 이야기를 해 주어서 태재가 공자를 알게 되었다고 생각하느냐? 나는 어려서 천했으므로 잡다한 일에 능통할 뿐이다. 군자는 여러 가지 능력이 있어야 할까? 아니다."

군자는 그렇지 않다며 공자는 부드러운 말로 자공을 나무랐다. 세상에는 수많은 사람들이 산다. 세모를 놓고 둥글다고 하는 사람도 있고 곧은 것을 놓고 굽었다고 우기는 사람도 있다. 그러므로 등 뒤에서 남을 걸어 입질에 올릴 것은 없다. 차라리 눈을 감고 자신의 마음속으로 들어가 자기와 독백을 나누는 것만 못하다.

🫖 태재와 자공의 담론

태재가 자공에게 다음처럼 물었다. 공자는 참으로 성인인가? 그리고 정말로 다능한가? 이에 자공은 다음처럼 응했다. 물론 하늘이 선생님을 높여 성인되게 하고 있으며 선생님은 원래 다능하십니다. 이를 알게 된 공자가 다음처럼 말했다. 태재가 나를 알았다고 할 수 있을까? 나는 어려서 천했으므로 잡다한 일에 능할 뿐이다. 군자는 여러 가지로 능해야 하는가? 군자는 그렇지 않는 법이다.

大宰問於子貢曰 夫子聖者與 何其多能也 子貢曰 固天縱之將聖 又多能也 子聞之 曰 大宰知我乎 吾少也賤 故多能鄙事 君子多能乎哉 不多也

(5) 냉대받은 박수근 화백

국전 심사 위원이었던 고(故) 박수근 화백이 출품작들을 심사하기 위해 덕수궁 박물관에 들어가려고 했다. 그러나 수위는 화백을 몰라

보고 왜 공짜로 고궁에 들어가려고 하느냐면서 면박을 주었다. 입은 옷이 남루하고 신은 신발이 다 헤진 박 화백의 모습은 마치 길거리의 거지처럼 보였던 모양이다. 그렇게 박 화백은 아무 말도 못하고 쫓겨나 입구 길가 가로수 밑에 우두커니 서 있었다. 시간이 한참 지나서야 다른 심사 위원들이 들이닥쳤다. 박 화백을 본 다른 위원들이 왜 길거리에 서 계시느냐고 물었다. 그러나 박 화백은 빙그레 웃으면서 같이 들어가자고 손을 잡을 뿐이었다.

옷을 예술가답게 차려입은 심사 위원들이 수위실 앞에 이르자 수위가 나와서 거수경례를 하면서 어서 들어가시라는 시늉을 했다. 그런데 아까 들어가지 말라고 경고했던 그자가 끼여 있는 것이 아닌가. 수위는 경례하던 손을 재빨리 내린 뒤 박 화백을 붙잡고 왜 들어가느냐고 면박을 주었다. 그러자 다른 분들이 귀한 심사 위원을 몰라보고 수위가 건방을 떨면 되느냐고 큰 소리로 나무랐다. 그러나 박 화백은 빙그레 웃으면서 그러지 말고 어서 들어가기나 하자고 채근했다. 수위는 낭패한 인상을 지으면서 심사 위원의 옷차림이 뭐 저러느냐며 중얼거렸다. 다른 심사 위원들은 왜 선생님은 아무 말씀도 않고 가만 계셨느냐고 투정하면서 빙그레 웃고만 있는 박 화백을 원망했다. 그래도 박 화백은 아무 말씀 없이 빙그레 웃으면서 어서 심사나 하자며 소매를 끌고 덕수궁 안으로 들어갔다.

빙그레 웃기만 했던 박수근 화백을 공자가 만났더라면 뭐라 했을까? 면류관을 쓴 임금보다 더 군자답다고 했을 것이다. 겸허한 사람은 물처럼 항상 낮은 데로 흘러서 선을 행한다. 그래서 선을 행하는 것은 물이 흐르는 것과 같다고 하지 않았던가. 거만하게 굴었던 수위는 그날 많은 것을 배웠을 것이다. 겉만 보고 사람을 재서는 안 된다.

공자께서는 상복을 입은 사람이나 관복 차림을 한 사람이나 소경을 만나거나 보면 상대가 연소하더라도 반드시 일어났으며 그들을 지나칠 때는 반드시 총총걸음으로 걸었다.

子見齊衰者 冕衣裳者與瞽者 見之 雖少 必作 過之 必趨

(6) 탄식하는 안연

제자가 자신의 선생을 밝히는 것은 외람된 일일 수 있다. 그러나 안연 같은 제자가 스승인 공자를 말하게 되었을 때는 그만한 연유가 있었을 것이다. 아마도 누군가가 안연 앞에서 그대는 덕의 화신이라고 칭찬을 했는지도 모른다. 그러한 말을 들었을 때 선생에 비하면 자기는 아무것도 아니라는 것을 들려주고 싶었는지도 모른다. 말수가 적었던 안연이 공자의 면모를 감동적으로 묘사하는 대목은 안연의 탄식으로 시작된다.

왜 안연은 탄식하는가? 아무리 선생의 자취를 따르고 싶지만 따를 수 없어서 탄식하는 것이지 슬퍼서 그렇게 하는 것이 아니다. 선생의 자취란 무엇일까? 공자께서 행하는 덕의 자취이다. 공자의 덕행은 우러러보면 볼수록 높아 따를 수 없다고 안연은 탄식한다. 또 공자의 덕이 지닌 내용은 너무나 빈틈없이 온전해 그보다 나아질 수 없음을 알고 안연은 탄식한다. 공자가 행하는 덕을 지켜보면 쉽사리 할 수 있을 것 같으나 행하려고 들면 무척 어려움을 알고 안연은 탄식한 것이다.

덕행을 하려고 탄식하는 안연은 지금의 우리를 부끄럽게 한다. 우리는 덕행에 아주 인색하기 때문이다. 덕이란 목이 탈 때 마시는 한 사발의 시원한 냉수 같은 것이며 삭풍이 몰아치는 한겨울에 불을 지핀

온돌방의 아랫목과 같은 것이다. 이처럼 덕은 만물을 이롭게 하는 것이며 선을 낳는 알과 같고 선을 틔우는 씨앗과 같다. 그래서 덕은 모든 사람을 편하고 아늑하게 한다. 안연은 이러한 덕을 터득하고 깨우치는 데 몸둘 바를 몰랐던 공자의 제자였다. 그래서 공자는 어느 제자보다도 안연을 사랑했고 믿었다.

그런 안연이 요절했을 때 공자는 하늘을 보고 탄식했다. 공자의 탄식은 덕의 화신을 잃어버린 슬픔이었고 안연의 탄식은 덕의 부러움에서 우러나오는 기쁨이었다. 만물을 이롭게 하는 덕은 인의를 숨쉬게 하는 몸체와 같다는 것을 안연은 공자의 가르침을 통해 터득했던 셈이다.

요사이 학생들은 선생을 존경할 줄 모른다고 푸념한다. 학생들이 버릇이 없다고 질타하기도 한다. 그러나 학생들의 잘못을 따지기 이전에 선생이란 호칭을 듣는 어른들이 잘못하고 있음을 먼저 알아야 한다. 배우는 아이들에게 하나 보태면 둘이 된다는 지식만 가르쳐 줄 뿐 어떻게 하면 사람이 된다는 모범을 보여 주니 못하는 잘못을 범하고 있음을 선생의 호칭을 듣는 어른들이 먼저 뉘우쳐야 한다는 것이다. 나는 바담풍하지만 너는 바람풍하라는 선생은 뒷말을 듣게 마련이다. 삶의 모범이 되지 못하는 선생은 이미 선생이 아니다. 사람이 되는 길로 인도하는 지혜로운 선생이 있다면 누가 안연처럼 우러러보지 않을 것인가. 지금은 덕을 터득하고 깨우치게 하는 선생이 없어서 학생들이 등 뒤에서 가르치는 사람들을 흉보는 것이다. 안연의 말을 들으면 가르침을 업으로 삼고 있는 사람들이 부끄러워질 것이다.

🫖 안연과의 담론

안연은 탄식하며 다음처럼 고백한다. 선생의 덕은 우러러볼수록 더욱 높이 보인다. 선생의 덕은 꿰뚫어 보면 더욱 굳고 눈앞에 보이는 듯하다가도 홀연히 뒤에 있는 듯하다. 선생은 차근차근 사람을 이끌어 깨우치게 한다. 학문으로 나를 넓게 해 주셨고 예로써 나를 다스릴 수 있게 해 주신다. 그만 배우려 해도 그만둘 수 없게 잘 가르쳐 주셔서 나도 모르게 모든 힘을 다해서 좇아 배우지만 다시 내 앞에 새로운 지표를 우뚝 세워 주신다. 줄곧 좇아가 보지만 결국 좇아갈 방도가 없다.

顔淵喟然歎曰 仰之彌高 鑽之彌堅 瞻之在前 忽焉在後 夫子循循然善誘人 博我以文 約我以禮 欲罷不能 旣竭吾才 如有所立卓爾 雖欲從之 末由也已

(7) 보살 화백

공자는 덕을 남김없이 행하는 자를 군자라고 부른다. 여래는 자비를 남김없이 행하는 자를 보살이라고 부른다. 덕이 자비이고 자비가 곧 덕이므로 군자나 보살이나 다 같은 뜻이다.

서울 혜화동 로터리에 보살 화백이란 별명을 지닌 노화백이 있었다. 목은 학처럼 길었고 깡마른 체구에 술을 좋아했고 취하면 들판을 달리는 사슴처럼 걸림이 없었다. 세속의 일로 속이 언짢아지면 술로 풀었다. 취해서 혜화동 골목을 어슬렁거리며 다니는 보살 화백을 이웃들은 누구나 다 알아 모셨다. 너무나 선한 화가라는 것을 그들도 알았던 까닭이다.

돈을 많이 낼 터이니 그림을 달라는 사람을 보살 화백은 제일 싫어했다. 물론 내놓고 내색은 하지 않지만 보살 화백의 내심을 누구나 읽을 수 있다. 코를 만지면서 묘하게 웃는 모습에서 그러한 속내를 맡을 수 있었다. 더운 여름이 가고 가을바람이 불던 어느 날 보살 화백은 부처의 팔상도를 켄트지 위에 그려 놓고 우두커니 앉아 담배를 피워 물고 있었다. 바로 그때 돈을 낼 터이니 그림을 달라는 말이 입에 붙어 있는 사람이 들어왔다. 보살 화백은 얼른 팔상도 밑그림을 엎어서 눈에 뜨이지 않게 하고서는 눈인사를 하고 입을 다문 채 파이프만 빨았다. 저 사람은 유명한 화상인데 왜 그림을 주지 않느냐고 물었다. 빙그레 웃고 한참 뜸을 들인 보살 화백은 어렵게 입을 열어 들릴 듯 말 듯 이렇게 웅얼거렸다. "팔 줄은 알지만 볼 줄은 몰라."

　보살 화백의 웅얼거림은 공자가 자공에게 들려준 이야기를 생각나게 한다. 보석을 보석으로 볼 줄 알고 값을 내는 사람을 만나면 서슴없이 팔겠다는 공자의 말은 아무리 돈을 많이 낸다고 한들 그것은 팔려 결국 돈이 될 것이므로 보석을 사겠다는 사람에게는 팔지 말라는 뜻으로 들리는 까닭이다. 공자가 팔고 싶어하는 보석은 무엇일까? 인의라는 보석일 것이다. 보석을 돈으로 보면 이미 보석이 아니요, 그림을 돈으로 보면 이미 그림이 아니다. 말로만 인의를 팔고 행동으로 사지 않으면 이미 인의가 아니다. 이러한 공자의 속뜻을 자공이 알아들었는지 알 길이 없다. 공자가 자공에게 던진 말씀의 속뜻이나 보살 화백의 웅얼거림이 지닌 속뜻은 한길로 통한다.

🫖 자공과의 담론

아름다운 옥이 여기 있다면 궤에 넣어 감추어 두겠습니까? 아니면 좋은 값을 주는 사람을 찾아 파시겠습니까? 이렇게 자공이 공자께 물었다. 팔고말고 팔고말고. 나는 값을 놓을 사람을 기다리고 있다.

子貢曰 有美玉於斯 韞匵而藏諸 求善買而沽諸 子曰 沽之哉 沽之哉 我待賣者也

제4장
〈선진(先進)〉편

1. 〈선진(先進)〉편의 체험

(1) 인간의 짓들

사람은 가만히 멈추어 있는 돌이 아니다. 끊임없이 움직인다. 그렇
다고 끊임없이 흐르는 물 같은 것도 아니다. 한 갈래로만 흐르는 물은
가는 길만을 따라 흐른다. 그러나 사람의 움직임은 수만 갈래로 뻗치
고 굽이친다. 몸만 움직이는 것이 아니라 마음도 움직인다. 무엇보다
인간에게는 마음 씀씀이가 중요하다. 인간이 산다는 것은 마음을 쓰
는 일이라고 보아도 된다. 마음을 어떻게 쓰느냐에 따라 그 사람의 행
동이 드러난다. 선한 마음을 쓸 수도 있고 악한 마음을 쓸 수도 있으
며 눈치를 보면서 그것을 쓸 수도 있다.

공자는 제자들에게 무슨 일이 있어도 마음을 선하게 쓰라고 가르친
다. 선하게 마음을 쓰는 것을 덕행이라고 한다. 덕행을 실천하는 제자
를 공자는 제일 앞자리에 앉힌다. 안연이라는 제자가 그 자리를 차지
했었다. 그 안연이 나이 사십에 명을 달리하자 공자는 절망했고 비통
함을 이기지 못했다. 하늘을 서슴없이 원망하면서 이럴 수 있느냐며
공자는 통곡했다. 이렇게 절망하는 공자로부터 우리는 인간의 짓들
중 무엇이 가장 귀하고 값있는가를 헤아려 보게 된다.

가장 불행하고 살벌하며 잔인한 시대는 덕을 지닌 사람을 바보처럼
바라보는 세상이다. 덕이 있는 사람은 남을 이롭게 하는 것에 만족한
다. 그러나 사람들은 이러한 만족은 항상 자기를 손해보게 한다고 생
각한다. 그래서 남에게 덕행을 요구하면서도 스스로는 덕을 행하는

데 인색하다는 것을 감추려고 한다. 사람들이 교묘하게 쓰고 있는 탈은 바로 이러한 숨김에서 비롯된다. 공자는 우리로 하여금 그러한 탈을 벗어던지라고 타일러 준다. 〈선진〉 편을 읽으면 덕에 인색한 나 자신이 부끄러워진다.

공자는 승부의 세계를 피하라고 하지 않는다. 승부의 세계는 경쟁을 인정하고 들어가게 마련이다. 공자가 말하는 경쟁이란 무엇일까? 남과의 경쟁이 아니라 바로 자기와의 경쟁을 말한다. 남하고 싸워서 이기려고 하는 사람은 지게 마련이고 자기와의 싸움에서 이기려고 하는 사람이 진정한 승리자임을 공자는 헤아려 보게 한다. 현대인은 이러한 승리를 믿지 않으려고 한다. 인생은 싸움이며 그 싸움은 남과의 경쟁에서 이겨야 한다는 믿음으로 무장하고 살고 있기 때문이다. 이러한 현대인의 믿음을 〈선진〉 편은 반성하게 해 준다.

남의 호주머니에 든 것을 빼앗아 자기 호주머니에 넣으려고 하는 사람은 항상 자신의 호주머니를 노리는 상대가 있다는 것을 미처 모른다. 혹을 떼려다 혹을 붙이고 제 발을 제 손에 든 도끼로 찍는 경우를 당하면서 현대인은 억울하다고 한을 품거나 땅을 친다. 그러나 땅을 친다고 패배한 자신이 되돌려지는 것은 아니다. 왜냐하면 패배의 근원은 남에게 있는 것이 아니라 바로 자신에게 있기 때문이다. 덕을 행하는 사람은 패배하지 않는다. 항상 자기와의 싸움에서 이기므로 항상 승리자가 된다. 공자가 말하는 승리자란 누구인가? 안연과 같은 사람이다. 그러나 〈선진〉 편에서는 오히려 안연이 아닌 다른 제자들을 통해서 공자는 인간의 짓들을 보여준다. 말하자면 덕이 모자라는 제자들을 통해 우리를 반성하도록 한다.

하루를 살았으면 그 하루를 마감해 버릴 것이 아니라 반성해 보아야 함을 〈선진〉 편은 보여 준다. 공자와 제자들과의 문답에서 그러한 면을 체험할 수 있고 공자의 말씀에서도 그러한 면을 만날 수 있다. 공자는 우리가 하나의 인간임을 그대로 보여 준다. 공자는 인간이라면 어긋나는 짓을 하지 말아야 하는 연유를 살피게 한다. 인간이 앓는 모든 아픔은 어긋난 짓들에서 비롯되기 때문이다. 이를 위해 예에서 벗어나지 말라고 공자는 당부한다. 예란 무엇인가? 덕에 부끄러움이 없는 생각이요 행위라고 여기면 된다. 공자는 이를 믿었고 그래서 인간을 믿는다. 왜냐하면 인간은 선을 사랑하므로 덕을 믿는다고 공자는 보았기 때문이다. 〈선진〉 편에서는 이러한 믿음의 선언을 역력하게 만날 수 있다. 이처럼 〈선진〉 편은 사람을 저울질한다.

(2) 수수한 것과 화려한 것

마음가짐의 문제는 악(樂)으로 풀고 마음쓰기의 문제는 예(禮)로 푼다. 악은 마음속을 문제로 삼고 예는 마음 밖을 문제로 삼는다. 마음속이란 바로 인간 그 자신을 말하고 마음 밖이란 인간 그 자신과 타인들과의 관계를 말한다. 그러므로 악은 나 자신과의 관계를 말하며 예는 나와 남과의 관계를 말한다.

〈선진〉 편에서 공자는 그 예악을 가장 먼저 말한다. 공자는 왜 그렇게 했을까? 예악으로 인간의 됨됨이가 밝혀지는 까닭일 게다. 옛날의 예악은 수수했지만 지금의 예악은 화려하다고 공자는 평하고 있다. 수수한 것을 공자는 야인(野人)이라고 밝히고 화려한 것을 군자라고 밝힌 다음 자신은 야인을 좇는다고 단언한다. 여기서 우리는 어리둥절해진다. 모름지기 군자가 되라고 설파한 공자께서 군자보다는 야인을 따르겠다니 어리둥절해진다. 그러나 진정한 군자는 마음속에 감출 것이 없고 행동에 숨길 것이 없어야 한다는 군자의 길을 생각해 본다면 이 말을 헤아릴 수 있다.

군자라면 샛길이나 지름길을 찾지 마라. 군자라면 곧게 뻗은 큰길을 가라. 이것이 군자의 도가 아닌가. 수수한 것이란 바로 곧게 뻗은 큰길에 비유하면 된다. 샛길이나 지름길을 택하는 것은 걷는 일을 줄여서 땀을 덜 흘리고 목적지에 도달하겠다는 욕심이 아닌가. 사람의 욕심이란 무엇인가를 감추려 들고 숨기려 들기 마련이다. 욕심의 눈에는 남의 밥의 콩이 항상 커 보이는 까닭에 자기의 콩을 더 크게 하려고 감추고 숨기는 짓을 한다. 그래서 욕심은 사람을 항상 약게 만들고 약은 마음과 약은 행동에서는 야심의 싹이 트는 법이다. 야인의 마음은 수수할지언정 야심을 모른다. 그러나 샛길만 찾는 약은 사람의 마음은 세련된 반면 야심으로 눈이 번득인다. 화장을 짙게 한 여인의 얼굴이 예쁜가 아니면 있는 그대로의 여인의 얼굴이 예쁜가? 화장한 얼굴은 무엇인가 감추고 숨긴 얼굴이요, 그대로인 얼굴은 수수한 것일 뿐이다. 예악에도 화장한 것이 있는가 하면 그대로인 것도 있다는 것을 공자는 살피게 한다.

마음을 숨기지 말며 행동을 감추지 마라. 〈선진〉 편에서 공자가 제자들과 문답하는 장면에서 위와 같은 충고를 들을 수 있다. 당돌한 자로의 말을 듣고 공자는 미소를 머금고 소심한 염유의 말을 듣고는 아무런 내색을 하지 않는다. 증석이란 다른 제자가 그 연유를 묻자 공자는 하나는 지나치게 적극적이어서 예에 어긋나고, 하나는 지나치게 소극적이어서 이 또한 예에 어긋난다고 토를 달았다. 어긋남이 없는 것을 공자는 좇고 있는 셈이다. 그렇다면 어긋남이 없는 예악이란 어떤 것일까? 그것은 중용의 예악임을 헤아릴 수 있게 한다. 〈선진〉 편을 읽게 되면 중용의 인간형을 체험할 수 있다.

화려한 것은 중용을 화장할 수는 있어도 그대로이게 할 수는 없다.

틀이나 규격에 꽉 얽매였던 조선조의 예를 보라. 별의별 규범으로 사람을 묶기만 했지 풀어 주지는 않았다. 심하게 묶으면 피가 통하지 않는 법이다. 조선조의 예는 꽉 죄는 매듭이 되어 숨통을 막아 사람들이 숨을 제대로 쉴 수 없었다. 사이비 군자들이 야인의 숨통을 쥔 것이다. 말하자면 예를 지나치게 묶었던 셈이다. 공자는 이를 반대한다.

화려한 것이 지나치면 중용은 여지없이 상처를 입는다. 현대는 중용을 기회주의 발상처럼 여기려고 덤빈다. 모든 면에서 현대인들은 끝장을 보아야 속이 시원하고 후련하다고 서슴없이 단정한다. 화려한 것이 얼마나 거친 것인가를 뉘우칠 줄 모른다. 현대인은 살벌하게 군상을 이루면서 으르렁거린다. 이러한 현실은 예가 여지없이 난도질당하는 꼴을 보여 주는 것이다. 고삐 풀린 망아지가 남새밭을 망가지게 하는 것처럼 인간은 이제 위아래를 모른다. 나만 잘되면 그만이지 남이야 어떻게 되든 알 바 아니라는 생각을 갖고 행동하려고 한다. 이것은 무례의 절정인 셈이다. 〈선진〉편은 이러한 절정에서 내려와야 사람 구실을 제대로 할 수 있다는 것을 체험하게 한다. 지나치고 어긋난 현대인들은 〈선진〉편을 읽게 되면 철이 들 것이다. 나만 아는 것이 가장 어리석음을 알게 될 것이다.

(3) 귀신을 알아 무엇할까

공자께 귀신을 물었다. 그러자 공자는 사람도 잘 모르는데 귀신을 알아 무엇을 할 것이냐고 반문했다. 다시 공자께 죽음을 물었다. 이에도 공자는 삶도 잘 모르면서 죽음을 알아 무엇을 할 것이냐고 반문했다. 이처럼 공자는 사람과 삶에 대해 알려고 했다. 알지 못하면서 깨우친다는 것을 공자는 믿지 않았다.

공자가 밝히는 앎이란 무엇인가? 아는 것을 안다 말하고 모르는 것을 모른다고 말함이 곧 아는 것이라고 단언한다. 알면서도 모른 체하고 모르면서도 아는 체하지 말라는 말이다. 사람에 대해서도 아직 잘 모르면서 귀신을 안다고 말하면 허세이다. 삶에 대해서도 아직 잘 모르면서 죽음을 들어 이렇고 저렇게 말하는 것 역시 거짓일 뿐이다. 거짓과 허세는 사람을 무지로 몰아가기 쉽다. 이러한 사실은 항상 진실이요, 변함없는 진리이다. 사람을 혹하게 해서 옳은 것을 그르다 하고 그른 것을 옳다 하는 일이 세상에서는 빈번하게 일어난다. 똥 묻은 개가 겨 묻은 개를 흉보는 일은 얼마든지 볼 수 있고 악이 선을 잡아먹는 경우도 얼마든지 볼 수 있다. 이 모든 불행은 앎을 편리한 대로 이용해서 일어나는 인간의 짓들에서 비롯된다. 그래서 사람을 편리한 대로 이용하지 말 것이며 죽음을 앞세워 삶을 저당잡히지 말라고 하는 것일 게다.

삶 그 자체를 보라. 그리고 사람 그 자체를 보라. 이것이 공자의 참뜻임을 〈선진〉 편을 통해 알 수 있다. 공자를 팔았던 수많은 후예들은 이러한 참뜻을 교묘하게 유린했다. 신분 계급을 정하여 엄격한 반상(班常)을 만들어 놓고 양반의 틀에 끼여든 사람들은 위이고 상것들은 모조리 아래라고 정했던 조선 시대의 사대부들은 공자의 참뜻을 유린한 셈이다.

공자는 한없이 넓고 깊은 박애주의를 앞세웠고 사람의 능력은 다를지언정 사람 그 자체는 다르지 않음을 밝혔다. 그래서 공자는 못난 제자도 사랑했고 잘난 제자도 사랑했으며 된 제자도 사랑했다. 다만 된 제자를 더더욱 아꼈을 뿐이다. 된 제자란 사람이 무엇이며 삶이 무엇인가를 천착했던 안연이나 민자건 같은 문하들이었다. 안연은 무엇보다 덕을 알려고 했고 알고 있는 덕을 그대로 실생활에서 실천에 옮기려고 했다. 그 실천이 곧 인의이다. 인의 그것은 덕의 나타남이다. 공자는 무엇보다 사람들이 인의를 알아야 하고 그 앎을 실천해야 삶이 옳게 됨을 확신했다.

위와 같은 확신을 실제로 증험해 주려고 공자는 제자들과 끊임없이 문답의 대화를 나눈다. 〈선진〉 편에서는 주로 제자들이 무엇인가를 묻고 공자는 주로 응답한다. 대화를 통해 자신을 알게 하려는 공자의 의도와 소크라테스의 의도는 서로 통한다. 왜냐하면 "너 자신을 알라." 고 외쳤던 소크라테스의 절규도 공자의 그것과 닮아 있기 때문이다. 속에 감추어 놓은 것을 드러나게 하는 말을 통해 어떻게 사람을 알고 있으며 삶을 알고 있는가를 공자는 알고자 했다.

공자는 사람을 위해 사물을 말했지 삶을 위해 죽음을 말하지 않았다. 그렇다고 공자가 죽음을 부정한 것은 아니다. 사람의 명은 하늘에 있음을 믿었다. 생사를 사람의 힘으로는 어떻게 할 수 없다는 것을 공자는 분명히 알았기 때문에 인간이 알 수 없는 경지라면 그 경지를 따르고 선하게 믿으라는 입장을 취했다. 결국 공자는 귀신을 두려워할 것이 아니라 사람을 두려워할 것이며 죽음을 두려워할 것이 아니라 삶을 두려워하라고 우리들에게 가르쳐 주고 싶었던 셈이다.

귀신이 아니라 사람을 두려워하라. 사람이 귀하기 때문이다. 이는 사람을 짓밟지 말고 사랑하라는 말이다. 죽음이 아니라 삶을 두려워하라. 삶이 귀하기 때문이다. 이는 삶을 탕진하거나 타락시키지 말고 삶을 소중히 사랑하라는 말이다. 지금 우리는 사람을 사랑하는가? 벗으로 여기면 사랑하는 것이고 경쟁의 대상으로 여기면 경계하는 것이다. 지금 우리는 삶을 사랑하는가? 우리 모두 더불어 살아야 한다고 여기면 사랑하는 것이고, 나만 잘살면 된다고 여기면 소모하는 것이다.

(4) 다를 바가 없는 정

부모와 자식 사이를 천륜이라고 한다. 천륜이란 하늘이 갈래갈래를 밝혀 준다는 말이다. 노자는 하늘이 만물을 다 같이 본다고 했고 공맹은 하늘이 사람을 만물과는 달리 본다고 믿었다. 그래서 공자의 뜻으로 사람과 삶을 헤아렸던 맹자는 사람에게는 사람의 짓이 있고 개에게는 개의 짓이 있다고 보았다. 즉 사람과 짐승은 서로 다르다는 것이다. 이를 인수지변(人獸之辨)이라고 했다.

목숨은 모두 숨을 쉬고 움직인다. 이를 생물이라고 한다. 옛날부터 의식하지 않는 것은 음양(陰陽)이고 의식하는 것은 귀신이라고 보았다. 물론 여기서 귀신이란 모든 목숨의 혼을 말한다. 개 귀신도 있고 개구리 귀신도 있는 셈이다. 나아가 개도 의식이 있을 것이고 개구리도 의식이 있을 것이다. 어느 생물이나 죽임을 당하게 되면 몸부림을 친다. 왜 몸부림을 치는 것일까? 이는 아무리 미물일지라도 나름대로 의식하는 까닭이다. 그러니 사람만 의식한다고 장담할 것은 없다. 목숨에 누가 의식을 주었을까? 노장은 도가 주었다고 말하고 공맹은 하늘이 주었다고 보았다. 도나 하늘이나 모두 같은 말이다. 그래서 인심이나 천심은 다 같다고 보았다.

인간의 천심을 정리(情理)로 보아도 된다. 정리를 왜 천륜이라고 하는가? 그것은 만인이 모두 같게 지니고 있는 까닭이다. 사람은 사람답게 느끼고 생각하고 이해하며 판단한다. 그래서 감정도 있고 이성도 있게 마련이다. 무수한 감정을 사람들은 나름대로 간직하고 이성도 간직한다. 그래서 백인백색이라는 말이 생겨났다.

그러나 사람이라면 누구나 간직하고 있는 감정과 이성이 있다. 그것은 무엇인가? 부모의 정이다. 공자는 부모의 정을 중심에 두었던 사람의 선생이요, 삶의 성인이었다. 부모의 정은 인의의 원천으로 보아도 된다. 〈선진〉 편에서는 그러한 공자를 구체적으로 만날 수 있다.

안연이 죽었을 때 안로는 공자의 수레를 팔아서 안연의 관을 사서 장례를 성대하게 치르자고 했다. 안로는 안연의 아버지이다. 이렇게 청하는 안로에게 공자는 이렇게 말했다.

"잘난 아들이든 못난 아들이든 아버지가 갖는 정은 다름이 없는 것이오. 안연은 내가 사랑하는 제자지만 그 사랑이 내 아들에 갖는 정과는 다르오. 나는 내 아들이 죽었을 때도 나는 내 수레를 팔아서 덧관을 만들어 주지 않았지요. 그러니 내 수레를 팔아서 안연의 덧관을 마련할 수는 없지요."

안로가 죽은 아들을 생각하는 정이 선생의 수레를 팔아서라도 안연의 혼을 성대하게 위로해 주고 싶었던 것을 공자는 이해한다. 그러한 정은 한이 없어서 예를 벗어나기 쉽다. 공자는 이를 경계해야 한다고 타일러 주었던 셈이다.

인간의 행위가 어떤 것이든 예를 벗어나면 안 된다고 공자는 보았다. 예는 어긋남이 없는 사람과 사람의 관계로 보면 된다. 겸손하고 양보하는 마음의 행위는 예를 만족시키지만 너무 지나친 겸양도 어긋남이며 너무 처지는 겸양도 어긋남이다. 되도록이면 사리에 알맞아야 한다. 이것이 예의 중용일 것이다.

부모의 적은 모두 같다. 죽은 아들이 슬퍼 흘리는 아비의 눈물에 귀천이란 없다. 모두 같은 눈물이다. 그러한 눈물을 금쟁반에 받는다고 더욱 슬픈 것도 아니며 오지 그릇에 받는다고 덜 슬픈 것도 아니다. 슬퍼할 일이면 슬퍼하고 기뻐할 일이면 기뻐하면 된다. 그러므로 여기에 무슨 의미를 붙여서 꾸미고 과장해서는 안 된다. 인간이 마음을 꾸미고 행동을 꾸며서 무슨 의미를 부여하여 과도하게 포장하려고 하면 할수록 과시욕이 생기는 법이다. 공자는 이를 멀리하라 했다.

겸양은 있는 그대로의 마음을 떠나면 허식일 뿐이다. 허식이나 허세가 마음의 성실을 앗아가는 제일의 도둑인 셈이다. 공자는 이러한 도둑들을 무서워하고 두려워한다. 인간은 양과 같을 수도 있고 살쾡이처럼 될 수도 있다. 그렇게 할 수 있게 하는 것이 정이다. 그러한 정을 갈무리할 수 있는 근원은 어디에 있을까? 부모의 정에 있다고 보아도된다. 그러한 부모의 정을 바탕 삼아 꾸며서 덧보이게 장식하는 정을 다스린다면 인간의 허세는 부끄러워질 것이다.

2. 공자의 어록

(1) 세련됨이 탈이다

악(樂)은 마음에서 나오고 예(禮)는 밖에서 이루어진다. 그러므로 악은 마음속의 만족이고 예는 행동에 속한다. 악의 만족은 화합을 덕으로 하고 예의 행동은 질서를 덕으로 삼는다. 화합하는 마음은 행동을 문란하게 하지 않으므로 예악이 어우러진다. 또한 앞뒤를 아는 행동은 마음속을 어지럽히지 않으므로 예악이 또한 어우러진다. 이처럼 악과 예는 따로 있는 것이 아니라 함께 어울려 있어야 한다. 악은 사람을 충만하게 하고 예는 사람을 절제하게 한다. 충만과 절제는 함께 있어야 한다.

악이 예를 떠나 홀로 기승을 부리면 방탕하고, 예가 악을 떠나 기승을 부리면 정이 떨어져 서로 멀어지게 된다. 이처럼 악은 내 마음속을 헤아리게 하고 예는 남의 마음을 헤아리게 한다. 염치도 없는 사람을 낯가죽이 쇠가죽 같다고 흉보는 것은 예를 잊은 탓에 빚어지고 제멋대로 구는 사람을 엉덩이 뿔난 송아지 같다고 흉보는 것은 악을 잊은 탓에 빚어진다.

예악을 꾸미지 마라. 꾸미는 것은 가짜일 뿐이다. 가짜 인간이란 누구인가? 겉과 속이 다른 인간을 두고 그렇게 말한다. 겉으로는 웃으면서 속으로는 엉큼하게 남의 것을 노리는 마음은 흉악범의 손에 들려진 칼이나 되는 대로 사는 망나니의 방탕이나 방종과 같다. 겉모양은 아주 세련되게 꾸밀 줄 알면서도 마음 씀씀이가 더러운 인간들을 보면 꾸밈없이 질박하고 수수한 사람이 그리워진다.

위 나라 임금이 자하(子夏)에게 옛날 음악을 들으면 지루하지만 현대 음악을 들으면 기쁘다고 하면서 그 이유를 묻자, 자하는 "옛날 음악의 음은 예를 따라 사람의 마음을 진정시켜 편안하게 하지만 현대 음악의 음은 예를 떠나서 사람의 마음을 흥분만 시킵니다. 음악이란 것과 음은 같은 것이 아닙니다."라며 임금에게 응해 주었다.

이러한 이야기는 오늘날에도 통하는 모양이다. 이러한 일화가 있다. 똑같은 환경의 잔디밭을 두 개 만들어 놓고 한쪽 잔디에는 고전 음악만을 들려주고 다른쪽 잔디에는 재즈만 들려주었다고 한다. 일 년이 지난 뒤에 보았더니 고전 음악을 들은 잔디는 청순하고 곱게 죽죽 자라 있었고, 재즈만 들은 잔디는 크지 못한 채 서로 뒤엉켜 있었다는 것이다. 음악은 우리를 흥분시켜야 좋을까 아니면 진정시켜야 좋을까? 공자는 사람을 진정시켜 철들게 하는 음악을 택하라고 한다. 아무리 세련되게 꾸며졌다고 해도 질박한 진실만 못함을 공자께서 밝힌 셈이다.

🌱 공자의 말씀

옛날 선배들의 예악은 꾸민 것 없이 야인다웠다. 그러나 지금 후배들의 예악은 세련되고 화려하다. 만일 둘 중에서 하나를 택한다면 옛날 선배들의 것을 좇겠다. 이렇게 공자는 밝힌다.

子曰 先進於禮樂 野人也 後進於禮樂 君子也 如用之 則吾從先進

(2) 사람 됨됨이의 차례

사람중에는 좋은 사람도 있고 나쁜 사람도 있다. 아무개는 어떤 사람이냐고 묻는 경우가 허다하다. 그리고 무슨 일을 하기 위해 사람이 제일 문제라면서 맡길 사람을 찾을 때 그 사람의 됨됨이를 보려고 한다. 물론 오늘날에는 인품에 앞서 그 사람의 능력을 먼저 따지려는 풍조가 앞서고 있다. 이러한 풍조에 너무 매달리다 보면 뒤끝이 별로 신통치 않게 끝나는 경우가 빈번하게 일어난다. 사람의 인품과 능력은 서로 다르기 때문이다. 능력은 재주에서 비롯되고 인품은 덕에서 비롯되는 까닭이다.

덕은 베푸는 마음을 앞세우지만 능력은 요구하는 마음을 앞세운다. 옛날에는 스포츠를 놀이로 했지만 이제는 커다란 스포츠가 하나의 커다란 사업이 되었다. 기업들은 이를 위해 엄청난 돈을 주고 선수들을 사 온다. 연봉을 얼마나 받느냐를 놓고 사람의 값을 따지게 된다. 스포츠만 그런 것이 아니다. 이른바 전문 경영인의 경우도 마찬가지다. 사업 수완의 능력에 따라 고임금을 받기도 하고 그렇지 않기도 한다. 이 또한 월급을 얼마나 받느냐를 두고 사람의 값을 따지는 경우이다. 이때의 사람값은 능력을 기준으로 삼지 그 사람의 인품으로 따지지 않는다.

재주가 앞서면 덕이 모자란다고 한다. 재주만 믿고 천방지축으로 나불대고 저만 잘났다는 착각에 사로잡힌 사람은 남을 얕보고 존중할 줄 모른다. 모든 것을 지식의 양으로 따지려고 하고 사람과 사람 사이에 있어야 할 도리를 저버리는 경우가 있다. 이는 모든 것을 이용의 대상으로만 보기 때문이다. 그러나 덕 있는 사람은 주변을 살펴서 무엇이 사람들을 불편하게 하는가에 신경을 쓴다. 덕은 사람의 허물을 용서하며 덮어 주고 약한 사람을 감싸 주면서 힘을 북돋워 주어 서로 함께 살맛을 나누게 한다. 선을 위해 이롭게 하는 것이 덕이므로 덕은 사람을 외롭게 하지 않는다. 덕은 사람을 이용하지 않고 돕는다. 그래

서 공자는 덕행을 삶의 근본으로 삼아야 한다는 뜻을 항상 상기시켜
준다.

그러나 사람들은 한사코 공자의 그러한 당부를 멀리하면서 재주만
앞세워 세상을 얕잡아보려고 한다. 이러한 성품 탓에 사람들은 서로
싸움을 하듯 팽팽히 삶의 줄을 당기면서 제 몫만 챙기려고 한다. 왜
우리가 사는 세상은 살벌한가? 덕이 있는 사람을 무능하다고 흉보는
탓에 우리는 피를 말리며 살 수밖에 없다.

공자는 쉰 여섯에 조국인 노 나라를 떠났다. 나라를 잘되게 하려고
했지만 공자의 뜻을 들어주지 않아 나라를 떠나 진 나라, 채 나라 등
지를 돌아다니면서 왕도를 설파했다. 그러나 아무도 공자의 뜻에 귀
를 기울여 주지 않았다. 힘으로 세상에 군림하던 군왕들에게 덕으로
세상을 다스리라는 공자의 말씀은 눈엣가시와 같았다. 그래서 공자는
수많은 고생을 한 다음 예순 아홉에 다시 조국으로 돌아와 고생만 하
고 벼슬 하나 못한 제자들을 향해 미안한 마음을 나타내면서 제자들
의 됨됨이를 밝혔다. 덕 있는 제자를 맨 먼저 말하면서 능력 있는 제
자들을 살폈다.

왜 공자는 덕 있는 제자를 가장 아꼈을까? 서로 더불어 살아야 하는
인간에게 있어 서로 믿고 의지하며 벗이 되게 하는 덕을 모든 선의 근
본으로 삼았던 까닭이다. 말솜씨가 능한 제자나 이를 처리하는 수완
이 능란한 제자나 넓은 지식을 갖춘 제자보다 덕 있는 제자를 가장 앞
자리에 공자는 두었다.

🌱 공자의 말씀

나를 따라 진 나라, 채 나라 등지를 돌아다니느라 고생들이 많았다.
고생만 했지 아무도 벼슬 하나 하지 못했구나. 고생한 제자들 중에

덕행으로는 안연, 민자건, 염백우, 중궁이 뛰어났다. 언변은 재아, 자공이 뛰어났고 큰일을 처리하는 데는 염유와 계로였고 박학하기로는 자유와 자하였다. 이렇게 공자는 술회하였다.

子曰 從我於陳 蔡者 皆不及門也 德行 顔淵 閔子騫 冉伯牛 仲弓 言語 宰我 子貢 政事 冉有 季路 文學 子游 子夏

(3) 은퇴한 선생의 회고

정년 퇴임을 한 선생은 제자들이 늙어 가는 모습을 보면서 세월의 흐름을 읽는다. 제자들은 정정했던 선생님이 백발이 되어 있는 모습을 보고 자신도 그만큼 나이가 들었음을 확인한다. 이렇게 사제 사이는 세월의 흐름과 더불어 함께 살면서도 만나면 항상 과거로 돌아가 말을 나누게 된다.

이제 늙어 버린 선생은 제자들의 이름을 열거하면서 지금 무얼 하느냐고 제자들에게 물어보게 마련이다. 노선생이 안부를 묻는 제자들 중에는 학창 시절에 속을 많이 썩였던 문제아들이 더 많다. 고분고분 말을 잘 듣고 공부를 잘했던 제자들보다 오히려 선생의 마음속에는 그런 제자들이 오래오래 간직되기 때문이다. 물론 공부를 잘했던 제자도 잊혀졌다가 만나면 '아아, 수재였던 누구'라는 생각이 떠오르게 마련이다. 그런데 왜 속을 타게 했던 문제아들을 선생은 더 잊지 못할까? 만에 하나라도 세상살이를 잘하지 못할까 봐 안부를 묻기도 하지만 모범생보다도 문제아를 가르쳐야 한다는 생각이 신경을 더 쓰이게 했으므로 선생은 그 제자를 기억하면서 잊지 못하는 것이다.

공자께서 안연은 별로 도움이 되지 않았던 제자라고 일컬었던 것은 그가 신경쓸 것도 없이 선생의 가르침을 잘 따랐던 것을 말해 준다.

모범생은 선생의 마음을 편하게 해 주므로 선생에게 가르쳐 고쳐 주어야 한다는 생각을 덜 지니게 한다. 안연 같은 제자는 선생의 일을 덜어 주었을 것이니 공자는 둘러서 별 도움이 되지 않는 제자가 안연이었다고 말했을 것이다. 어디 공자만 그러한가. 어느 선생이든 정년 퇴임을 한 후에 제자를 만나면 문제아들의 안부를 물으면서 보고 싶어한다. 인생의 길을 제대로 걷기를 바라는 마음에서 그렇게 한다. 하물며 모든 사람의 선생인 공자의 마음이야 더 물을 것이 없을 것이 아닌가.

🌿 공자의 말씀

회(안연)는 나에게 도움을 주는 제자는 아니었다. 내가 하는 말을 모조리 알아들었고 기뻐했다. 이렇게 공자는 말했다.

子曰 回也非助我者也 於吾言無所不說

(4) 계모를 구한 효자

공자의 제자 중에서 효행으로는 민자건을 든다. 민자건은 어려서 어머니를 여의었다. 어머니 없이 자란 어린 민자건의 마음속은 항상 어머니에 대한 그리움으로 그득했다. 사람이란 있으면 귀한 줄 몰라도 없으면 귀한 줄 아는 법이다. 어머니의 사랑은 물고기가 노닐 수 있게 하는 물속과 같아서 그 고마움과 따스함을 알기 어렵다. 뭍에 올라온 물고기가 퍼득거리는 것은 물을 잃었기 때문이듯 어린 아이도 어머니를 잃으면 마른 땅위의 물고기 같은 심정이 될 것이다.

그래서 민자건은 계모 밑에서 자랐다. 갖은 학대와 구박을 받으면서 자랐지만 그저 계모의 뜻을 어기지 않으려고 했을 뿐 분노하거나 한을 품거나 앙심을 품지 않았다. 어느 추운 겨울 날 아버지의 수레를 몰고 가던 민자건이 말고삐를 놓쳐 버렸다. 아버지가 유심히 보니 입은 옷이 얇고 손이 얼어서 말고삐를 놓친 것이었다. 집에 돌아와 이복 동생들의 옷을 보니 아이들의 옷은 두꺼운 솜옷이었다. 홑옷을 걸친 민자건을 본 아버지는 배다른 아들을 차별한 계모를 내쫓으려고 했다. 그러자 민자건은 울면서 아버지에게 그러지 말기를 간청했다.

기가 막힌 아버지는 왜 그러느냐며 물었다. 그러자 민자건은 다음처럼 읍소했다. "계모가 계시면 나 혼자만 춥게 옷을 입어도 되지만 계모가 없으면 우리 형제 모두가 헐벗게 됩니다. 저 혼자 홑옷을 입으면 어떻습니까. 다른 형제들이 추위에 떨지 않으니 얼마나 다행입니까." 민자건의 아버지는 할말을 잃었다. 매몰찬 후처를 둔 민자건의 아버지는 후회를 했고 아들의 얼굴을 볼 낯이 없었다.

한편 쫓겨나게 된 계모는 민자건의 읍소를 엿들었던 모양이다. 그 말을 들은 계모는 진실로 뉘우쳐 전처의 아들이라는 생각을 버리고 따뜻한 어머니 노릇을 하게 되었다고 한다. 이처럼 효는 웃어른을 편안하게 하지만 때로는 윗사람을 부끄럽게 하여 뉘우치게 하기도 한다. 누가 효를 낡았다고 할 것인가. 어버이를 섬기는 것은 목숨을 사랑해야 한다는 내리받이인 것이다. 불효를 범하는 사람은 세상살이에서 거짓을 범하기 쉽다.

🌿 공자의 말씀

효성스럽구나, 민자건은 효성스럽구나. 부모 형제들이 그를 칭찬해도 남들이 그렇지 않다고 반문하지 않았다. 이렇게 공자는 밝혔다.

子曰 孝哉閔子騫 人不間於其父母昆弟之言

(5) 호화 분묘

　살아서는 호화 별장으로 말썽을 빚었던 사람들이 죽어서는 호화 분묘로 말썽을 일으키는 경우가 허다하다. 몇천 평의 묘역을 다듬어 갖은 호화 시설로 묘를 장식하고 썩지 않을 석관에 썩어야 할 시신을 담아 왕릉만큼 큼직한 봉분 밑에 뉘여 놓고 여섯 자 높이 두 자 두께의 우람한 비석을 세우고 옛날 사대부의 묘처럼 흉내를 낸다. 갖가지 석물을 세워 죽은 자의 아방궁처럼 꾸민 호화 분묘는 죽은 자가 돈을 많이 벌어 그 후손들에게 남겨 주었다는 증거에 불과하다. 죽은 사람을 위해 돈을 쓰면 쓸수록 욕이 돌아오게 마련이다. 그러므로 결국 죽은 자를 섬기는 것이 아니라 욕되게 할 뿐이다.

　몸 하나 묻는 데 한 평 반이면 족하다. 묘를 죽은 이의 집으로 생각하고 봉분을 집채로 치면 앞 뒤 옆으로 뜰이 있다 하더라도 서너 평 정도면 묻힌 자에게는 부족할 것이 없다. 물론 이러한 짓들도 산 사람들이 하는 것이고 눈을 감은 자는 아무것도 필요로 하지 않는다. 태어날 때 빈손으로 왔으니 갈 때도 그렇게 가는 것을 누구라도 어길 수 없다. 이것이 죽음과 주검에 대한 도리일 뿐이다. 그러나 산 사람들은 이러한 도리를 어기고 온갖 욕심을 부린다. 노장은 사람의 죽음이나 한 마리 새의 죽음이나 다를 것이 없다고 보았지만 공맹은 정성을 다해 장사를 지내 죽은 자에게 예를 갖추라고 했다. 그러한 정성은 마음이지 물질이나 돈이 아니다.

　공자가 가장 아꼈던 안연이 젊은 나이에 죽고 말았다. 창망한 공자에게 안연의 아버지인 안로가 찾아와 공자의 수레를 팔아 덧관을 만들어 안연의 주검을 덮자고 청했다. 이렇게 하면 스승이 제자에게 보내는 사랑의 징표가 될 것이라고 안연의 아버지는 여겼던 것일까,

아니면 스승의 수레를 팔아 덧관을 마련해 먼저 간 자식의 죽음을 치장해 주려고 그렇게 했을까? 아마도 안로는 앞의 생각으로 공자에게 수레를 뜯어 안연의 관 위에 얹자고 했을 것이다.

그러나 안로는 공자 같은 선생이라면 잘난 제자든 못난 제자든 모두 똑같이 대해 주고 사랑할 뿐 편애하지 않는다는 사실을 잊었던 셈이다. 공자에게는 삼천 제자가 있었으니 선생의 수레를 팔아 덧관을 마련하기 위해서는 삼천 대의 수레가 있어야 한다. 그러나 공자에게는 단 한 대의 수레밖에 없음을 안로는 헤아리지 못했다. 편애하지 마라. 이것은 죽은 자에게도 통한다.

안로의 말을 들은 공자는 아들을 잃은 아버지의 심정을 헤아리게 한다. 안로보다 먼저 아들을 잃은 슬픔을 공자는 술회한다. 쉰 하나가 되었던 아들 이(鯉)가 죽었을 때도 수레를 팔아 덧관으로 쓰지 않았다. 아무리 제자를 사랑한들 자식보다 더 사랑할 수는 없지 않은가. 젊은 나이에 요절한 안연의 죽음 때문에 아픔을 견딜 길이 없지만 안연의 주검을 위해 수레로 덧관을 만들어 씌운다고 무엇이 달라진단 말인가. 안연에 맞게 예를 갖추어 장사를 지내면 된다. 그러니 수레를 팔아 덧관을 마련할 수 없다고 공자는 잘라 말한다. 필부필녀와 마찬가지로 아비의 정을 나타내는 공자가 우리를 감동하게 한다. 보통 사람이 성인이 된 모습을 우리에게 보여 주는 까닭이다.

예를 갖추어 장사를 지내는 것은 분수에 맞게 하는 것이다. 호화 분묘의 후손들은 무덤에 돈타령을 했을 뿐 예를 갖춘 것은 아니다. 다만 산 사람들이 과시하려고 주검을 이용해 허물을 짓는 것일 뿐이다.

🌱 공자의 말씀
안연이 죽자 안로가 공자의 수레를 팔아 덧관을 마련하자고 청했다.

이 말을 들은 공자는 다음처럼 응했다. 잘났건 못났건 누구나 제 자식에 대한 정은 다 같다. 내 자식 이가 죽었을 때도 판만 있었지 덧관은 없었다. 나는 걸어다니면서까지 수레를 팔아 덧관을 마련하지는 않겠다. 나는 대부의 말석에 끼었던 일이 있어서 걸어다닐 수는 없다. 수레를 타는 것이 예에 맞는 까닭이다.

顔淵死 安路請子之車以爲之槨 子曰 才不才 亦各言其子也 鯉也死 有棺而無槨 吾不徒行以爲之槨 以吾從大夫之後 不可徒行也

안연이 죽자 제자들이 후하게 장사를 치르고자 했다. 그러나 공자는 안 된다고 했다. 그러나 안연의 장례를 성대하게 치렀다. 회는 나를 친아버지처럼 생각해 주었으나 나는 그를 내 자식처럼 대하지 못했다. 그것은 나 때문이 아니라 너희들 때문이다.

顔淵死 門人欲厚葬之 子曰 不可 門人厚葬之 子曰 回也視予猶父也 予不得視猶子也 非我也 夫二三子也

(6) 통곡하는 공자

공자는 선한 사람은 하늘이 돕는다고 믿었다. 선한 사람은 덕을 몸소 행하는 사람이다. 그러나 노자는 하늘이 선을 편들고 악을 벌준다고 믿지 않았다. 노자는 선악이 따로 있다고 보지 않았기 때문이다. 그러나 공자는 그렇지 않았다. 하늘은 선을 돕고 악을 벌준다고 생각했다. 그래서 하늘이 무섭지 않느냐고 묻기도 했고 하늘에 물어 부끄럼이 없다고도 말했다. 노자는 덕을 자연 그 자체로 보았던 셈이고 공자는 덕을 인의로 보았기 때문에 사람은 그것을 배우고 닦아야 한다고 보았던 셈이다.

덕행으로는 안연이나 민자건이 뛰어나다고 공자는 칭찬을 아끼지 않았다. 그러한 안연이 사십 무렵에 죽었다. 안연의 죽음을 보고 공자는 서슴없이 하늘을 원망한다. 덕을 행하는 것을 삶으로 여긴 안연을 일찍 죽게 한 하늘이 원망스러웠던 것이다. 인간다운 면모를 공자는 감추지 않는다. 슬픔을 슬픔이라 밝히고 기쁨을 기쁨이라고 공자는 숨김없이 밝힌다. 공자는 신비로운 성인이 아니다. 성인이면서도 너무나 인간적인 감정을 보여 주어 항상 친근감을 지니게 한다. 어느 부모든 자식을 잃으면 통곡하면서 땅을 치고 하늘을 원망한다. 공자는 안연의 죽음 앞에 그러한 면모를 숨김없이 드러낸다. "아아, 하늘이 나를 망치는구나." 이렇게 공자는 탄식하면서 하늘을 원망한다.

사람의 명은 하늘에 있다고 믿었던 때가 있었다. 물론 지금은 그렇게 믿지 않으려고 하지만 여전히 '인명은 재천'이란 말을 자주 쓴다. 인간의 생사는 인간의 힘으로는 어쩔 수 없다는 말이다. 이를 공자가 모를 리가 있었겠는가? 알면서도 공자가 하늘을 원망했던 것은 안연에게 무한한 애정을 보냈기 때문이다. 그것은 인간의 정인 셈이다.

공자가 숨김없이 통곡을 하자 한 제자가 이렇게 말을 건넸다. "선생님마저도 통곡을 했습니다." 그 말을 들은 공자는 "안연 같은 사람의 죽음을 통곡하지 않는다면 누구의 죽음에 통곡을 할 것이냐?"고 반문한다. 이 얼마나 인간다운가. 죽음을 슬퍼하는 것은 인간의 상정이다. 태어남을 기뻐할 것도 없고 죽음을 슬퍼할 것도 없다고 말하는 장자의 말은 철학적일 뿐 인간적인 말은 아니다. 안연의 죽음 앞에 통곡하는 공자는 연민하고 절망하는 인간 그 자체의 모습이다. 인간다운 모습만큼 우리를 감동시키는 것은 없다.

안연이 죽자 공자는 탄식했다. 아아, 하늘이 나를 망쳤구나, 하늘이
나를 망쳤구나.

顔淵死 子曰 噫 天喪予 天喪予

안연이 죽자 공자는 울음을 터뜨리며 참지 못해 그만 통곡하고 말았
다. 같이 갔던 사람이 선생님이 통곡하셨다고 말하자 공자는 다음처
럼 말했다. 내가 너무 애통해 하고 있는가? 그를 위해 통곡하지 않으
면 누구를 위해 통곡한다는 말이냐?

顔淵死 子哭之慟 從者曰 子慟矣 曰 有慟乎 非夫人之爲慟而誰爲

(7) 창살을 맞은 자로

위 나라에 내란이 일어났다. 싸움이 벌어지면 두 편으로 나누어 서
로의 목숨을 노리면서 서로를 적이라고 부르게 된다. 적은 적을 만든
다. 그리고 적과 적은 용서를 모른다. 적은 누가 먼저 상대의 급소에
칼을 꽂느냐에 따라 이기고 지는 것이라고 믿는다. 이러한 싸움이 벌
어진 위 나라에 자로가 있게 되었다. 불의를 보면 참지 못하는 자로가
아닌가. 싸움을 없애는 방법은 싸움밖에 없다고 자로는 판단했을까?
결국 자로는 내란에 뛰어들었다.

그곳에서 자로는 창을 맞았다. 소생할 길이 없음을 스스로 알았다.
죽음을 앞에 둔 자로는 조용히 "풀어진 갓끈을 매달라."라고 말하며
군자는 죽을 때 의관을 제대로 해야 한다고 토를 달았다. 불의에 편들
어 싸우지 않고 의를 위해 싸우다 죽는 것은 하나도 아깝지 않다는 것
을 자로는 갓끈으로 말했던 셈이다. 그러나 자로는 창살에 맞아 생목

숨을 앗기게 되었으니 조용히 명을 다한 것은 아니다. 이렇게 될 자로의 운명을 공자는 미리 알았던 것일까? 강직한 자로를 보고 공자는 조용히 죽기 어려울 것이라며 걱정한 적이 있었다.

세상에 전쟁이 사라진 적은 없다. 나라는 나라끼리 싸우고 또 사람은 사람끼리 싸운다. 서로 우방이 되기보다는 상대가 되어 겨루기를 좋아하는 국제 사회의 근성은 서로 벗이 되기보다는 원수가 되어 아옹다옹 다투기를 좋아하는 인간들의 성미에서 비롯되는 아픔인 셈이다. 공자는 이러한 아픔을 없애기 위해 벗을 찾아야 한다고 말했다. 멀리서 벗이 찾아오니 기쁘지 아니 하겠는가. 이 밀은 살아가면서 새삼스러워지는 말씀이다.

자로의 가슴에 꽂힌 창살은 누구의 손에서 왔을까? 물론 적의 손에서 날아와 꽂혔다. 적은 죽음을 부르고 벗은 삶을 부른다. 갓끈을 단정히 하고 숨을 거두면서 자로는 조용히 죽기 어려울 것이라던 선생의 말씀을 새겼을지 모른다. 그 말씀은 벗이 벗에게 들려주는 근심의 말씀이었던 셈이다. 모난 돌은 정을 맞고 강하면 부러지는 법이다. 그렇다고 기회만 엿보면서 실속만 챙기라는 말은 결코 아니다. 지나치지 말 것이며 모자라지 말 것이다. 순리를 따라 부끄럼없고 당당하게 할 일을 하면 그만이다. 다만 적으로 그렇게 하는 것이 아니라 벗으로 그렇게 하면 된다. 이것이 공자가 밝힌 삶의 악이다.

🌱 공자의 말씀

민자건이 옆에서 공자를 모셨다. 민자건은 공손한 모습이었다. 자로는 강직했고 염유와 자공은 화락한 품이었다. 이러한 제자들과 어울린 공자께서도 퍽 즐거웠다. 공자는 강직한 자로의 성미가 걱정되어 다음과 같은 말을 남겼다. 유(자로) 같은 사람은 조용히 죽기가 어렵다.

閔子待側 誾誾如也 子路行行如也 冉有 子貢 侃侃如也 子樂 若由也 不得其死然

(8) 눈치보는 사람들

윗사람의 눈치만 살피는 사람은 자신을 윗사람의 비위에 맞추어 생각하고 행동한다. 이러한 사람은 강자에게는 약하고 약한 자에게는 사정없이 매섭게 군림하려고 한다. 만일 윗사람의 눈에 벗어난 동료가 있다면 그 사람은 미운 오리 새끼 취급을 받게 마련이다. 동화 속에 나오는 미운 오리 새끼는 커서 백조가 되지만 인간 사회에서는 미운 오리 새끼가 되면 개밥의 도토리처럼 따돌림을 당하게 된다.

어느 재벌이든 회장의 장남은 모든 임원들로부터 대접을 받게 마련이다. 새로운 회장이 될 가능성이 가장 높기 때문이다. 그러나 한 재벌의 회장은 장남을 몹시 학대하면서 자재 창고의 관리자로 앉혀 놓고 허드렛일을 마구 시켰다. 뿐만 아니라 임원들 앞에서 호되게 장남을 꾸중하면서 왜 그리 무능하냐는 힐난을 일삼았다. 그래도 그 장남은 아무런 대꾸 없이 점퍼 차림으로 나와 현장에서 맡겨진 일만을 열심히 했다. 처음에 임원들은 장남을 회장께서 훈련하기 위해 회사의 사정을 가장 피부로 느낄 수 있는 현장에 포진시킨 것으로 여겼다.

그러나 한두 해가 가도 기획실 책임자나 중요한 요직으로 옮겨 앉지 못하고 계속 무능하다는 핀잔을 받자 회장의 장남을 거들떠보지 않는 임원도 생겨났고 후계자가 되기는 물 건너갔다고 여기는 임원들도 날로 늘어났다. 이에 아랑곳하지 않고 회장의 장남은 아버지의 뜻에 따라 창고지기를 하면서 큰 회사의 경영 감각을 남모르게 닦고 있었다. 자재의 반출과 반입, 자금의 흐름 등등을 꼼꼼히 살피면서 회사의 명암을 나름대로 진단하면서 아버지를 보필한다는 마음가짐을 다지고 있었다. 그렇게 몇 해가 지나고 회장은 천수를 다해 눈을 감았다.

사람들은 변호사가 입회한 자리에서 유언장을 열었다. 유언장을 본 순간 현장에 있던 임원들은 눈알이 튀어나올 만큼 당황했다. 모든 경영의 정점을 장남을 필두로 하도록 유언장에 쓰여 있었던 까닭이다. 별 볼일 없는 사람이라고 하대하고 얕보고 업신여겼던 장남이 새로운 회장이 되어 있었으니 임원들은 당황할 수밖에 없었을 것이다.

개는 도토리를 먹지 않으므로 밥통에서 도토리를 따돌려 놓지만 사람은 그렇게 하면 안 된다. 사람은 나름대로 할 일이 있게 마련이고 하는 일을 열심히 하면 결국에는 미운 오리 새끼가 백조가 되는 법이다. 명을 달리한 회장이 큰아들의 심지를 열심히 관찰하면서 회장의 자리를 잇도록 훈련을 시키고 있었던 것을 모르고 임원들은 그를 얕보았던 것이다. 알고 보면 회장은 어느 다른 아들들보다 장남에게 더 큰 애정을 지니고 있었음을 어리석은 임원들은 몰랐던 것이다.

이러한 어리석음은 공자의 제자들에게도 있었다. 공자의 집에서 어느 날 자로가 거문고를 타고 있었다. 그런데 자로의 거문고 솜씨는 몹시 거칠었던 모양이다. 그래서 공자는 지나는 말로 저렇게 거친 거문고 솜씨는 자로의 성격과 같다고 흉을 보았다. 선생이 본 흉을 다른 제자들이 듣고는 자로를 업신여기는 분위기가 생겼다. 이를 안 공자는 자로가 학문의 정상에는 오르지 못했지만 그 근처에는 가 있다고 칭찬을 아끼지 않았다. 그러자 다른 제자들이 자로를 다시 보게 되었다. 이러한 얍삽한 제자들을 공자는 어떻게 생각했을까? 정승집 개가 죽으면 문상가는 무리들로 여겼을지도 모른다.

🌿 공자의 말씀

자로가 뜯는 거문고 소리를 듣고 다음처럼 중얼거렸다. 저 따위로 거문고를 칠 바에야 하필이면 내 집에 와서 칠까? 이 말을 들은 제자들이 자로를 업신여기게 되었다. 이러한 분위기를 알게 된 공자께서는 다음처럼 자로를 칭찬했다. 유의 학문은 그만하면 집안에는 들어갈 수 있다. 아직 방안으로 들어갈 만하지 않을 뿐이다.

子曰 由之瑟奚爲於丘之門 門人不敬子路 子曰 由也升堂矣 未入於室也

(9) 화가 치민 공자

공자의 제자 중에서 정사(政事)에 밝은 자가 염유였다. 노 나라 재산의 반을 차지할 만큼 권세가 하늘에 닿았던 계손씨(季孫氏)가 공자에게 쓸 만한 사람을 하나 천거해 달라고 했다. 공자는 정사를 돌보는 일이라면 염유가 제일이라고 하면서 염유를 추천했다. 공자는 염유가 계손씨 밑에 가서 잘잘못을 가려 흐린 눈을 맑게 해 주기를 바랐다. 그러나 염유는 선생의 뜻을 저버리고 가서는 계손씨의 개 노릇을 했다. 백성들에게 과중한 세금을 물려서 계씨의 재산을 더더욱 불어나게 했다. 염유는 결국 선생의 가르침보다는 권문세도에 붙어 떡고물을 얻어먹는 마름이 되어 가고 있었다.

지주가 후덕하더라도 그 밑에서 붙어먹는 마름이 사나우면 소작인들은 배를 주려야 되고 지주가 못되었더라도 마름이 후하면 볏가마니가 찬다고 한다. 권세는 본래 썩은 양고기 덩어리 같아 개미가 붙는 법이다. 염유는 계씨의 권세를 빌어서 백성의 겨드랑이에 붙어 피를 빠는 진드기처럼 굴었다. 이런 모습을 본 공자는 화가 치밀어 올랐다. 원래 성인은 감정이 없을 만큼 화를 내지 않지만 공자는 인간다운 성인이지 초인이나 신과 같은 성인이 아니다. 오로지 인간다운 성인으로서 공자는 인간을 사랑했고 아픈 삶을 안타까워했다. 그러니 염유의 배반에 대해 공자는 분노할 수밖에 없는 것이다. 공자는 다른 제자들에게 전쟁의 북을 쳐서라도 염유를 물리쳐 버리라고 했다. 공자는 백성을 배반한 염유를 용서할 수 없었던 것이다. 언제쯤 권력을 지향하는 인간들이 사라져 권세의 개 노릇을 하는 인간이 없어질까? 어느 세상이나 염유 같은 인간들 탓에 백성은 신음하는 것이다.

🌱 공자의 말씀

계씨는 노 나라 임금보다 더 부자였다. 그런데 염구는 계씨를 위해 무거운 세금을 부과하고 심하게 거두어 들여 계씨의 재산을 더욱 불려주었다. 이를 보고 공자는 분노하여 다음처럼 일갈했다. 그놈은 이제 내 제자가 아니다. 그대들은 전고를 울려서 그놈을 공격해도 좋다.
季氏富於周公 而求也爲之聚斂而附益之 子曰 非吾徒也 小子鳴鼓而攻之可也

(10) 특권층과 모리배

공자는 하늘을 믿었다. 하늘은 누구를 편들고 누구를 버린다고 여기지 않았다. 다만 사람들이 하늘을 거역하고 고집을 부리고 욕심을 부려 탈을 낸다고 보았다. 공자가 믿은 하늘은 무엇일까? 사람의 인의일 것이다. 노자는 도를 자연으로 보았지만 공자는 도를 인간으로 보았다. 노자는 사람에게 자연이 되라고 했지만 공자는 사람에게 사람이 되라고 했다. 공자가 말한 사람이란 인의의 화신을 말한다. 그러한 화신을 공자는 군자라고 했다. 그러므로 공자가 말하는 하늘이란 곧 사람인 셈이다. 선생은 사람을 믿었다.

그러나 공자의 믿음은 항상 사람들에 의해서 조각이 났다. 세상이

고통스러운 것은 사람 탓이지 땅이나 산, 하늘이나 바람 탓이 아니다. 그래서 사람을 사람되게 해야 한다고 공자는 보았다. 왜 공자는 제자들의 장단점을 찾아서 꼬집어 주었을까? 그것은 선생이 마땅히 해야할 일인 까닭이다. 사람으로서 할 일인 좋은 점은 넓히고 사람으로서하지 말아야 할 나쁜 점은 없애 달라는 애정에서 그렇게 했을 것이다.

세상을 아프게 하는 무리는 누구일까? 살인강도, 강간범, 유괴범, 소매치기, 사기꾼 등 별의별 도둑들만이 세상을 아프게 하는 것은 아니다. 이러한 도둑들은 법이 엄하게 벌하는 무리들이다. 그러나 법의비호를 받는 도둑들이 있다. 그러한 도둑을 백성들은 특권층과 모리배라고 부른다. 특권층은 권력의 특혜를 받는 무리들이고 모리배는금융의 특혜를 받는 무리들이다.

5·16 군사 쿠데타가 일어난 뒤 모리배 짓을 잘해 이른바 재벌이 된사람들이 많았다. 재벌은 수천 억, 수조 억의 재산을 모아 마치 세상이 자신의 금고인 양 문어발 기업을 만들어 갔다. 은행에서 융자를 받아 마치 제 돈인 양 제멋대로 투자하고 교묘한 방법으로 세금을 탈세하여 잠깐 사이에 수억, 수백 억을 꿀꺽 삼켜 제 잇속만 챙겼다. 정치와 경제가 유착하면 턱없이 부자가 되는 부유층이 생겨나고 특권층이만들어지게 마련이다. 따지고 보면 특권층이란 돈과 권력의 밀월 여행으로 이루어진다. 그래서 공자는 특권층이나 부유층은 천명에 어긋난다고 보았다. 골고루 나누어야 할 권력을 독식하고 땀흘린 만큼 벌어서 분수대로 살아가는 데 필요한 돈을 남보다 더 많이 가지려고 발버둥치는 것은 백성을 아프게 한다고 공자는 보았다. 백성을 고통스럽게 하는 짓을 공자는 천명을 어기는 짓으로 보았다.

백성이 가난하면 군자는 가난하고 백성이 부유하면 군자도 부유하다. 군자는 자신의 욕망을 충족시키려고 일하는 사람이 아니라 남들을 편안하게 해 주기 위해 땀을 흘려야 하는 사람이라고 공자는 설파한다. 남들을 편하게 하고 사랑하는 일을 하기 위해 공자는 덕을 제일 앞자리에 두었다. 덕이란 인의가 돋아나는 마음의 밭과 같다. 그 중 안회라는 제자가 덕의 밭을 가꾸는 데 제일 열심이었다. 그러나 자공이란 제자는 이재에 뛰어나 돈벌이에 남다른 재주를 보였다. 그러나 염유라는 제자처럼 권력에 빌붙어 떡고물을 핥는 그러한 부류로서의 자공은 아니었다. 그래서 공자는 자공의 이재를 하나의 장점으로 쳐 주었던 모양이다. 그러나 공자는 제 집의 쌀궤가 텅텅 비어 있을지언정 개의치 않고 덕을 베푸는 일에 몰두한 안연을 항상 앞세웠다.

남이야 어떻든 나만 부유하게 잘살면 된다는 생각만큼 세상을 어둡게 하는 것은 없고 못사는 남들과 더불어 그 아픔을 나누려는 생각만큼 세상을 밝게 하는 것은 없다. 덕행이란 무엇인가? 세상을 밝게 비추어 주는 햇빛과 같다. 그러한 햇빛을 밝게 하는 안연의 덕행은 남들의 마음을 부유하게 하지만 자공의 뛰어난 이재는 남들의 마음을 가난하게 한다.

🌿 **공자의 말씀**

안연은 도에 가깝다. 쌀궤가 텅 비어 있지만 태연하다. 자공은 천명을 받들려고 하지 않고 재산을 불렸다. 그러나 영리한 그의 예측은 맞아떨어져 돈궤가 그득했다. 이렇게 공자는 안연과 자공을 대비시켰다.

子曰 回也其庶乎 屢空 賜不受命 而貨殖焉 億則屢中

(11) 분노를 뿌린 김두한

청산리 대첩의 김좌진 장군을 모르는 사람은 없을 것이다. 청산리는 백두산 북쪽 산자락에 있는 고을이다. 왜병을 궁벽한 산골짜기로 유인해 몰살시켰던 독립군의 승전을 우리는 잊을 수 없다. 잃어버린 나라를 찾기 위해 만주벌에서 독립 운동을 했던 김좌진 장군의 아들 김두한은 서울 장안에서 일인들을 주먹으로 쳐 우리를 후련하게 했던 인물이다. 일제 시대 때 김두환은 깡패 두목이었던 셈이다. 그러나 누가 그를 못된 깡패라고 할 수 있을 것인가. 친일파의 아이들은 대학에 가서 박사 학위를 딸 수 있었지만 독립 지사의 아이들은 학교에 갈 형편조차 되지 않았다.

해방이 되자 김두한은 국회의원이 되었다. 그는 자신에게 의리를 빼면 아무것도 없다고 공언했다. 옳으면 하고 그르면 하지 않는다. 이것이 그가 믿는 올바른 길이었다. 그러나 정치판에 들어와 보니 그의 눈에는 구린 것들만 걸려들었다. 어느 것 하나 깨끗한 것이 없었다. 권모술수와 뒷거래 흥정, 모함, 험담 등으로 생사람을 떡 먹듯이 잡아먹기도 하고 병신 바보로 만들어 재기 불능의 상태로 모는 일을 눈 하나 깜짝 않고 해치우려는 꼴들을 김두한은 정치판에서 알게 되었다.

입심만 앞세우고 뒤로는 엉터리 짓거리를 서슴지 않는 정치판을 김두한만큼 적나라하게 꼬집고 그 판을 떠난 사람은 없을 것이다. 그가 국회의 단상에 섰다. 그리고는 국무 위원들이 배석해 있는 곳을 향해 묘한 눈길을 한 번 주고는 입만 살아서 거짓말을 일삼는 놈들이 제일 보기 싫다는 내용의 말을 김두한은 퍼부었다. 아마도 김두한은 부정부패가 하늘을 찌를 만큼 독한 천지를 구린내 투성이로 느꼈던 모양이다. 이렇게 몇 마디 말을 투박하게 퍼부은 김두한은 국무 위원들을 향해 똥물을 사정없이 뿌렸다. 똥물을 뒤집어 쓴 총리는 어찌할 바를 몰랐고 의젓하게 앉아 있던 장관들은 졸지에 분뇨통에 들어간 꼴이 되어 온몸에 똥물을 뒤집어쓰게 되었다. 삽시간에 수라장으로 변한

국회 의사당 안 역시 구린내로 진동을 했다. 이렇게 김두한은 썩은 정치를 풍자해 주었다.

이러한 와중에서도 김두한은 쩌렁쩌렁하고 투박한 목소리로 "이 분뇨는 파고다 공원의 공중 변소에서 퍼 왔다. 꿋꿋하고 부끄러움이 없었던 선현들이 독립을 외치던 정신이 서려 있는 곳의 공중 변소의 분뇨이니 오히려 더러운 정치판의 구린내보다 더 깨끗하다."는 말을 남기고 단상을 내려왔다. 그리고 김두한은 정치판을 떠났다.

김두한의 분뇨 사건은 말만 잘하고 행동은 엉터리로 하고 어긋난 짓을 밥먹듯이 하는 놈을 제일 싫어한다던 공자의 말을 생각나게 한다. 정치를 할 만큼 배운 다음에 정치를 해야지 그렇지 않고 입만 믿고 정치를 하겠다고 덤비면 언젠가는 망신을 당한다. 김두한이 국회 의사당 안에 분뇨를 뿌린 행위는 구린내 나는 생각들로 그득한 정치꾼들을 통렬하게 패 주었던 셈이다. 통쾌한 깡패 짓이 오히려 뒤로 호박씨 까는 간사한 무리들의 모함보다 속을 더 후련하게 한다. 공자께서는 김두한의 짓을 어떻게 볼까? 어쩌면 구린내를 없애려면 구린내 나는 것이 제일이라고 농을 걸었을지도 모른다.

🌿 공자의 말씀

자로가 자고를 비라는 고을의 원님으로 천거를 하려고 하자 자고를 망치게 될 것이라고 공자가 일침을 놓았다. 그러나 자로는 백성도 있고 나라도 있는데 어찌 책만을 읽어야 배운다는 것이냐며 당돌하게 응했다. 이 말을 들은 공자께서는 다음처럼 질타했다. 그래서 자네처럼 말 잘하는 사람이 밉다는 것이다.

子路使子羔爲費宰 子曰 賊夫人之子 子路曰 有民人焉 有社稷焉 何必讀書 然後爲學 子曰 是故惡夫佞者

3. 문답의 담론

(1) 아쉬워하는 공자

공자의 제자는 삼천에 이르렀다고 한다. 그렇다면 공자는 어느 선생보다 제자 복이 많았던 셈이다. 그러나 공자께서 가장 아끼던 제자였던 안회가 나이 사십에 죽고 말았다. 안회의 죽음 앞에 공자는 하늘을 원망했고 안회의 주검 앞에서 감출 것 없이 통곡을 했다. 아까운 것은 빨리 떠나고 지겨운 것은 진드기처럼 들러붙는 것일까? 모를 일이지만 서양 사람들은 신이 그 사람을 사랑하면 일찍 죽는다고 했고 동양 사람들은 하늘이 탐내는 사람은 일찍 데려간다고 생각했다. 아까운 인재의 요절을 안타까워하는 생각들이다. 공자 역시 안회의 요절을 못내 아쉬워했고 안회를 잊을 수 없었다.

공자는 왜 안회를 잊지 못했는가? 누구보다도 안회는 덕을 실천했던 제자였던 까닭이다. 율곡은 덕을 쌀밥이요, 고깃국이라고 했다. 그러나 군주나 사대부는 쌀밥을 먹고 백성은 보리밥을 먹는다면 그 쌀밥은 덕이 아니다. 차라리 보리밥을 먹으면서 백성의 아픔을 잊지 못하는 것이 덕이다. 안회는 그렇게 했다. 가난에 쪼들리면서도 태연했던 안회는 백성들이 가난하므로 그 역시 가난하다는 생각을 지녔다. 공자는 그러한 안회의 속마음을 알았고 안회를 군자로 보았던 게다. 군자를 잃은 공자가 슬퍼하고 서글퍼했던 것은 당연하다.

대부(大夫)인 계강자가 공자를 만났다. 대부라면 정승의 반열에 드는 높은 사람이고 지금의 총리 자리에 버금가는 지위이다. 계강자가 공자에게 학문을 좋아하는 제자가 있느냐고 물었다. 공자가 이러한 물음을 받은 것은 처음이 아니다. 임금인 애공(哀公)도 그 같은 질문을 던진 적이 있었다.

애공이 물었을 때도 공자는 안회라는 제자가 있었다고 말했고 계강자가 물었을 때도 역시 안회가 있었다고 공자는 잘라 말했다. 삼천 제자 중에서 공자가 안회를 유독 편애해서 이렇게 말한 것은 아니다. 말솜씨로는 재아(宰我)나 자공을 쳤고, 정치라면 염유나 계로(季路)를 앞세웠고, 넓은 지식을 갖춘 제자로는 자유(子游)나 자하(子夏)를 꼽았다. 그러나 이러한 것들보다 덕행을 근본으로 삼고 있었던 공자이기에 안회의 요절을 슬퍼했던 것이다. 그래서 학문을 좋아하는 제자가 있었느냐고 물으면 안회라는 제자가 있었는데 일찍 죽어 지금은 그러한 사람을 만날 수가 없다고 솔직히 고백한다.

애공이 물었을 때 안회는 분노할 줄을 몰랐고 어리석음을 두 번 반복하지 않았다고 상세히 안회를 알려 주었다. 그러나 계강자가 물었을 때는 학문을 좋아하는 안회라는 제자가 있었지만 불행히도 지금은 죽고 없다고 간단히 응답했다. 아마도 공자는 애공에게는 분노하는 군주가 되지 말 것이며 어리석은 짓들을 되풀이하지 말라는 충고를 담아서 안회를 모범으로 삼았을 것이다. 권문세도를 부리는 계강자가 인물을 찾는다면 어디 덕행을 근본으로 하는 인물을 찾을 것인가? 이러한 생각을 한다면 간단히 응한 공자의 심기를 우리가 읽을 수 있을 것이다.

어느 세상이나 권문세도가 있으면 부귀영화는 세도가의 문안으로 모조리 들어가 버린다. 백성은 굶어도 세도가의 밥상에는 산해진미가 푸짐하게 오르고 백성은 차가운 방에서 떨어도 권문세도는 추위 따위를 모른다. 이렇게 세상을 부덕의 현실로 몰아가는 권문세도가 학문을 닦는 제자가 있느냐고 물었을 때 덕행을 묻는 것이 아님을 공자가 몰랐을 리 없을 것이다. 충복이 될 만한 인간을 공자의 제자 중에서 찾고 싶었을 것이지만 공자는 그러한 짓을 어찌 방조할 것인가. 차라리 덕행을 실천하는 안회를 앞세워 덕을 짓밟는 권문세도를 뉘우치게 하고 싶은 마음이 공자의 심중에 있었을 것으로 보아도 된다. 언제쯤 특권층이 사라져 세상이 덕으로 따뜻해질까? 기약할 수 없었기에 공자께서도 서글퍼했다.

🫖 계강자와의 담론

계강자가 제자들 중에 누가 배우기를 가장 좋아하느냐고 공자께 물었다. 이러한 물음에 공자는 다음처럼 응해 주었다. 배우기를 좋아하는 안회라는 제자가 있었지요. 그러나 불행히도 그는 일찍 죽어 지금은 없습니다.

季康子問 弟子孰爲好學 孔子對曰 有顔回者 好學 不幸短命死矣 今也則亡

(2) 난세에 나타나는 귀신

사는 일이 쪼들리고 막막하면 세상은 흉흉해진다. 사람의 세상을 행복하게 할 수 있는 것도 사람이고 불행하게 하는 것 또한 사람이다. 사람이 문제이지 사람 아닌 것이 인간의 세상을 옳게 하거나 그르게 하는 것은 아니다. 이것은 공자의 변함없는 확신이고 신념이다.

불행한 세상이 되면 반드시 신을 앞세우고 세상을 변혁시키겠다고 하는 예언하는 자가 나온다. 그러면 마음 약한 백성들은 그에게 의지하려고 한다. 귀신을 파는 자는 대개 두 부류로 나뉜다. 백성의 약점을 잘 이용하여 제 욕심을 채우거나 야심을 채워 보려고 귀신을 파는 자가 그 하나요, 백성의 아픔을 진실로 고쳐 보려고 신을 알리는 자가 다른 하나이다. 귀신을 파는 자는 백성을 더 괴롭히는 자이고 신을 알리는 자는 어려운 세상에서 벗어나 새로운 세상을 믿게 하는 신앙의 힘을 준다. 후백제의 견훤 같은 자는 귀신을 파는 무리에 속했다. 공자는 이러한 무리를 경계했다. 특히 정치적인 야심이 있는 자가 귀신을 앞세우거나 팔아 이용하면 세상은 더욱 어둡게 되고 백성은 심한 열병을 앓게 된다. 공자는 이를 걱정했다.

몸에 병이 들면 약물로 다스릴 수 있지만 마음에 병이 들면 약물로는 다스릴 수 없다. 마음의 병중에서 제일 무서운 것이 힘만을 믿는 병이다. 폭군이 그러한 병에 걸린 자라고 공자는 믿는다. 독재가 그러한 병에 걸린 정치라고 믿는다. 힘을 믿고 권세를 마음대로 망나니처럼 부리는 짓을 패도(覇道)라고 공자는 진단한다. 말하자면 정치의 병중에서 암과 같은 것이 곧 폭군이요, 독재요, 패도인 것이다. 권력의 맛을 깊숙이 들여놓고 그러한 암에 걸려 보려고 하는 것이 못된 정치의 병이다. 공자는 이러한 정치의 병을 고치기 위한 아주 새로운 약이 필요함을 누구보다도 먼저 알았다. 그래서 이를 위해 인의라는 처방을 내렸다.

인도 사람의 것이고 불인도 사람의 것이다. 의도 사람의 것이고 불의도 사람의 것이다. 불인을 인으로, 불의를 의로 고치는 것이 사람이 해야 할 제일 시급한 일이다. 이러한 일은 극히 현실적이며 바로 이 세상에서 풀어야 할 근본 문제이다. 이러한 근본을 풀지 못하면서 귀신을 알아 뭐 할 것이며 악이 선을 잡아먹는 현실의 삶을 철저하게 파악하지도 못하면서 죽음을 알아 무슨 소용이 있느냐고 공자는 생각한다. 사람에게 제일 긴요한 것은 모든 사람이 잘 어울려 행복하게 삶을 누리게 하는 일이다. 그러한 일을 할 사람을 공자는 군자라고 불렀다.

군자는 살아 있는 사람들을 믿는다. 귀신을 앞세워 달콤한 내일을 내세운다거나 죽음을 앞세워 겁을 주는 일을 군자는 하지 않는다. 오로지 인간이 문제이고 현실의 삶이 문제인 까닭이다. 이러한 확신을 간직한 공자께 정사에 밝은 제자인 계로가 귀신을 묻고 죽음을 물었으니 선생은 단호하게 잘라 면박할 수밖에 없는 일이다.

🫖 계로와의 담론

계로가 귀신 섬기는 것을 물었다. 그러자 사람을 섬기는 것을 모르면서 어찌 귀신을 섬기는 것을 알 것이냐고 공자는 면박을 주었다. 다시 계로가 죽음에 관해 물었다. 이에 다시 사는 일도 미처 모르면서 죽음을 어찌 알려고 드느냐며 공자는 잘라 말했다.

季路問事鬼神 子曰 未能事人 焉能事鬼 敢問死 曰 未知生 焉知死

(3) 입질과 칼질

임금에게 아들이 많으면 임금 밑의 신하들은 누가 세자가 될 것인가를 점치며 붙을 곳을 찾는다. 이러한 꼴은 조선을 개국했던 태조 밑에서 녹을 받아먹었던 신하들이 여실히 보여 준다. 권세에 붙을 곳을 찾는 사람의 입은 쓰면 뱉고 달면 삼키는 입질을 하게 마련이다. 그러나 권세의 판에서 변절을 일삼는 입질은 결국 칼질을 불러오고 만다.

조선조의 역사를 보면 태종정사(太宗定社)란 말이 나온다. 그 말은 방원이 방석을 죽이고 정도전을 죽인 난을 좋게 표현한 것이다. 방원과 방석은 배다른 형제로서 임금의 자리를 두고 방원은 방석을 죽였고 제 아버지의 개국 공신이었던 정도전도 죽였다.

정도전은 방석을 임금이 되게 하려고 했다. 태조의 병이 깊어지자

정도전은 태조의 요양 문제를 의논한다는 빌미로 왕자를 모두 불러들여 모든 왕자를 해하고 방석을 임금의 자리에 앉힐 궁리를 벌였다. 이를 밀고 받은 방원은 병졸을 거느리고 정도전을 정탐했다. 정도전이 자기 패들과 술을 마시며 놀고 있는 집에 이르러 불 화살을 일부러 쏘아 그 집에 불을 질렀다. 정도전은 칼을 들고 옆집으로 도망을 쳤지만 옆집 주인은 배가 불룩한 사람이 들어왔다고 고함을 질렀다. 정도전의 배통은 남달리 불룩 나왔던 모양이다. 정도전이 그곳에 숨을 것을 안 병사들이 집에 들어가 정도전을 잡아 방원 앞에 데려왔다. 그러자 정도전은 방원에게 "나를 살려주시면 힘을 다하여 보좌하겠습니다." 라며 입질을 했다. 이 말을 들은 방원은 "네가 이미 왕씨를 저버리고 다시 이씨를 저버리고자 하느냐?"고 한 뒤 정도전의 목을 베었다. 정도전의 목은 왜 날아갔던가? 방석을 세자에 앉히려고 온갖 입질을 했던 탓에 입을 얹고 있는 목을 베인 셈이다.

어디 방원의 칼질에 목이 떨어진 자가 정도전뿐이겠는가? 방석에 붙어서 한몫 보려던 무리들은 하나하나 목을 잘려야만 했다. 변중량이란 작자도 그중 하나였다. 변중량은 왕자들의 병권을 없애자고 태조에게 상소를 하여 왕자들을 이간시켜 골육상잔을 벌이게 했던 인물이다. 방원에게 잡히자 변중량은 "내가 요새 와서는 왕자에게 마음을 돌렸소."라고 종알거렸다. 변중량의 입질은 울타리를 넘나드는 묘수를 부리고 있다. 위의 말은 방석을 등지고 방원에게 돌아섰다는 말로 들릴 수도 있고 그렇지 않는 말투로 들릴 수도 있다. 이러한 입질은 들불 같아서 풀이 말라 있으면 붙고 젖어 있으면 꺼지는 짓을 하는 것이다. 변중량의 말을 들은 방원은 "저 입도 역시 살코기(肉)다."하면서 목을 베었다.

간에 붙었다 쓸개에 붙었다 하는 입질은 항상 칼질을 불러온다. 그러면 그 칼질은 세상을 어지럽히고 삶의 터전을 피로 물들인다. 그렇게 되면 세상은 수라장이 되어 죄 없는 백성들만 고생을 하게 된다. 그래서 공자는 세력의 흐름에 빌붙어 줏대없는 입질은 무슨 일이 있어도 하지 말라고 한다. 입은 고기가 되어서는 안 된다. 입은 중심을 잡은 마음의 창문이 되어야 한다. 방원 앞에서 떠벌린 정도전의 입질이나 변중량의 입질은 공자가 밝힌 언필유중(言必有中)을 어겼다. 그런 탓에 목숨을 더럽혔고 목은 칼질의 밥이 되었다. 언필유중이란 무엇인가? 그것은 적절한 말짓이 아니라 딱 들어맞는 말만 해야 한다는 것이며 얼버무리는 말짓이 아니라 딱 떨어지게 말을 해야 한다는 뜻이다. 말이 곧 마음이어야 하고 그 마음은 사리에 맞는 진실이어야 한다. 그러한 진실이 곧 중(中)이다.

🫖 민자건과의 담론

노 나라 사람이 임금이 살 별관을 다시 지으려고 했다. 이에 대해 민자건이 이렇게 말했다. 옛날 것을 그대로 두고 수리하면 어떠하단 말인가? 무엇 때문에 꼭 다시 지어야 하는가? 민자건의 말을 전해들은 공자는 이렇게 말했다. 그 사람은 말이 없는 사람이지만 말을 하면 사리에 어긋남이 없다.

魯人爲長府 閔子騫曰 仍舊貫 如之何 何必改作 子曰 夫人不言 言必有中

(4) 장마와 가뭄은 같다

신라에는 세 가지 보물이 있었다고 한다. 그중 하나가 만파식적(萬波息笛)이란 이름을 지닌 피리였다. 그 피리를 불게 되면 한우우청(旱雨雨晴)이 된다는 것이다. 즉 가뭄[旱]에는 비를 내려 주고 비가 오래

끌어 장마가 되면 날씨를 개게 해 준다는 것이다. 그러므로 그 피리는 분명 중용의 덕을 소리를 내는 보물인 셈이었다. 중용은 지나친 것은 모자란 것만 못하다[過猶不及]는 것을 헤아리게 한다. 즉 알맞아야 한다는 것이다. 분수를 지킬 줄 알면 일단 중용의 문을 연 셈이고 그 문을 열고 들어가면 덕을 만나게 된다.

가물면 초목이 타고 장마가 지면 초목이 녹는다. 타도 목숨은 견디지 못하고 녹아도 목숨은 남아나지 못한다. 가뭄은 물이 없어서 탈이고 장마는 물이 많아서 탈이다. 목숨을 견디지 못하게 하는 가뭄과 장마는 모두 자연이 보여 주는 부덕의 한 모습이다.

마음이 바짝 마른 사람을 보면 가뭄의 모래를 보는 것 같다. 반대로 지나치게 비굴한 사람을 보면 장마로 진창이 되어 버린 시궁창을 보는 것 같다. 피 한 방울 흘리지 않을 사람이라고 하면 단번에 무서운 사람으로 느껴지고 굶주린 개 같은 사람이라고 하면 만나게 될 것이 두려워진다. 지나치게 깐깐한 사람도 탈이고 모자라서 남의 비위만 맞추는 사람도 탈이다. 이러한 탈은 모두 중용을 잃어버린 탓에 비롯된다.

가물면 비를 바라고 장마가 지면 맑은 날씨를 바란다. 이와 같은 바람을 헤아린다면 중용의 덕이 얼마나 사람과 삶에 귀중한가를 알 수 있다. 만파식적이란 피리를 불면 세상의 탈이 없어진다고 신라 사람들이 믿었던 것은 따지고 보면 중용의 덕을 소망했음을 말해 주는 셈이다. 그러한 소망이 한우우청이란 구절에서 나타난다.

만파식적의 한우우청을 생각하면 중용의 덕을 눈으로 보고 귀로 듣는 것 같고 중용의 덕을 생각하면 자공이 공자께 자장(子張)과 자하(子夏)를 묻는 대목이 연상된다. 자공이 둘 중에 누가 더 현명하냐고 물었을 때 공자는 하나는 넘치고 하나는 처져서 탈이라고 응해 주었다. 지나친 것과 미치지 못하는 것은 서로 다르냐고 자공이 묻자 다를 바가 없다고 공자께서는 잘라 말해 주었다. 가뭄이 계속되어 물이 말라 목숨이 해롭게 되는 것이나 장마가 계속되어 물이 넘쳐 목숨이 해롭게 되는 것이나 그 결과는 매양 같다. 사람들이 마음 씀씀이를 가뭄처럼 한다거나 장마처럼 하게 되면 그 탈은 결국 다를 바 없다. 알맞음을 아는 마음은 몸둘 바를 알아서 발을 뻗을 줄도 알고 오므릴 줄도 안다. 공자의 제자들인 자장(사, 師)은 어디서나 발을 뻗기 위해 떼를 썼던 모양이고 자하(상, 商)는 발을 오므리고 꽁무니를 빼려고 애썼던 모양이다. 언제나 이런 무리들 탓에 세상은 살벌해지기도 하고 구렁이 담 넘어가듯이 감추고 숨기면서 넘어가 사람들의 속을 상하게 한다. 백성의 속을 상하게 하는 것보다 더한 부덕은 없는 법이다.

🫖 자공과의 담론

자장과 자하 중에서 누가 더 현명하냐고 자공이 공자께 물었다. 자장은 지나치고 자하는 처진다고 공자께서 잘랐다. 그렇다면 자장이 좀 나은 편이냐고 자공이 다시 물었다. 지나친 것과 모자란 것은 다 같다고 공자께서 다시 잘라 말했다.

子貢問 師與商也孰賢 子曰 師也過 商也不及 曰 然則師愈與 子曰 過猶不及

🫖 자로, 염유, 공서화의 담론

좋은 말을 들으면 즉시 행해야 하느냐고 자로가 물었다. 공자께서는 부모와 형제가 있는데 어찌 네 판단만으로 할 것이냐고 말해 주었다. 그러자 염유가 좋은 일을 들으면 즉시 행해야 하느냐고 물었다. 공자께서는 즉시 행하라고 일러주었다. 자로가 좋은 것을 들으면 즉시 행해야 하느냐고 물었을 때는 부형이 있지 않느냐고 하시고 염유가 좋

은 것을 들으면 즉시 행해야 하느냐고 물었을 때는 들은 즉시 행하라
고 하시니 망설여져 감히 그 연유를 여쭈어 보고 싶다고 공서화가 말
했다. 그러자 공자께서 구는 소극적이고 물러서는 성격이어서 적극
적으로 나서라 한 것이고 유는 지나치게 적극적이고 행동적이어서
한 발 물러서게 한 것이라고 풀어 주었다.

子路問 聞斯行諸 子曰 有父兄在 如之何其聞斯行之 冉有問 聞斯行諸 子
曰 聞斯行諸 公西華曰 由也問聞斯行之 子曰 有父兄在 求也問聞斯行諸
子曰 聞斯行之 亦也惑 敢問 子曰 求也退 故進之 由也兼人 故退之

(5) 말이 없던 미술 선생

미술은 예술이다. 예술은 무엇이다. 색채는 무엇이고 선은 무엇이며
구성과 조형은 어떤 것이다. 미술 선생들은 이러한 종류의 문제들을
가지고 학생들의 수준에 맞게 강의를 하게 마련이다. 인상파의 그림
이 갖는 특징은 무엇이고 표현파나 미래파가 갖는 특징은 무엇이다.
이런 등등의 문제를 조리있게 말하여 서양 미술사의 흐름을 설명해
주기도 한다. 동양화 내지 한국화는 서양화와 어떤 점에서 다른가를
이해시키려고 작품을 만드는 재료의 차이와 공간 처리의 차이 등을
또한 설명해 주기도 한다.

그러나 여느 미술 선생과는 아주 다른 분이 있었다. 학기 첫 시간에
여러분 모든 사물을 사랑하는 눈으로 보라. 그냥 얼핏 보지 말고 뚫어
지게 보라. 카메라의 렌즈처럼 보라. 다만 사람의 눈은 기계가 아니니
눈이 보는 것은 마음이 보는 것임을 항상 여기면서 어떤 사물이든지
사랑하는 눈으로 바라보아라. 비록 유창하지는 않으나 차분한 목소리
로 이렇게 말하며 학생들이 귀를 기울이게 했다. 그런데 미술 선생은

학기가 다 가도록 미술에 관한 이야기는 결코 하지 않았다. 그저 원하는 대로 그림을 그리게 했고 어쩔 수 없이 성적을 내야 하므로 한 학기 동안 세 장씩 그림을 그려서 제출하라고만 했다.

매달 한 번씩은 산하로 학생들을 데리고 나갔다. 야외에 나가면 학생들에게 사생을 하라고 하지도 않았고 산천을 보면서 놀고 싶으면 놀고 무엇인가를 그리고 싶으면 그려 보라는 눈치만 주었다. 그리고 선생은 무심하게 우두커니 앉아 담배를 피우면서 가만히 있었다.

매달 두 번씩은 미술 특별 활동실로 학생들을 데려가 손수 모델이 되어 주면서 연필이나 목탄으로 선생 당신을 그리게 했다. 그것도 하고 싶으면 하고 그렇지 않으면 화집을 보라고만 말했다. 그 미술 선생은 여러 권의 화집을 골고루 마련해 두고 있었다. 화집의 작품 밑에 으레 기록되어 있는 작품의 이름이라든지 작가의 이름 등은 모조리 지워져 있었다. 작품들만 보라는 것이다. 한 권의 화집을 다 보고 난 학생들은 선생이 다음과 같은 글귀를 써 놓았음을 보게 된다. '같은 그림은 하나도 없다.' 학생들은 왜 그러한 글귀를 적어 두었는지 알 길이 없다고 수군거리기도 했다.

그 미술 선생은 매달 한 번씩은 수채화를 그리게 했다. 정물을 그리고 싶으면 그리고 색깔로 구성을 하고 싶으면 하고 마음대로 하게 내 버려두었다. 붓질을 어떻게 하면 수채화 물감이 맑게 또는 칙칙하게 겹치는 것인가를 설명해 주지도 않았다. 그저 하고 싶은 대로 열심히 그리게만 했다.

첫 시간에만 몇 마디 말씀을 하고 내내 미소짓는 얼굴로 학생들이 미술 시간에 하는 짓들을 보기만 했던 그 미술 선생은 한 학기가 그치자 자리를 그만두고 말았다. 그 선생은 미술 선생으로서의 소질이 없었다고 하면서 스스로 사표를 쓰고 그만두었다는 것이다.

새로운 미술 선생이 왔다. 말이 유창했고 아는 것이 많았다. 인상파의 마네, 모네, 쇠라, 피사로 등등을 구성진 입담으로 강의도 해 주었다. 그리고 인상파 화가들의 작품이 실려 있는 화집을 학생들에게 돌려보게 하였다. 화집을 본 학생들은 모두 "아아" 하고 탄성을 질렀다. 새로 부임한 선생은 자신의 열강에 효과가 있었다고 여겨 표정이 의기양양했다. 그러나 그런 것이 아니었다. 떠나간 선생이 보여 주었던 화집에 있던 눈에 익은 그림들이 누구의 것이며 무슨 파의 것인가를 학생들 스스로 확인하게 되어 탄성을 질렀던 것이었다. 뒤에 온 선생은 졸업할 때까지 학생들에게 미술을 가르쳤지만 한 학기만 가르치고 떠나간 미술 선생을 학생들은 잊지 못했다. 그 선생은 미술을 보는 눈을 뜨게 하는 비밀을 알려주고 실천하게 했던 까닭이다. 그러한 까닭을 새로운 선생이 온 뒤에야 학생들은 알 수 있었다.

두 유형의 미술 선생 중에서 누가 미술 선생이냐고 공자께 묻는다면 아마도 떠나간 선생이라고 했을 것이다. 미술에 관해 아는 것보다 보는 방법을 가르쳐 주는 선생이 더 현명하기 때문이다. 공자의 제자인 자장이 성인이 걷는 길을 물었을 때 알려고 묻지 말고 그 길을 걸으면 된다고 공자는 대답해 준 일이 있다. 그처럼 떠나간 미술 선생도 알려고 하지 말고 손수 그려보고 그림을 보라고 가르쳐 주었던 셈이다. 아는 것이면 실천하라. 알기만 하고 실행하지 않으면 모르는 것과 같다. 이것이 자장에게 들려준 공자의 가르침이었다.

🫖 자장과의 담론

자장이 성인의 길이 무엇이냐고 물었다. 성인의 발자취를 밟지 않으면 그 깊은 방 속까지 들어가지 못한다. 이렇게 공자는 말해 주었다.

子張問善人之道 子曰 不踐迹 亦不入於室

(6) 권세의 하수인들

공자가 살아 있을 때 노 나라는 권문세도의 수중에 있었다. 임금은 허수아비나 종이 호랑이에 불과했다. 아마도 조선조 세도 치하 같았던 모양이다. 노 나라를 떡 주무르듯 마음대로 다스렸던 권문세도를 삼가(三家)라고 불렀다. 그 삼가는 계씨(季氏) 일족이었다. 공자의 제자들 중에 그 권문세도의 신하가 된 자들도 있었다. 특히 마음이 약하고 우유부단해 권문세도의 앞잡이 노릇을 했던 염유는 공자의 노여움을 사기도 했다. 물론 삼가의 후예로서 공자의 제자가 된 자도 있었다. 계자연(季子然)이 바로 그러한 제자이다.

염유와 중유가 계자연의 아버지 밑에서 신하 노릇을 하고 있었다. 어느 날 계자연이 공자께 염유나 중유는 대신감이 되느냐고 물었다. 계자연의 입에서 대신이란 말이 나오니 공자의 속은 상할 대로 상했다. 임금의 신하를 대신(大臣)이라 부르고 권문세도의 신하는 가신(家臣)이라고 불러야 한다는 것을 계자연이 모를 리가 없을 터인데도 계자연의 입에서 대신이란 말이 나왔기 때문이다. 임금이 아니면서 임금처럼 행세하는 권문세도를 공자가 용인할 리 없다. 임금은 하늘이 정하고 권문은 힘이 정한다.

공자는 힘을 앞세우는 다스림을 가장 무서운 악으로 보았다. 힘으로 다스리는 곳에는 반드시 악법이 있게 마련이다. 악법이란 무엇인가? 힘으로 사람을 짓밟는 법을 말한다. 이러한 법으로 지탱하는 권문세도의 후예는 세상을 무서워하지 않는다. 세상을 무서워하지 않는 사람을 공자는 무서워한다. 세상을 무서워하는 것은 하늘을 무서워하는 것이고 하늘을 무서워하는 것은 백성을 무서워하는 것이다. 하늘이 곧 세상이고 세상이 곧 백성인 것이다. 공자가 바라는 임금은 곧 백성을 무서워할 줄 아는 임금이다. 이를 성군이라고 한다. 성군 밑에는 권문세도가 생겨나지 않는다.

힘을 탐하는 사람은 강한 것에는 약하고 약한 것에는 무자비하게 잔인하다. 그러한 사람은 권력을 불나방처럼 좇는다. 그러나 권력을 잡았다 싶으면 무서운 표범처럼 닥치는 대로 물어뜯고 늘어져 권력을 양고기 덩어리처럼 착각한다. 그래서 권문세도는 으르렁거리는 개처럼 세상을 향해 덤비면서 겁을 모른다. 권문세도의 계자연도 그래서 가신을 대신이라고 선생 앞에서 서슴없이 불렀던 것이다. 이를 공자는 분노했다.

임금 밑에는 대신이 있고 대통령 밑에는 장관이 있다. 어느 재벌의 총수가 계열 기업의 대표들을 전직 장관들로 앉혀 놓고 사장단 회의를 할 때면 참석한 사장들을 사장이라고 부르지 않고 장관이라고 불렀다는 소문이 있었다. 그러면 그 재벌 총수는 대통령 행세를 하게 된다. 돈이 힘이 되는 세상에서는 돈을 많이 가진 자가 현대판 권문세도를 형성할 수 있다. 그래서 정경유착이란 말이 나온 것이다. 정경유착은 백성 앞에서는 정치가 큰소리를 치지만 백성 뒤에서는 경제가 큰소리를 치게 만든다. 그래서 현대판 권문세도는 재벌의 엄호 아래 있는 경우가 허다하다.

특혜란 무엇인가? 뒷돈에 대한 보답인 것이다. 이렇게 얽히게 되면 세상을 얕보는 특권층이 생겨난다. 특권층이란 무엇인가? 백성의 피를 빠는 기생충과 같다. 기생충이 기승을 부리면 숙주(宿主)는 말라 뼈만 남는다. 그러면 세상은 도탄에 빠진다. 그리고 세상은 뒤집어진다. 고름이 살이 되지 않음을 백성들은 반드시 증명한다. 이를 옛날에는 역성이라 했고 지금은 혁명이라고 한다. 권문세도나 특권층은 백성이 앓는 상처에 잡혀 있는 고름과 같다. 공자는 이러한 고름을 말끔히 짜내는 약을 처방했던 것이다. 누가 그러한 약을 처방하는가? 군자가 처방한다고 공자는 말한다. 군자가 백성을 위해 처방하는 약을 인의라고 한 것이다.

계씨의 권문에서 가신 노릇을 하면서 마음이 약해 군자다운 처방을 하지 못하고 권문의 보약이나 처방하는 염유라는 자가 있었다. 그 염유도 공자의 제자였다. 호랑이를 잡기 위해 호랑이 굴에 보낸 제자가 호랑이의 앞잡이가 되어 살쾡이 구실을 한다는 말을 들은 공자는 분노하여 그 놈을 쳐서 없애라고 단언했다. 그러한 염유를 계자연이 대신감이냐고 물었으니 공자의 분노가 치밀었던 것이다. 그들은 대신은커녕 졸개에 불과하다고 질타한 다음 권문이 하라는 대로 할 것이지만 아비를 죽이는 일까지 따라하지는 않을 것이라고 비꼬아 공자는 계자연을 통해 권문을 능멸한다. 장자여, 공자를 임금에 빌붙어 권력을 노린다고 비방하지 말라. 공자는 백성을 위해 임금에게 로비를 했을지언정 권문의 하수인 노릇을 한 적은 없다.

우리에게는 대통령이 되면 그 친인척은 공직을 삼간다는 이상한 내규 같은 것이 있다. 이는 특권층의 발생을 막으려는 고육지계인 셈이다. 하지만 여전히 계자연 같은 무리도 있고 염유처럼 권문에 빌붙어 기생하는 무리도 있다. 공자께서 그러한 내규를 보면 뭐라 할까? 백성을 무서워할 줄 아느냐고 물을 것이다.

🫖 계자연과의 담론

중유나 염유는 대신이라고 보아도 되느냐고 계자연이 물었다. 그러자 공자는 이렇게 응했다. 나는 당신이 다른 것을 물을 줄 알았는데 겨우 유와 구에 대해 묻는군요. 대신은 올바르게 임금을 섬기고 그렇게 못하면 물러나는 사람이지요. 이제 유와 구는 신하로서 끼일 수는 있지만 졸개에 불과하지요. 그렇다면 주인이 하자는 대로 따르는 신하냐고 계자연이 다시 물었다. 그러자 공자는 그들도 임금과 애비를 죽이는 일만큼은 따르지 않을 것이라고 되받아 주었다.

季子然問 仲由 冉求可謂大臣與 子曰 吾以子爲異之問 曾由與求之問 所謂大臣者 以道事君 不可則止 今由與求也 可謂具臣矣 曰 然則從之者與 子曰 弑父與君 亦不從也

(7) 네 제자와의 대담

〔자로와의 대담〕

성질이 괄괄했던 자로(子路), 공자의 학통을 이은 증자의 아버지 증석(曾晳), 권문에 빌붙었다 혼쭐이 났던 염유(冉有), 그리고 공서화(公西華)가 공자를 모시고 자리를 같이 했다. 공자는 그들을 보고 이렇게 말문을 열었다. "내 나이가 좀 많다고 어려워 마라. 내가 그대들을 몰라준다고 말하지만 만일 내가 그대들을 알아서 써 준다면 어떻게 하겠느냐?"고 물었다.

성질 급한 자로가 불쑥 나와서 자신만만하게 포부를 털어놓았다.

"큰 나라 틈바구니에 끼여 작은 나라가 곤란을 당하고 전란과 기근으로 허덕인다 하더라도 제가 나서서 작은 나라를 다스린다면 삼 년 안에 나라를 강하게 만들고 백성들에게 올바른 길을 알려 줄 수 있습니다."

이와 같은 자로의 말을 들은 공자는 빙그레 웃기만 했다. 공자께서는 왜 웃었을까? 이러한 웃음은 지금도 얼마든지 볼 수 있다. 국회의원 선거철에 공동 유세장에 한 번 가 보아라. 자로 같은 후보자들이 얼마든지 있고 공수표를 남발하는 꼴 앞에서 백성들은 웃어 준다. 반가워서가 아니라 싱거워서 웃는다. 어쩌면 공자께서도 지금 유세장의 백성들 심정으로 웃었을지 모른다.

〔염유와의 대담〕

소심하고 나서지 않는 염유를 향해 "너 같으면 어떻게 하겠느냐?" 고 공자께서 물어보았다.

"사방 육칠십 리 아니면 그보다 더 작은 나라를 맡아 다스린다면 삼 년 정도면 백성들을 배부르게 할 수 있을 것 같지만 예악은 제 힘으로 감당할 수 없으니 다른 군자를 기다릴 것입니다."

이렇게 공자의 물음에 염유가 답했지만 선생은 아무런 내색을 하지 않았다. 공자는 왜 그랬을까? 작은 것으로 만족하다가 큰 것을 만나면 헛배가 불러서 물불을 가릴 줄 몰라 세상을 아프게 하는 인간들이 많기 때문이다. 그 사람이 그럴 줄 몰랐다는 백성의 원망은 언제나 있는 법이다.

염유는 일제 시대 때 공출을 제일 많이 해서 총독의 눈에 들려고 농민을 닦달했던 어떤 사람을 생각나게 한다. 그는 일제 밑에서 군수 노릇을 하면서 식민지 총독의 충복이 되고자 했다. 그러나 해방이 되어 일제가 물러가자 잽싸게 변신을 하여 자아 반성문을 세상에 발표하고는 대학의 총장까지 되는 재주를 보였다. 그리고 그는 격동기마다 자기 비판을 하는 성명서를 발표하면서 출세의 골을 벗어나지 않는 줄타기를 어느 사람보다 잘 해냈다. 그리고 일흔이 넘어서는 일제 시대 친일파 노릇을 참회한다면서 눈물을 흘렸다. 이러한 이모 씨가 흘린 눈물은 무엇인가? 예악을 비웃는 속임수일 뿐이다.

노 나라 계씨 권문에 빌붙어 수족 노릇을 했던 염유는 그래도 예악은 감히 모른다고 했으니 그 사람보다는 염치는 있었던 모양이다. 예악의 근본은 어디에 있는가? 내가 나를 감추지 않고 숨기지 않는 데 그 첫발이 있다. 이를 감당할 능력이 없다고 자인하는 염유에게 무슨 말로 응할 가치가 있단 말인가.

〔공서화와의 대담〕

묵묵히 있는 공서화에게 공자는 너는 어떠냐고 물었다

"저야 무엇을 하겠습니까? 다만 배우고 싶은 것을 말씀드리고 싶을 뿐입니다. 종묘의 제사나 제후들의 회합 때 검은 예복과 예관을 갖추고 군자의 예를 돕고 싶습니다."

이렇게 공서화가 선생의 물음에 답했다. 공자는 공서화의 말에도 토를 달지 않았다. 제후들이 군자란 말인가? 이렇게 반문을 할 법하지만 공자는 입을 다물었다. 왜 선생은 그렇게 했을까? 군자가 되어야 한다는 굳은 마음이 없는 자에게 군자의 길을 가르친들 무슨 소용이 있을 것인가. 공자는 이미 이렇게 말한 적이 있다. "하나를 가르쳐 본 다음 둘을 모르면 가르치는 일을 그만둔다." 아마도 공서화는 여기에 걸린 것인지 모른다.

그러나 공서화처럼 제 자신의 능력을 알고 있으면 다행이다. 분수를 모르고 헛욕심이 그득해서 올라가지 못할 나무를 사다리라도 놓고 올라갈 수 있다고 버티는 위인들이 많아서 세상은 조용할 날이 없다. 지금 우리 세상에서 공서화처럼 자기 겸손을 행할 수 있는 사람이 얼마나 될까? 얼마 없을 것이다. 모두가 자기 발전을 위해 자기 선전을 하지 않으면 진다는 생각에 사로잡혀 있는 군상이 주류를 이루지 않는가. 공서화는 염치라도 있으니 그래도 다행이긴 하지만 공자께서는 공서화를 찬성하지도 않으셨다. 제자들에게 군자의 길을 걸어가라 했지 군자의 마부가 되라고 공자께서 말한 적은 없기 때문이다.

〔증석과의 대담〕

공자께서 다른 제자들과 대담을 나누는 사이에 증석은 거문고를 연신 뜯고 있었다. 거문고를 뜯는 증석에게 공자는 그대는 어떠냐고 물었다. 그러자 타던 거문고를 물리고 일어서서 다른 사람들과는 생각이 다르다고 증석은 조아렸다.

마음 쓸 것이 뭐 있는가. 다들 나름의 생각을 말한 것뿐이다. 이렇게 공자는 증석에게 말해 보라고 재촉했다. 그러자 증석은 다음처럼 말을 올렸다.

"저는 늦은 봄에 봄옷을 만들어 입고 관을 쓴 벗 대여섯과 아이들 예닐곱 명과 같이 기수에서 목욕하고 기우제 올리는 곳에서 바람을 쐬고 노래나 읊으며 돌아오겠습니다."

증석은 선생께 의미심장한 말을 올린 셈이다. 이 말을 들은 공자는 나도 너와 같다고 말해 주었다. 선생의 말씀을 들은 자로와 염유, 그리고 공서화는 계면쩍어 슬쩍 자리를 뜨고 말았다. 부끄러웠던 까닭이다. 공자를 임금처럼 여기고 그들은 말을 했던 셈이다. 공자께서는 군자가 되는 길을 가르쳐 줄 뿐 다스리는 직위를 임명할 수 있는 임금은 아니었다. 이를 모르고 자로와 염유는 한 고을의 통치자가 되겠다는 포부를 말하니 웃을 일이요, 세도가의 뒷바라지나 하겠다고 얌전을 떠니 이 또한 한심할 뿐이다.

증석이 바라는 벗은 누구인가? 늦봄에 봄옷을 입었으니 앞서서 다투는 사람은 아닐 것이고 관을 쓴 벗이니 허튼짓을 하지 않을 사람일 것이다. 기수에서 목욕을 한다니 백이와 숙제처럼 맡지 못할 일을 맡지 않을 것임을 증석은 고한 셈이며 가뭄이 심하면 천자가 기우제를 지내는 곳에서 하염없이 노래나 부르다 오겠다는 증석은 걸림없이 사람의 길을 걸을 것임을 선생에게 고한 셈이다. 권세가 탐이 나서 군자가 되는 것이 아니라 남을 사랑하고 그 사랑을 올바르게 실천하려고 군자가 되어야 한다는 공자의 마음을 증석은 즐겁게 해 준 것이다. 그래서 증석의 말을 듣고 선생도 기뻐서 맞장구를 쳤고 권세를 맡으면 잘해 보겠다는 자로나 염유는 부끄러워 그 자리를 물러났던 셈이다. 그래도 부끄러워할 줄 아는 그들은 뻔뻔스럽지는 않았다.

🫖 증석과의 담론

세 사람이 나가자 선생님은 세 사람의 말을 어떻게 생각하시느냐고 증석이 물었다. 저마다 제 뜻을 말했을 뿐이라고 공자께서 응했다. 그러시다면 왜 자로의 말에 웃으셨습니까? 나라는 예로써 다스려야 하는데 말마저도 겸양할 줄을 몰라 웃었다. 염유가 말했던 것도 나라를 다스리는 것이 아닙니까? 사방 육칠십 리든 오륙십 리든 역시 나라가 아니겠느냐. 염유가 작은 나라의 경제만을 잘하겠다고 한 것만은 겸손을 보인 셈이지. 그렇다면 공서화가 말한 것 또한 나랏일이 아니겠습니까? 종묘에 제사를 드리는 일과 제후들이 회동하는 일이 어찌 임금의 일이 아니겠는가. 가장 큰 국가의 일이다. 공서화는 지나치게 겸손하여 작은 신하로 보좌나 하겠다고 말했지만 그렇다면 누가 큰 신하의 일을 맡아 할 것이냐고 선생은 되물었다.

三子者出 曾晳曰 夫三子之者言何如 子曰 亦各言其志也已矣 曰 夫子何由也 曰 爲國以禮 其言不讓 是故哂之 唯求則非邦也與 安見方六七十如五六十而非邦也者 唯亦卽非邦也與 宗廟會同 非諸侯而何 亦也爲之小 孰能爲之大

제5장
〈안연(顔淵)〉편

1. 〈안연(顏淵)〉편의 체험

(1) 인(仁)에 대하여

무엇보다 사람 그 자체가 소중하다. 높은 사람이 더 소중하고 낮은 사람이 덜 소중한 것은 아니다. 사람의 마음속이 소중하고 사람의 몸가짐이 소중하다. 〈안연〉 편을 읽으면 먼저 이러한 생각을 하게 된다.

사람의 덕은 사람이 소중함을 밝혀 준다. 덕은 인을 현실화한다. 그래서 공자는 덕을 가장 앞자리에 놓는다. 공자의 제자 중에서 안연과 중궁(仲弓)은 덕행의 화신(化身)에 속한다. 그 안연이 선생인 공자께 인이 무엇이냐고 묻는 것으로 〈안연〉 편은 시작된다. 그리고 중궁도 인을 묻는다.

안연이 인을 묻자 공자는 극기복례(克己復禮)라고 답한다. 나를 내가 이겨내서〔克己〕 예를 되살리는 것〔復禮〕이 인을 실천하는 길임을 확인하게 해 준다. 안연에게 새삼 인이 무엇인가를 설명해 줄 필요가 없다고 공자께서는 느끼고 이렇게 말해 주었을 것으로 짐작된다. 덕을 행하기를 목숨처럼 했던 안연은 항상 자신을 닦아〔修己〕 남을 편하게 하는〔安人〕 생활을 했기 때문이다.

인을 실현하기 위해 나를 닦는다. 나를 닦기 위해서는 나를 이겨내야 한다. 수기는 곧 극기인 셈이다. 왜 그렇게 하는가? 남을 편하게 하기 위해서다. 안인(安人)은 곧 복례(復禮)이다. 여기서 예의 근본 뜻을 헤아려 볼 수 있다. 예란 사람과 사람 사이에서 너를 위해 나를 봉사하게 하는 마음가짐이므로 곧 인의 심부름꾼과 같은 셈이다. 그래서 공자는 안연에게 예가 아닌 것[非禮]은 눈으로 보지도 말 것[勿視]이며 귀로 듣지도 말 것[勿德]이며 입으로 말하지도 말 것[勿言]이며 몸으로 행하지도 말 것[勿動]이라고 밝히며 안연을 북돋워 주었다.

중궁이 인에 대해 물었다. 사람을 사귈 때는 큰손님을 맞이하듯 할 것이며 사람을 부릴 때는 큰제사를 모시듯 할 것이고 자신이 원하지 않는 것을 남에게 시키지 말라고 공자는 말해 준다. 이 말씀 역시 예를 되살리는 것[復禮]을 자상하게 풀이해 주고 있는 셈이다. 이렇게 하면 사회에서나 집안에서나 원(怨)이 없어진다고 공자는 다짐한다. 원이란 무엇인가? 사람을 상하게 하고 상처를 내는 것이다. 미워하고 시기하고 의심하는 마음들이 곧 원이다. 이러한 원이 곧 비례(非禮)인 셈이다.

사마우(司馬牛)가 인에 대해 물었다. 그러자 공자는 어려워하는 것이 곧 인이라고 타일렀다. 왜냐하면 말이 많아 항상 수다를 떨었던 사마우였기 때문이었다. 인이란 자기 밖에 있는 것이 아니라 자기 안에 있는 것이다. 인은 내가 행하는 것이지 남이 행해 주기를 바래서는 안 된다. 그러므로 내 자신을 먼저 다스리는 것이 아닌가. 말이 많아 탈을 내는 사마우여, 인이 무엇인가를 알려면 먼저 입부터 삼가라고 이렇게 선생이 충고를 내린 것이다. 말이 앞서면 말은 껍질이 되어 버린다. 실천이 뒤따를 수 없는 까닭이다. 여기서 우리는 실천하기 어려우면 말하기도 어렵다는 것을 깨닫게 된다.

번지(樊遲)가 인에 대해 물었다. 이에 공자는 사람을 사랑하는 것[愛人]이라고 잘라 말해 주었다. 이미 공자가 누누이 설파했던 것을 다시 번지에게 되뇌게 한 것은 인을 행하지 않고 말로만 알고자 하는 버릇을 고쳐 주려고 했기 때문이다. 그러자 번지는 앎이란 무엇이냐고 물었다. 그러자 공자는 사람의 됨됨이를 아는 것[知人]이라고 밝혀 주었다. 애인(愛人)과 지인(知人)은 항상 붙어 있게 마련이다. 사람의 선을 높여 주고 사람의 악을 줄여 주려고 하면 그것이 곧 애인일 수 있다. 남의 좋은 점을 깎아내리고 남의 흉을 들추어 보태면 그것이 곧 불인(不仁)이 된다. 불인은 곧 원(怨)인 것을 알게 한다.

이처럼 〈안연〉 편에서는 인을 묻는 대목을 많이 만나게 된다. 사람과 사람이 만나면 두 상대가 만나게 된다. 그 둘이 하나가 되는 관계를 맺는다면 인의 절정을 이룩하게 되는 셈이다. 내가 네가 되고 네가 내가 되게 하는 질서가 곧 예임을 안다면 그것이 없는 세상이 왜 불행하고 소란하고 불안하며 무서운가를 알게 된다. 지금 우리는 왜 사람이면서 사람을 무서워하는가? 우리 모두가 공자가 밝힌 예를 떠나서 살고 있기 때문이 아닌가?

(2) 정(政)에 대하여

사람은 살면서 자연을 벗어날 수 없다. 노자는 그러한 자연에서 살자고 했고 공자는 사람답게 고쳐서 살자고 했다. 이와 같은 공자의 생각을 문질빈빈(文質彬彬)이라고 한다. 인간의 것[文]과 자연의 것[質]이 잘 조화를 이룰 것[彬彬]을 공자는 강조한다. 노자는 질에 문을 흡수시키려고 한다. 이것이 노자가 주장하는 무위자연 사상이다. 그러나 공자는 문을 앞세워 질을 생각한다. 이것이 공자가 주장하는 인문(人文)의 현실 사상이다.

인간의 것을 높이 받들고 넓혀 사람이 사람으로 살 수 있게 하는 것이 인문이다. 이러한 인문을 현실화하는 것을 정(政)이라고 부른다. 그래서 공자의 현실 사상은 정치 사상과 통하는 것이다. 물론 이러한 정치 사상은 사람을 소중히해야 한다는 것에 바탕을 두고 뿌리를 내린다. 그러므로 정치는 인의를 떠날 수 없다는 공자의 믿음이 성립된다.

자공이 정치를 묻는다. 그러자 공자는 배불리 먹게 하는 것〔足食〕이며 나라를 튼튼히 방비하는 것〔足兵〕이고 백성의 믿음을 얻는 것〔民之信〕이라고 밝힌다. 자공이 이 셋 중에서 하나를 버린다면 무엇을 버리냐고 묻자 무기를 버리라고 공자는 답한다. 나머지 둘 중에서 하나를 버린다면 무엇을 버리냐고 다시 묻자 공자는 양식을 버리라고 답한다. 정치가 백성의 믿음을 잃으면 설자리를 잃어버린다. 이승만 대통령은 위의 셋을 모조리 잃어서 망했고, 박정희 대통령은 족식과 족병에는 공을 세웠지만 백성의 믿음을 저버려 물러가야 했다. 이처럼 정치는 백성에게 있는 것이지 임금이나 대통령의 손바닥 안에 있는 것이 아님을 공자는 이미 밝혔다. 이를 〈안연〉 편에서 만날 수 있다.

제경공(齊景公)이 공자께 정치에 대해 물었다. 공자께서는 임금은 임금다워야〔君君〕 하고 신하는 신하다워야〔臣臣〕 하며 아비는 아비다워야〔父父〕 하고 자식은 자식다워야〔子子〕 한다고 응해 주었다. 경공은 제(齊) 나라의 임금 노릇을 하고 있었지만 떳떳하지는 못함을 공자가 밝힌 것이다. 전 임금을 모반하여 죽인 신하에 의해서 임금의 자리에 앉았으니 그 임금은 허수아비요, 임금 노릇은 신하가 하고 있으니 정치는 엉망이 되고 위아래의 질서는 파괴되어 세상은 어지럽게 되어버렸다. 임금은 임금이어야 하고 신하는 신하여야 하는 도리가 깨진 셈이다. 어찌 임금의 시대에만 그럴 것인가. 민주의 시대에서도 억지 대통령이 있게 마련이다.

권문세도의 척족이었던 계강자(季康子)가 정치에 대해 묻자 공자께서는 다스림의 정(政)은 바를 정(正)과 같다고 질타한다. 권문세도는 바르게 다스리는 것이 아니라 힘의 우격다짐으로 다스리게 마련이다. 말하자면 다스림〔政〕을 눌러 버리는 것〔征〕쯤으로 여긴다. 정치가 올바름의 것[正治]이 아니고 억누름의 것[征治]이 되면 국가정보원 같은 것이 생겨난다.

　계강자가 도둑을 걱정하자 당신이 도둑이 아니면 걱정할 것이 없다고 하면서 윗물이 맑으면 아랫물은 상을 주어도 흐려지지 않음을 공자가 밝혔다. 법에 따라 정치를 하는 것이 아니라 통치자의 뜻에 따라 정치를 하면 특권과 특혜가 날도둑을 만드는 법이다. 그래서 권부는 복마전이 되고 도둑의 소굴이 되는 것이 아닌가.

　공자는 정치를 한다는 계강자에게 군자의 덕을 말해 준다. 군자의 덕은 바람과 같다. 그리고 백성의 덕은 풀과 같다. 풀은 바람이 부는 대로 쏠리고 따른다. 왜 공자가 권문세도에게 이런 말을 했을까? 권문세도란 패도의 집단인 까닭이다. 덕풍(德風)은 백성을 편하게 하는 산들바람과 같다. 그러나 권문세도의 바람은 폭풍일 뿐이다. 폭풍이 불면 민초(民草)는 꺾이고 상처를 입는다. 이처럼 〈안연〉편을 읽게 되면 세상이 소란한 이유를 헤아리게 된다.

(3) 덕(德)에 대하여

　서양의 플라톤은 '현자(賢者)가 세상을 다스려야 한다.'고 했다. 플라톤의 이런 말은 이미 수백 년 전에 동양에서 공자가 했던 '군자가 세상을 다스려야 한다.'는 말과 같다. 왜 군자가 세상을 다스려야 하는가를 〈안연〉편을 읽으면 알 수 있다. 군자는 가장 먼저 자기를 다스린 다음 남들을 편하게 하는 사람이다.

　사마우가 군자에 대해 물었다. 이에 공자는 군자란 두려워하지 않는 사람이며 겁내지 않는 사람이라고 밝혀 준다. 사마우가 왜 그런가를 다시 물었다. 군자는 스스로 자신의 마음속을 들여다보고 반성하며 허물이나 뉘우침 따위가 없는 사람인데 무엇을 두려워하고 겁내겠느냐고 타일러 준다. 이 말은 덕을 행하는 사람은 곧 군자의 마음을 지닌 것임을 헤아리게 한다.

군자는 허물이나 뉘우칠 것이 없으므로 무엇이든 분명히 알고자 하는 사람이다. 군자는 지자(知者)이다. 잘못 알아 잘못을 저지르는 것〔不惑〕을 범하지 않는 사람이 지자라고 공자는 밝힌다. 공자가 말하는 지란 사물을 아는 지식에 앞서 사람을 알아보는 것〔知人〕을 말한다. 또한 군자는 남을 편하게 하므로 인자(仁者)에 속한다. '어진 사람은 두려워하지 않는다〔不憂〕.'고 공자가 말했다. 남을 돕는 일밖에 하지 않는 사람이 무엇을 두려워할 것인가. 남에게 못할 짓을 한 놈이 두려워할 뿐이다. 도둑이 제발 저린다고 하지 않는가. 잘못을 범하지 않고 남을 위해 사는 사람이 무엇을 겁낼 것인가. 그래서 군자는 자연스럽게 용자(勇者)가 된다. 용자이므로 군자는 겁내지 않는다. 덕은 이러한 군자의 마음에서 솟아나 세상을 편하게 하고 부드럽게 하고 모든 사람들이 서로 친하게 해 준다.

자장(子張)이 덕을 높이는 것〔崇德〕에 대해 물었다. 성실과 믿음을 으뜸으로 삼고〔主忠信〕 옳은 것을 행하는 것〔徒義〕이 곧 덕을 높이는 것이라고 공자는 밝혀 준다. 성실은 여문 열매와 같다. 풋풋한 열매는 덜 익어서 갖추어야 할 것을 덜 간직한 상태이다. 성실한 마음이 갖추어야 할 제 맛을 무엇이라고 하는가? 바로 인의(仁義)라고 한다. 인의를 생각하고 행하는 마음이 곧 성실한 마음이고 그러한 마음은 곧 믿음을 지닌다. 내가 남을 믿어 주면 남도 나를 믿어 준다는 확신이 곧 신(信)이다. 그러므로 공자가 말하는 믿음이란 하늘의 믿음도 아니며 신(神)의 믿음도 아니다. 그러한 믿음에 앞서 사람이 먼저 사람을 믿어야 한다고 공자는 주장한다. 여기서 공자가 밝히는 덕이란 사람을 믿는 성실한 마음에서 행해질 수 있는 것임을 알 수 있다.

번지(樊遲)가 숭덕(崇德)에 대해 묻고 악을 물리치고[脩慝] 미혹을 깨치는 것[辨惑]이 무엇이냐고 물었다. 일을 앞세우고 얻기를 뒤로 하면 덕은 높아질 것이 아니냐고 공자가 되물어 주었다. 이는 곧 공치사를 하지 말라 함이다. 한 일을 빙자해서 무엇을 요구하면 압력이나 협박이 되기 쉽고 득이 있으면 한편이 되어 주고 득이 없으면 적이 되는 경우를 만든다. 자신의 잘못을 공격하지만 남의 잘못을 공격하는 일이 없으면 사악함을 다스려지지 않겠느냐고 공자는 반문한다. 그리고 한 순간의 분을 참지 못해 몸을 망쳐 부모의 가슴에 못질을 하지 않으면 이 또한 미혹을 깨친 것이 아니냐고 공자가 되물었다.

〈안연〉편에서 이러한 대목을 읽게 되면 내 자신이 사람을 맞이하는 데 얼마나 소홀했는가를 뉘우치게 된다. 일을 남보다 많이 하는데 돌아오는 것은 왜 남보다 적으냐고 불평을 늘어놓으면서도 공치사를 하는 데는 얼마나 열심인가를 반성하게 한다. 그리고 나는 똥 묻은 개이면서 겨 묻은 개를 흉보고 얕보는 짓을 범하지 않았던가를 되돌아보게도 한다. 나아가 한순간 참았으면 될 일을 참지 못해 언성을 높이고 주먹질을 하려고 덤볐던 어리석음이 부끄러워진다. 효자는 몸가짐을 삼가하여 부모의 걱정을 덜어주려 한다. 이를 우리가 좀더 안다면 깡패도 줄어들 것이고 범법자도 줄어들 것이 아니겠는가?

이처럼 공자의 말씀을 들으면 덕을 높이는 길은 바로 우리의 생활 속에 있는 것임을 알게 된다. 덕은 심오한 사상의 유희를 멀리한다. 덕이 무엇이냐고 논하지 마라. 차라리 공치사를 하지 않으면 그것이 곧 덕의 길인 것이다.

(4) 문(聞)에 대하여

호랑이는 죽어서 가죽을 남기고 사람은 죽어서 이름을 남긴다고 믿는 사람들이 실제로는 출세하여 자기 이름 석 자를 남기려고 욕심을 부리고 덤빈다. 그러나 〈안연〉 편을 보면 군자는 달인(達人)이지 명사(名士)가 아님을 알게 된다.

자장이 어떻게 하면 통달할 수 있느냐고 공자께 물었다. 이에 공자는 그대가 말하는 통달이란 것이 무엇이냐고 되물었다. 자장이 나라에서도 이름이 나고 집안에서도 이름이 나는 것이라고 말하자, 공자는 그것은 명성이지 통달은 아니라고 밝혀 준다. 그리고 통달에 대한 공자의 말씀을 경청하게 한다.

무릇 통달한 사람, 즉 달인은 어떠한 사람인가? 마음과 행동이 순박하고[質] 마음과 행동이 곧으며[直], 옳은 것[義]을 좋아하는 사람이 곧 달인인 것이다. 남의 말을 유심히 귀담아 들어주고[察言] 남의 마음을 헤아려서 몸가짐에 신중을 기하면[觀色] 나라에서나 집안에서나 걸림 없이 자유를 누릴 수 있다고 공자는 밝힌다. 본래 달인의 달(達)이란 걸림없는 자유의 경지에 이르렀음을 말한다. 말하자면 자기를 닦아[修己] 남을 편안히 하는 데 아무런 걸림이 없고 자기를 이겨[克己] 사람과 사람을 믿게 하고 서로 도와 합쳐지게 하는 것[復禮]을 아무런 어려움 없이 행하는 것이야말로 자유를 누린다는 것을 뜻한다. 노장의 자유는 사람이 일[人事]을 떠나야 누릴 수 있는 자유이지만 공맹의 자유는 사람의 일을 인의로 이끌게 함으로써 성취되는 자유이다. 이러한 인의에 의해 성취된 자유를 누리는 사람이 곧 통달한 사람이라고 공자는 밝힌다. 여기서 명성이란 하나의 초개에 불과할 뿐이다.

그러나 명성을 좇는 사람은 겉과 속이 다르다. 겉은 욕망을 숨기고 속은 불길처럼 태운다. 이를 공자는 겉으로 사랑하는 체하면서도 취하는 행동은 그 반대라고 꼬집는다. 이 얼마나 거짓이고 위선인가. 그러나 명성에 걸신이 들리면 그러한 위선이 무엇인지도 모르고 불을 좇는 불나방처럼 명성을 향해 치닫는다. 대개 이러한 인간들이 나라에서나 집안에서나 겉으로만 이름을 낸다고 공자는 비판한다.

대중의 눈에 뜨이고 많은 사람 앞에 나서기를 좋아하는 사람은 화려한 빛깔을 자랑하는 버섯이나 빛 좋은 개살구에 불과하다. 본래 소문난 잔치에 먹을 것 없다는 속담이 있지 않은가. 옛날부터 빛 좋은 버섯은 먹지 마라. 먹으면 독이 올라 죽는다고 했다. 명성이란 겉으로 보면 화려하지만 속은 더럽고 구역질나는 것들로 범벅되어 있다. 인기를 생명으로 알고 불나방처럼 인기를 좇다가 결국에는 파멸의 길을 걷고 만다. 이처럼 본래 명성이란 불길과 같아 걸려든 것은 무엇이든 태워서 재로 만들어 버린다.

공자가 왜 명성을 타고 이름이 나는 것〔聞〕을 경계하도록 했던가를 〈안연〉편을 읽으면 알 수 있다. 명사는 이름을 남기려고 거짓으로 연극을 하고 통달한 사람은 수수한 버섯처럼 그저 음지에서 사람들이 먹으면 살로 갈 양분을 갈무리하고 있을 뿐이다. 통달한 사람을 군자나 지인 아니면 현자라고 불러도 된다.

언제 어느 세상이든 명사는 많으나 현자는 드물다. 사람은 저마다 명성을 탐하고 높은 자리를 넘본다. 그래서 서로를 믿지 못하고 서로를 헤집고 시기하며 미워한다. 이러한 마음 씀씀이가 경쟁 심리이며 성취 욕구지만 그 끝은 쓴잔을 마시게 하며 심하면 독배를 마시게 한다. 조선조의 사대부들을 보라. 청운의 꿈을 안겨 준다는 과거에 합격해 임금의 수하에 들어가 이름 석 자를 남기려다 얼마나 많은 군상들이 사약을 받아 마시고 절명해야 했던가. 그들은 모두 따지고 보면 불을 좇다가 불꽃에 온몸을 태워 버린 꼴이다. 물론 조선조에만 이러한 인간형이 있었던 것은 아니다. 여름밤 불꽃에 불나방과 하루살이가 날아드는 것처럼 인간의 세상은 온갖 불꽃들이 타는 현장인 것이다.

명사는 오만하고 달인은 겸허하다. 오만은 열기와 같아서 위로 올라 가려고만 하고 겸손은 물과 같아 낮은 곳을 향해 흐른다. 앞에 나서기를 좋아하는 명사들은 언제나 봄날의 아지랑이처럼 올라가다가 추락하기 일쑤인 것이다.

2. 공자의 어록

(1) 원칙을 파는 사람

사람이 사람을 판단하는 일은 사람이 할 수 없는 일이다. 다만 사람과 사람 사이의 관계를 따지거나 아니면 사람이 행한 일을 놓고 옳고 그름을 재어 볼 수 있을 뿐이다. 그러나 그 관계를 따지고 사람의 일을 시비로 걸어서 결정을 내릴 자가 없다는 데 문제가 생긴다. 이러한 문제 탓에 자주 시비가 일어난다. 시비라는 것은 네가 잘했는지 내가 잘했는지를 따지고 네가 옳은지 아니면 내가 옳은지를 가늠하려는 것이다. 그러나 이것은 시(是)이고 저것은 비(非)라고 잴 수 있는 자가 어디에 있다는 말인가.

무슨 일이 생겼을 때 원칙대로 하면 되지 않느냐고 말하는 사람일수록 그 사람을 유심히 보게 마련이다. 그 원칙을 자기에게 적용하려는 자인지 아니면 남에게만 적용하려는 자인지 분명치가 않는 까닭이다. 좋은 말은 골라 하면서 뒤로는 허튼짓을 아무런 거리낌없이 하는 위인들이 이 세상에는 너무나 흔하다. 그래서 그러한 인간이 말하는 원칙이 자기를 방어하려는 엄포이고 남을 노리는 작살에 불과함을 발견하게 될 때 사람이 얼마나 영악하고 무서운 존재인가를 눈으로 보게 된다.

남을 판단하려 덤비는 사람보다 더 무서운 것은 없다. 왜냐하면 자기 오지랖은 그냥 두고 남의 겨드랑이에 무엇이 숨겨져 있는가에만 신경을 곤두세우고 상대를 쓰러뜨릴 급소를 노리기 때문이다. 도둑이 도둑을 재판하는 것을 아는가. 도둑들이 도둑질을 해 오면 전리품을 놓고 분배를 하게 마련이다. 몫이 제대로 돌아가면 다행이지만 두목이 독식을 하게 되면 졸개들이 배반한다. 그래서 도둑이 도둑을 밀고하는 일이 생긴다. 밀고 당한 도둑은 감옥으로 가고 밀고한 도둑은 현상금을 받아 챙긴다. 그렇게 되면 어떤 놈이 진짜 도둑인지 분간하기 어렵다. 이처럼 도둑이 도둑을 재판하는 경우는 시비를 엉망으로 흔들어 버린다.

시비를 흔들어 버리면 세상은 무엇이 가짜이고 진짜인지를 갈라내기 어렵게 된다. 그러면 세상이 썩었다고 흉을 보게 된다. 썩은 세상을 흉볼 수 있는 사람은 누구일까? 공자는 자로 같은 사람이라고 밝힌다. 자로는 약속한 것은 반드시 지키고 옳은 것이 아니면 하지 않는다는 마음을 그대로 간직하고 있었던 까닭이다.

그렇다고 공자가 자로를 신뢰해서 그렇게 말한 것은 아니다. 단칼에 끝장을 내야 직성이 풀린다는 자로의 성급함이 오히려 탈이 되는 경우가 많았던 까닭이다. 자로여, 옳지 않은 일이면 하지 않는다는 자신감은 그대의 원칙일 뿐 남을 재려고 하는 자가 아님을 왜 몰랐던가. 공자는 이 점을 항상 염려했다. 도둑이 도둑을 밀고했을 때 어느 한쪽만을 보고 단칼을 휘두르면 밀고한 도둑을 큰 도둑으로 만들어 주는 경우가 생기기도 한다. 자로여, 이를 어떻게 한단 말인가. 공자는 이런 허점을 걱정한 셈이다.

🌿 공자의 말씀

한마디로 판결을 내릴 수 있는 사람은 자로(유)일 것이라고 공자가 말했다. 왜냐하면 자로는 승낙한 것을 어기는 일이 없었기 때문이다.

子曰 片言可以折獄者 其由也與 子路無宿諾

(2) 옹고집과 자린고비의 맞고소

옹고집과 자린고비가 만나면 일어나는 것은 송사뿐이라는 말과 송사 삼 년에 거덜난다는 말이 있다. 이것은 재판을 하게 되면 이기든 지든 상처를 입게 되므로 함부로 송사를 하지 말라 함이다.

한마을에 옹고집과 자린고비가 이웃으로 살았다. 옹고집은 샘이 많았고 자린고비는 탐이 많았다. 이처럼 그 둘은 서로 닮은 점이 있었다. 마치 늙은 다람쥐처럼 제 집안에만 모든 것을 숨겨 둘 줄만 알았지 베풀 줄은 몰랐다. 내 것은 내 것이고 네 것도 내 것이 되어야 마음이 편하다고 여기는 자린고비와 너는 틀렸고 나만 옳고 맞는다고 우기는 옹고집이 한 섬지기 논을 두고 농사를 지었다.

옹고집의 논과 자린고비의 논 사이에는 둑이 있었는데 겨울에 얼었던 논둑이 봄이 되어 녹으면서 무너져 버렸다. 그러자 자린고비 쪽에서 먼저 논둑을 손질하자고 제안했다. 그러나 옹고집은 자신의 논은 위쪽에 있으니 아쉬운 쪽은 아래쪽 논이라며 자린고비의 제안을 거절했다. 어찌된 일인지 아무 말 않고 자린고비는 자진해서 둑을 고치겠다고 했다. 그런데 둑을 고친 뒤 문제가 생겼다. 옹고집은 자기 논이 먹어 들어갔다고 우겼고 자린고비는 이전과 같다고 고집했다. 결국 둘은 자투리땅을 놓고 서로 송사를 걸었다.

송사는 사람의 오기를 부르고 감정을 부른다. 지면 안 되고 반드시 이겨야 한다는 욕심이 사람을 변화시킨다. 이기기 위해서는 돈을 써야 하고 고을 원님에게 뇌물을 줘야 한다. 그렇게 서로 다투며 삼 년이 지났다. 한 뼘의 땅을 찾으려던 옹고집은 한 섬지기 논을 날렸고 한 뼘의 땅을 가로채려던 자린고비 역시 한 섬지기 땅을 날렸다. 이처럼 송사는 욕심이 욕심을 부르고, 송사에 지면 망신당한다는 명분에 오기를 부리던 옹고집과 자린고비는 알토란 같은 텃논을 모두 잃고 말았다. 그리고 그 둘은 철천지 원수가 되어 그 마을에서 어디론가 떠났다.

이러한 이야기는 예전에만 있었던 것이 아니다. 지금도 여전히 법원에 가면 송사로 목을 매는 사람들이 넘친다. 그런 사람들의 눈에는 재물 외에는 보이는 것이 없다. 그들은 고기 덩어리를 함께 물고 으르렁거리는 개처럼 염치나 수치를 모른다. 이렇게 송사는 사람을 망친다. 그래서 공자는 송사를 말라고 했다.

🌱 공자의 말씀

송사를 처리하는 힘은 나에게도 남만큼은 있다. 그러나 바라는 바는 무슨 일이 있어도 송사를 없게 하는 것이다. 이렇게 공자는 밝힌다.

子曰 廳訟 吾猶人也 必也使無訟乎

(3) 칠공자의 심심풀이

만나는 사람마다 칠공자가 누구인지 아느냐고 물었던 때가 있었다. 모모 재벌의 아들이네, 모모 부호의 아들이네, 아니면 모모 고관의 아들이네 하면서 그럴듯한 입질거리를 칠공자가 제공해 주고 있었다. 칠공자가 딱 꼬집어 누구인지는 알 수 없었지만 돈이 많은 집의 아들들이라는 사실만은 분명했다. 그들은 돈 걱정이 없었으므로 돈으로 할 수 있는 모든 짓들을 하면서 현대판 한량 노릇을 했다는 것이다. 엄청난 판돈을 걸고 포커판을 벌려 돈으로 놀이를 하고 엄청난 화대를 미끼로 밤마다 미녀를 후리며 엽색놀이를 한다는 칠공자들은 할 일이 없어 심심해 그런 짓을 저질렀다.

돈밖에 없는 칠공자들은 따지고 보면 불쌍한 치들이다. 세상 물정을 모르고, 사는 일이 무엇인지를 알지 못하고 하는 행동들인 까닭에 그들이 하는 짓들이 틀려먹었다는 판단을 할 수도 없는 노릇이다. 말하자면 멀쩡한 바보들이 심심해서 놀음도 하고 계집질을 하는 것에 불과하다. 그리고 그네들의 입에는 항상 무슨 재미난 일 좀 없느냐고 묻는 푸념들이 고약한 냄새처럼 붙어 다녔을 게다.

놀음을 업으로 삼는 놈은 돈을 따야 살아남지만 돈이 많아서 따도 그만 잃어도 그만인 칠공자들은 시간을 보내려고 그런 짓을 할 뿐이고 돈으로 여자를 사서 알몸을 탐닉하는 짓거리 역시 심심해서 그렇게 할 뿐이라고 동정할 수도 있는 일이다. 사람이 미친개가 되고 싶으면 미쳐야 하는 것이고 망나니가 되고 싶다면 제 부모의 품에 칼을 꽂게 되는 것이 아닌가. 날마다 질펀하게 돈으로 목욕을 한다는 칠공자 류의 인간에게 무슨 고뇌가 있을 것인가. 그런 것은 없다. 다만 불만과 불평, 그리고 나태만 있어서 항상 주린 짐승처럼 킁킁거릴 뿐이다. 모습만 사람이지 몸만 살아서 버둥대는 인간은 마음이 불모지와 같아 풀 한 포기 자랄 수 없다. 말하자면 폐인이 되어 버리는 것이다. 칠공자는 퇴폐의 한 본보기로 서울 장안의 모든 입들은 그들을 흉보았다.

알아야 면장을 한다는 우스갯소리가 있다. 모르면 엇나가는 짓을 범하고도 그 사실을 모른다는 말이다. 제가 하는 짓이 부끄러운 것인지를 아는 사람은 사람을 생각하고 삶을 생각하는 사람이다. 사는 일을 왜 고통이라고 하는가? 뜻처럼 되지 않지만 삶을 포기할 수 없는 까닭이다. 그러한 까닭을 헤아리기 위해 사람은 널리 배워야 하고 제자리를 찾아 앉을 줄도 설 줄도 알아야 한다. 분수를 알아서 제자리를 아는 것이 예일 것이며 삶이 얼마나 귀한 것인가를 아는 것이 곧 문(文)일 것이다. 그래서 공자는 사람이 문에 멀고 예에 멀면 엇나가는 짓을 한다고 밝힌다. 왜 칠공자는 망나니가 되었을까? 문이나 예를 떠나서 그런 망신을 당한 셈이다.

글로써 널리 배우고 예로써 몸단속을 하면 엇나가는 일은 좀처럼 없을 것이 아니냐. 이렇게 공자는 꼬집었다.

子曰 博學於文 約之以禮 亦可以弗畔矣夫

(4) HR과 쓰루의 수 읽기

우리는 신문에 영어 대문자로 YS, DJ, JP 등의 약자가 나오면 그것이 누구를 나타내는 것인지 단번에 안다. 지금은 모두 과거가 되었지만 이 약자들은 4공이 가고 5공이 들어설 무렵 잠깐 동안 대권의 자리를 놓고 이른바 3김이 경쟁을 벌이는 동안 누구나 알 수 있는 약자가 되었다. 그러나 HR이라는 약자는 아는 사람도 있겠지만 모르는 사람이 더 많을 게다. HR은 4공의 권력 핵심부에서 박 대통령의 그림자처럼 측근 노릇을 하면서 꽤 오랫동안 권세를 한 손에 쥐고 흔들었던 사람의 약자이다. 4공 때는 신문 가십란에 쓰루라는 별명이 가끔 오르내리기도 했었다. 쓰루는 일본말로 학[鶴]을 나타낸다. 그 별명의 이름에 학자가 들어 있었던 이유로 그러한 별명이 붙었겠지만 깡마른 체구에 목이 길어 별명에 걸맞았던 그 쓰루는 장관의 자리에 있었다.

박 대통령의 신임을 독차지하려고 HR과 쓰루는 서로 경쟁을 했다. 물론 대통령은 그 둘을 모두 신임하고 있었다. 대통령은 저울대를 든 쪽이었고 그 둘은 저울질을 당하는 쪽이었으니 누가 더 무거운 신임을 받는지 항상 눈금을 재어 보려는 심산을 늦추지 않았다. 그래서

HR은 은근히 쓰루를 여러모로 견제하려 했다. 쓰루가 이를 모를 리 없었다. 독재자의 귀가 외길로 통해 있을수록 권세를 부리는 데 편하고 유리하다는 것은 진시황 때부터 진리가 되어 있다. 그러한 진리를 그 둘은 알 만큼 알고 있었다. 그래서 그들은 서로 암수를 두어서 상대방이 자충수를 두도록 신경전을 벌였다.

쓰루는 성질이 칼칼하고 저돌적이었다. 권투 선수로 말하자면 인파이터였던 셈이다. 그러나 HR은 능글능글하면서도 순발력이 뛰어나고 영리한 아웃 복서였다. 쓰루의 약점과 착오를 은근하게 알려서 윗분의 귀에 들어가도록 HR이 암수를 쓰면 쓰루는 뒤늦게 알고 화가 치밀어 정공법으로 치고 들어갔다. 그러면 반대로 HR은 시치미를 떼면서 잽싸게 치고 빠지는 전법을 구사했다. 일인자에게 제일의 신하가 되려고 그들은 서로의 약점을 찾아 아킬레스건을 끊어 버리려고 호시탐탐 노리고 있었던 것이다.

임금의 선심을 사려는 신하는 언제나 간신이 되기 쉽고 백성을 잊어버리는 버릇이 있다. 현명한 성군은 그러한 간신을 멀리하지만 힘만 믿는 폭군은 간신의 솔깃한 말만 챙기다 임금의 자리에서 밀려나게 마련이다. 이 또한 고금의 진리이다.

4공 시절 HR과 쓰루의 신경전을 보면 임금의 사랑을 독차지하려고 상대편의 못된 점을 임금의 귀에 들어가게 갖은 짓을 꾀했던 고사들이 생각난다. 그러나 당대에는 권좌의 엄호를 받고 권세를 누리지만 그 권좌의 빛이 사라지면 맹랑한 대접을 면하기 어렵다는 것을 왜 그들은 몰랐을까? 본래 권력이란 봉사를 만들고 벽창호를 만드는 마법이다. 그러한 마법에 걸리면 누구나 소인이 되고 만다.

소인이란 누구인가? 남이 잘되면 배가 아프고 남이 못되면 고소해하는 사람을 말한다. 사촌이 논을 사면 배가 아프다는 치들이 바로 소인이다. 소인은 남의 허물이 있으면 들추어내기에만 급급할 뿐 남의 장점은 보지 못한다. 소인이 나라를 다스리는 일에 끼여들면 그만큼 백성은 탈을 입게 된다.

공자는 백성들이 탈을 입지 않으려면 군자가 세상을 다스려야 한다고 말했다. 군자란 누구인가? 사촌이 논을 사면 자기가 산 것처럼 기뻐하는 사람이다. 그래서 군자는 남의 허물은 감추어 주고 남의 장점은 드러나게 하는 사람이라고 공자께서 밝힌 것이다.

🌿 공자의 말씀

군자는 남의 아름다운 점을 이루게 하고 남이 잘못을 범하지 않게 하지만 소인은 그 반대의 짓을 한다. 이렇게 공자는 단언했다.

子曰 君子成人之美 不成人之惡 小人反是

3. 문답의 담론

(1) 어진 사람들

싹싹하고 눈치가 빠른 사람은 마음속이 쉴 틈이 없다. 무슨 일이든 만들어 꾸미려는 욕심이 마음을 차분하게 두지 못하게 한다. 성급하고 조급해서 양은 그릇처럼 잘 달구어지기도 하고 잘 식어 버리기도 하는 사람은 진득하게 살지 못한다. 어수선하게 일을 벌여 놓고 되는 일, 안 되는 일의 구별도 없이 밤낮 쫓기면서 자신을 돌아볼 줄 모른다. 이러한 사람은 영악하기는 해도 어질지는 못한다.

어진 사람은 마음 씀씀이도 느리고 둔해 보인다. 행동 역시 느리고 느슨해 보인다. 그러나 돌다리도 두드리고 건너듯이 사람에 대해 신중하고 삶에 대해서도 엄숙하고 느긋하다. 그래서 어진 사람은 스스로를 어리석다고 여긴다. 어진 이는 남보다 뛰어나든지 잘났다든지 이러한 생각을 할 줄 모른다. 그래서 어진 사람은 겸손하게 자기를 낮추지만 근엄해 보인다. 선한 마음 그대로 살기 때문이다. 선한 마음으로 살면 그것이 곧 예인 셈이다. 공자가 말하는 문물제도는 선함을 향하는 장치일 뿐이다. 선하다는 것은 인의를 현실화하는 마음이요 행동이다. 이러한 마음과 행동을 공자는 예라고 밝히고 있다.

안연은 공자의 제자 중에서 덕을 행하는 본보기다. 그 안연이 선생께 인이 무엇이냐고 물었다. 그러자 공자는 나를 이겨서 예로 돌아가는 것이 인이라고 풀어 주었다. 인간에게는 선악이 있다. 인간이라면 누구나 선하기도 하고 악하기도 하다. 예는 이러한 인식을 먼저 요구한 다음 악을 떠나 선으로 돌아가려는 마음이 있어야 한다. 공자 말씀에 따르면 악은 불인이며 불의이다. 불인을 범하려는 나를 이겨내고 불의를 탐하려는 나를 이겨내야 느끼는 것도 어질고 생각하는 것도 어질 것이며 이해하고 판단하는 것 또한 어질 것이다. 악한 마음은 악한 행동으로 이어지고 옳은 마음은 옳은 행동으로 이어지는 것을 헤아린다면 '나를 이겨서 예로 돌아간다는 것〔克己復禮〕'을 짚을 수 있다.

약삭빠른 현대인은 자신을 이길 생각은 않고 남을 이길 생각만 한다. 그래서 현대인은 벗을 잃었고 이해 상관으로 얽힌 동료만 있을 뿐이며 항상 서로 경계하면서 다투어 상대를 이겨낼 생각만 한다. 또한 염치를 모르고 겸허할 줄을 모르며 우쭐대면서 자기 선전을 하여 씨름판의 천하장사인 척한다. 극기복례를 잊어버린 지 이미 오래기 때문이다. 사람들이 뻔뻔스러워질수록 세상은 추해질 뿐이다.

🍵 안연과의 담론

어진 것이 무엇이냐고 안연이 물었다. 그러자 공자는 다음처럼 답했다. 나를 이겨서 예로 돌아가는 것이다. 단 하루라도 그렇게 하면 세상도 인으로 돌아갈 것이다. 어질다는 것은 나로부터 비롯되는 것이지 남으로부터 비롯되는 것이 아니다. 그러기 위해 지킬 것을 가르쳐 달라고 안연이 다시 조아렸다. 이에 공자는 예가 아니면 보지 말 것이며 예가 아니면 듣지도 말 것이며 예가 아니면 말하지도 말고 행동하지도 말라고 밝혔다.

顔淵問仁 子曰 克己復禮爲仁 一日克己復禮 天下歸仁焉 爲仁由己 而由人乎哉 顔淵曰 請問其目 子曰 非禮勿視 非禮勿德 非禮勿言 非禮勿動

(2) 건달과 새침데기

엉덩이에 뿔난 송아지라는 속담은 막돼먹은 인간을 비유할 때 쓰인다. 그러한 인간을 건달이라고도 부른다. 건달기가 있는 인간은 믿을 수 없는 사람으로 통한다. 건달은 남들로부터 신용을 잃어버린 사람이기 때문이다.

얌전을 떨던 강아지가 부뚜막에 먼저 올라간다는 속담은 겉으로는 얌전을 떨면서 속으로는 앙큼한 짓을 하는 인간을 비유한다. 새침기가 있는 인간은 그를 믿는 사람에게 실망만을 안겨주는 허망한 자이다. 말하자면 뒤로 호박씨를 까는 인간형이 새침데기이다. 그래서 새침데기는 남들로부터 뒷말을 듣는다.

그러나 건달은 깡패 따위는 아니다. 오히려 건달의 마음은 악하거나 모질지 못해 사람을 가볍게 대하고 삶을 건성으로 적당히 살아갈 뿐 흉악한 도둑질이나 무지막지한 무뢰한은 아니다. 다만 경솔하고 까불고 무엇이든 얕보는 약점이 있어서 사람들로부터 따돌림을 당할 뿐이다. 새침데기도 사기꾼은 아니다. 다만 자기에게 손해가 될 짓은 아예 하지 않을 뿐이고 그렇다고 남을 해칠 궁리를 하는 것도 아니다. 새침데기는 칭찬을 받으면 헤헤거리고 비난을 받으면 꽁해져 입을 다물고 토라질 뿐이다. 이처럼 건달은 내놓고 자기를 과시하는 자이고 새침데기는 자기를 지나치게 챙겨서 실속을 차리려 할 뿐이다.

마음 편히 살 수 없는 세상이라고 한탄할 때가 많다. 이러한 한탄은 이 세상에 건달꾼들이 우글거린다는 뜻이 담겨져 있다. 성급하고 조급해져서 조금만 싫어도 삿대질을 하고 살기를 품다가도 조금만 기분이 좋으면 온 세상이 다 풀린 것처럼 싱거운 몸짓을 떨면서 헤헤거리는 꼴들을 어디서나 볼 수 있다. 건달은 기분에 살고 기분에 죽으려고 한다. 이러한 건달은 제 몸 하나만 아끼는 성질 탓에 항상 가슴에 뇌관을 품고 겁 없이 까분다.

믿을 사람 없는 세상이라고 자조할 때가 많다. 이러한 자조는 만나는 사람마다 새침기가 있어서 서로 마음을 터놓고 진심을 나눌 수 있는 사람이 없는 세상임을 일러준다. 사람과 사람이 서로 믿지 못하게 되어 버리면 세상은 끝장나고 만다. 나도 새침꾼이고 너도 새침꾼이면 모두가 제 실속만 차려서 남을 돕고 이해해 주는 여유는 없어져 버린다. 개인 중심이니 이기주의니 하는 것은 인간들이 모두 새침데기로 돌변해 간다는 말이다. 그렇게 돌변한 인간에게 건달기마저 붙어서 세상을 얕보고 함부로 삶을 소모하면서 아무런 미련없이 막가는 대로 살아가려는 인간 군상들이 늘어나기만 하니 큰일이다.

공자는 들뜬 고무풍선처럼 세상을 살아가는 것을 경계한다. 세상은 건달들의 수용소도 아니고 새침데기의 소굴이 되어서도 안 된다. 나하고 너하고 서로 믿고 서로 끌어 주고 밀어 주어야 사는 가치를 느낀다고 공자는 누누이 설득한다. 덕을 행하는 데 으뜸이었던 중궁(仲弓)이 공자께 인이 무엇이냐고 물었다. 이에 공자는 남을 위해 마음을 조심하고 행동에 조심하는 것이 곧 인이라고 타일러 주었다. 남을 함부로 대하면 그것이 곧 불인이라는 것을 공자는 말하고 싶었던 셈이다.

그러나 현대인은 이러한 선생의 말씀을 잊은 지 오래다. 너나 할 것 없이 모두 얼마간의 건달기와 얼마간의 새침기로 무장하고는 나를 앞세우고 남을 뒤로 밀어내려는 용심을 품고 있다. 그 결과 사람과 사람 사이에는 벽이 생기고 말았다. 그러한 벽을 어떻게 하면 허물어 버릴 수 있을까? 공자께서 중궁에게 들려준 말씀을 새겨들으면 사람과 사람 사이의 벽은 허물어질 수 있을 것이다. 남이 허물어 주기를 바라지 마라. 내가 먼저 허물려고 하라. 이 또한 공자의 주문이다.

🫖 중궁과의 담론

중궁이 인이란 무엇이냐고 물었다. 이에 공자께서는 다음처럼 말해주었다. 사회에서 사람을 사귈 때는 귀한 손님을 만난 듯할 것이며 백성을 부릴 때는 큰제사를 모시듯 할 것이고 내가 원치 않는 것을 남에게 시키지 마라. 그렇게 하면 나라에 원망이 없어질 것이고 집안에서도 원망이 없어질 것이다.

仲弓問仁 子曰 出門如見大賓 使民如承大祭 己所不欲 勿施於人 在邦無怨 在家無怨

(3) 자니 카슨의 대담쇼

AFKN TV 심야 방송에는 토크쇼(Talk Show)가 많이 방송된다. 그 중에서 자니 카슨이 나오는 프로가 제일 인기가 있었다. 방송을 보면 카슨이 무대에 나오는 꼴은 가관이다. 손뼉을 치고 거드름을 피면서 고개를 끄덕이며 목에 잔뜩 힘을 주고는 마치 로마 황제나 된 듯이 양팔을 벌려 방청석을 향해 내 말을 들어 보라고 콧대를 높인다. 그러면 방청석에서는 우레와 같은 박수가 터져 나오고 카슨은 인기에 감사한다는 뜻의 절을 한 다음 세상일을 이리저리 뒤집기도 하고 꼬집기도 하면서 너스레를 떤다. 그러면 청중은 배꼽을 잡고 웃고 좋아한다. 분명 미국인들은 개그맨에게 홀딱 미치는 모양을 보인다.

우리나라에서도 심야 시간에 〈자니윤 쇼〉라는 토크쇼를 방송했던 적이 있었다. 미국의 토크쇼를 흉내냈지만 여기저기서 비난이 빗발쳤다. 카슨처럼 하려는 의도였는데 왜 인기를 얻기는커녕 흉만 잡혔을까? 여기는 미국이 아니었던 까닭이다. 우리는 말을 함부로 해서는 안된다고 알고 있다. 결국 〈자니윤 쇼〉는 도중 하차했고 자니윤은 말을 파는 짓을 하지 못하게 되었다. 말을 함부로 하지 마라. 말의 너스레를 떨면 혀에 가시가 돋친다. 이러한 풍속은 아직 우리에게 살아 있었던 것이다. 그런데 세상은 점점 변해 말은 개그의 입질로 씹히고 말의 값은 신용을 탕진하려는 지경에 이르렀다. 말을 믿지 못하는 세상이 제일 무섭다. 그래서 공자는 인자의 입은 무겁다고 한 것이다.

말 한 마디로 천 냥 빚을 갚는다. 천 냥 빚을 갚을 수 있는 한 마디의 말은 태산보다 무겁고 바다보다 깊다. 세 치 혀가 탈을 부리니 항상 말조심을 하라. 한 맺힌 아낙의 입은 오뉴월에도 서리가 내리게 만든다. 이처럼 입조심 말조심하라는 말들이 많다. 책임질 수 있으면 말하고 그렇지 않으면 침묵하라. 그래서 말은 은이고 침묵은 금이라고 한다. 사람과 사람이 마음을 서로 나눌 때 말은 적을수록 좋고 눈길은 깊을수록 서로 끌리고 미소는 부드러울수록 서로를 통하게 한다.

사랑하는 사람끼리는 말 대신에 눈으로 말하거나 미소로 속을 주고받는다. 애틋한 눈길이나 따뜻한 미소가 속마음을 전하는 데 더 미더운 까닭이다. 수다스러운 말은 껍질에 불과할 뿐이다. 연인들의 입은 무겁고 사기꾼들의 입은 가볍다.

말이 많으면 일일이 뒤틀리고 빈말이 많으면 서로 믿지 못해 의심하고 싸우며 흉잡힐 짓을 서슴지 않는다. 웃기는 말은 사람을 실없게 만들어 방정스럽고 졸랑거리게 만든다. 말을 훔쳐서 사람을 혹하게 하는 입은 더럽고 말을 팔아서 사람을 웃기는 입은 너절하고 속을 숨기고 빈말로 아양을 떨어 슬쩍 넘기는 입은 독하다.

어진 사람은 말을 무서워한다. 한 번 뱉은 말은 주워담을 수 없는 까닭이다. 말을 곧 마음과 행동으로 여기는 어진 사람은 좀처럼 입을 열지 않는다. 맑게 눈을 뜨고 밝게 귀를 트고 사람을 맞이하고 사물을 만난다. 그래서 어진 사람은 항상 과묵하고 모든 일에 꼼꼼할 뿐만 아니라 자상하다. 어진 사람은 사람을 믿는 까닭이다. 공자가 밝히는 인자란 신이나 하늘을 믿는 자가 아니라 사람을 먼저 믿는 사람이다. 그러나 말을 잘하는 사람은 사람을 의심하고 말을 함부로 써서 설레발을 치고 안개를 깔아 마음속을 흔들어 놓고 수작을 부린다. 말하자면 말을 가지고 속이기도 하고 꼬이기도 하며 이용해서 팔기도 한다.

공자의 제자 중에도 수다스럽기 짝이 없는 사마우라는 사람이 있었다. 그가 선생께 인이 무엇이냐고 물었다. 이에 공자는 인자라면 말하기를 어려워한다고 응해 주었다. 공자께서는 사마우의 정곡을 찌른 셈이다. 가벼운 입은 바람과 같아 방향이 따로 없다. 시세나 사정에 따라 이 말이 저 말이 되기도 하고 저 말이 이 말이 되기도 하면서 말재주로 술수를 부린다. 말짓이 무슨 힘이 드느냐고 반문하면서 함부로 나불대는 입은 결국 사람을 홀리거나 농을 쳐서 넘어가게 한다. 말로써 속임수를 쓰면 결국 사람을 이용하는 셈이 되고 마는 법이다.

어진 사람[仁者]은 사람을 이용하지 않는다. 사람을 믿고 말을 믿는 일은 쉬운 일이 아니다. 인자는 그 어려움을 안다. 그래서 공자는 사마우에게 인자라면 말하기를 어려워한다고 타일렀던 것이다. 현대인들은 거의가 사마우를 닮아가고 있다. 말하자면 현대인은 모두 개그맨이 되어 가고 있는 중이다. 먹으면서도 나불대고 마시면서도 떠들고 앉아서도 지껄이고 서서도 종알거린다. 수다를 떨고 수선을 피고 맞장구를 치면서 말재주를 부린다. 말을 탕진하면서 상대의 속을 떠보고 짚고 뒤에서는 침을 뱉는 말을 서슴지 않는다. 이런 말괄량이들은 믿을 사람이 못된다. 입을 겁 없이 놀렸던 사마우여, 그대가 인자를 알려거든 먼저 입조심부터 하라. 아마도 공자께서는 이렇게 면박을 주고 싶었을 게다. 우리들도 그러한 면박을 받아야 한다.

🫖 사마우와의 담론

사마우가 인이란 무엇이냐고 물었다. 이러한 물음에 공자는 이렇게 응해 주었다. 어진 사람은 말하기를 어려워한다. 이 말을 들은 사마우가 다시 말하기를 어려워하는 것을 알면 그것을 바로 인이라 할 수 있느냐고 따져 물었다. 이에 선생은 실천하기가 어려운데 말하기가 어렵지 않겠느냐고 되받아 주었다.

司馬牛問仁 子曰 仁者 其言也訒 曰 其言也訒 斯謂之仁矣乎 子曰 爲之難 言之得無訒乎

🫖 번지와의 담론

번지가 인을 물었다. 공자께서 사람을 사랑하는 것이라고 답해 주었다. 번지가 다시 앎에 대해 묻자 공자께서 사람을 알아보는 것이라고 밝혀 주었다. 번지는 이해할 수 없었다. 공자께서 다시 이렇게 풀이해 주었다. 곧은 사람을 등용해 굽은 사람 위에 쓰면 굽었던 사람도 곧게 된다. 번지가 물러나와 자하를 만나 좀전에 앎에 관해 선생께 물었더니 곧은 사람을 등용해 굽은 사람 위에 쓰면 굽은 사람도 곧아진다고 말씀하셨는데 무슨 뜻이냐고 물어 보았다. 그 말씀은 참으로 풍부한 뜻을 지니고 있습니다. 순 임금이 천하를 차지한 뒤 뭇사람들 중에서 고요를 등용했더니 어질지 못한 사람들이 떨어져 나갔으며 탕 임금이 천하를 차지한 뒤 여러 사람들 중에서 이윤을 등용하니 어질지 못한 사람들이 떨어져 나갔습니다라고 자하는 대답해 주었다.

樊遲問仁 子曰 愛人 問知 子曰 知人 樊遲未達 子曰 擧直錯諸枉 能使枉者直 樊遲退 見子夏曰 鄕也吾見於夫子而問知 子曰 擧直錯諸枉 能使枉者直 何謂也 子夏曰 富哉言乎 舜有天下 選於衆 擧皐陶 不仁者遠矣 湯有天下 選於衆 擧伊尹 不仁者遠矣

(4) 이정재와 시라소니의 주먹

나라를 지키는 무사는 병졸이라고 하지만 개인을 지키는 무사는 졸개라고 한다. 졸개는 깡패에 불과하고 병졸은 떳떳한 군인이다. 졸개는 주인의 하수인이고 졸개의 주먹은 미친개의 이빨과 같다. 이 대통령 밑에서 권세를 누렸던 이기붕의 졸개로 있었던 이정재를 아는가. 권력의 사냥개 노릇을 하면서 밤이면 요정에서 임금처럼 굴고 골목에서는 주먹 대장으로 행패를 부리는데도 부자들이 돈 보따리를 싸다 바쳤던 그 이정재를 아는가.

주먹만 믿고 홀로 거닐었던 시라소니가 있었다. 일 대 일로 붙으면 이겨낼 깡패가 없었다. 치고 받는 기술이 거의 신기에 가까워 시라소니의 무술은 장안에 화제가 되기도 했다. 어쩌면 시라소니는 깡패가 아니었는지도 모른다. 도둑의 무리에도 도가 있다고 도척이 말했던 것처럼 깡패의 무리에서도 의라는 것이 있다. 시라소니는 주인을 함부로 정하지 않았다. 상전으로 모실 만한 위인을 찾지 못했던 셈이다. 이정재는 권문세도의 개가 되어 짖으라 하면 짖었고 물라 하면 물었다. 이러한 이정재를 시라소니는 무시하고 경멸했다.

이정재의 주먹과 시라소니의 주먹은 질은 같았지만 그 모양은 달랐던 셈이다. 시라소니는 깡패는 깡패로 그치면 된다고 믿었던 주먹이고 이정재는 주먹으로 출세를 하여 정치가가 되겠다고 믿었던 정치 깡패였던 까닭이다. 정치와 권력을 하나로 아는 사람들은 패권을 노린다. 패권이란 무엇인가? 힘으로 모든 것을 짓밟아 모든 것을 약자가 되게 하여 무릎을 꿇게 한다는 야심에서 비롯되는 힘의 신앙이다.

가장 강한 것이 가장 약하다는 말이 있다. 힘만을 믿는 자는 겉으로는 가장 겁이 없고 두려움도 모른다. 그러나 속을 들여다보면 제일 무서움이 많고 제일 두려움이 많은 자가 패권을 노리는 무리들이다. 그러한 무리들은 졸개들이 망을 보지 않으면 잠자리에서 눈을 감지 못한다. 못할 짓을 밥먹듯이 했기 때문에 보복과 앙갚음이 두렵고 무서워 밤잠을 설친다. 왜 맞은 놈은 발을 펴고 잘 수 있어도 때린 놈은 숨어서 옹크리고 자는가? 무섭고 두렵기 때문이다.

사마우에게는 형이 하나 있었는데 그가 바로 포악하기로 유명한 사마환퇴(司馬桓魋)였다. 말하자면 사마우의 형은 이정재 같은 깡패였다.《장자》에 보면 공자께서 천하에 도둑이었던 도척을 만나러 갔다가 망신을 당하는 대목이 나온다. 이는 물론 장자가 공자를 헤집는 우화에 불과하지만 정말로 공자께서는 사마환퇴로부터 낭패를 당한 적이 있었다. 그 환퇴가 송 나라에서 난을 일으켜 친동생의 선생인 공자를 살해하려고 덤볐다. 그러자 제자들은 공자께 피할 것을 제안했다. 그러나 공자는 아무런 내색도 없이 하늘이 알거늘 환퇴인들 나를 어찌하겠느냐고 느긋하게 제자들을 안심시켰다고 한다.

사마우는 그런 항상 형을 원망하면서 자하(子夏)에게 고민을 털어놓기도 했다. 그런 사마우가 공자께 군자에 대해 물었다. 그러자 군자는 두려워하지도 않으며 무서워하지도 않는다고 공자께서 말해 주었다. 군자는 바로 인자여야 한다는 것이다. 어진 사람은 악을 범하는 일이 없으므로 못할 짓을 범할 줄 모른다. 마음속에 숨길 것도 없고 감출 것도 없으니 무엇을 두려워하고 무엇을 겁낼 것인가. 그래서 인자는 의심하지 않고 두려워하지 않으며 겁내지도 않는다. 두려워하거나 겁내는 자는 졸개들이다.

주먹으로 장안을 주름잡았던 이정재가 왜 잠자리만은 비밀에 붙였던가? 다른 주먹이 두려웠고 다른 칼이 무서워 그렇게 했던 것이 아닌가. 포악한 깡패나 잔인한 패권의 무리들만 두려워하고 무서워하며 속으로는 겁이 나서 벌벌 떨 뿐이다. 하늘을 우러러 부끄럼이 없는 군자는 꺼릴 것도 없고 걸릴 것도 없다.

🫖 사마우와의 담론

군자가 무엇이냐고 사마우가 물었다. 군자라면 두려워하지 않으며 겁을 내지 않는다고 공자께서 답해 주었다. 두려워 않고 겁내지 않는 것이 곧 군자냐고 다시 사마우가 물었다. 그러자 공자는 다음처럼 풀어 주었다. 제 마음속을 들여다보아 부끄러울 것이 없거늘 어찌 두려워할 것이며 어찌 겁낼 것인가.

司馬牛問君子 子曰 君子不憂不懼 曰 不憂不懼 斯謂之君子矣乎 子曰 內省不疚 夫何憂何懼

🫖 자하와 사마우의 담론

사마우가 두려운 듯이 이렇게 말했다. 남들은 모두 착한 형제를 두고 있지만 나만 없다. 이 말을 들은 자하는 이렇게 타일렀다. 나도 들은 바 있다. 태어나고 죽음은 운명에 달렸고 부귀는 하늘에 걸려 있다. 군자로서 경건하고 허물이 없고 남에게 공손히 예의를 지키면 온 세상의 모든 사람들이 다 형제이다. 군자가 어찌 형제가 없다고 걱정하겠는가.

司馬牛憂曰 人皆有兄弟 我獨亡 子夏曰 商聞之矣 死生有命 富貴在天 君子敬而無失 與人恭而有禮 四海之內 皆兄弟也 君子何患乎無兄弟也

(5) 야합과 담합

옳은 것은 감출 것이 없고 선한 것은 숨길 것이 없다. 옳지 않은 줄 알면서도 나쁜 짓을 범하고 악한 줄 알면서 나쁜 직을 하면 죄는 이미 그 씨앗이 뿌려져 터를 잡는다.

　법을 어기는 것만 죄가 되는 것이 아니다. 물론 도둑질이나 강간, 살인을 하는 도둑들도 큰 죄를 범하는 것이지만 부정부패를 일삼는 탐관오리들도 큰 죄를 범하는 원흉들이다. 높은 자리나 큰 위치에 있는 사람이 죄를 범하면 온 나라가 탈을 앓게 된다. 그래서 그러한 자리에 있는 사람일수록 눈이 밝아야 하고 귀가 밝아야 한다.

　높은 자리에 있는 사람이 곁눈질을 하면 간사한 무리들이 눈을 맞추기 쉽고 큰 위치에 있는 자가 귀가 얇으면 그 귀에 소곤거리며 이득을 챙기는 무리들이 모이게 마련이다.

　백성의 입장에서 볼 때 역사는 밤에 이루어진다는 말처럼 막막한 말은 없다. 다스리는 사람들이 왜 밝은 대낮에 역사를 이루지 못하고 밤에 귀를 맞대고 눈길을 서로 훔쳐야 하는가? 숨길 것이 많고 감출 것이 많아서 그렇게 하는 것이다. 흥정을 하고 수를 부려서 될 수 있으면 많은 이권을 독차지하려고 벼르면 벼를수록 끼리끼리 패를 만들어 짜야 한다. 이익을 위해 서로 야합하는 것이다. 야합을 하면 반드시 이익을 보는 쪽과 손해를 보는 쪽이 생기게 마련이다. 그러면 싸움이 일어나거나 일어날 싸움을 어떻게 대처해서 풀 것인가를 숙의하게 된다. 말하자면 은밀한 수순을 미리 쳐 놓고 입을 맞추는 것이다. 여기서 담합이 이루어진다.

　총명한 인간이 되려면 야합과 담합을 하지 말라고 공자는 충고한다. 어느 날 공자의 제자인 자장이 선생께 총명하다는 것은 무슨 뜻이냐고 물었다. 물처럼 스며드는 말을 멀리하고 피부에 느껴질 만큼 솔깃한 말을 멀리하면 총명해진다고 일러 주었다. 말하자면 측근의 말을 조심하라는 경고인 셈이다. 높은 자리에 있는 사람은 나름의 측근이 있게 마련이다. 측근의 은근한 말을 믿고 놀아나면 멀리 보는 눈이 멀어 버리고 듣는 귀가 막혀 버리게 된다. 그러면 높은 자리에 있는 사람은 어리석음을 범하게 되고 그 뒤탈은 다른 사람들이 앓아야 한다. 그래서 총명한 마음은 죄라는 병을 앓기 전에 예방할 줄을 안다.

역대 대통령들을 보라. 번번이 뒤끝이 좋지 못했다. 왜 그렇게 되었는가? 총명하지 못한 탓이다. 야합이나 담합을 무서워했더라면 높은 자리에서 내려온 다음에도 원성을 사지 않았을 터이다. 총명이란 무엇인가? 죄의 예방약을 짓는 밝은 귀요 맑은 눈일 수 있다.

🫖 자장과의 담론

자장이 총명에 관해 물었다. 이에 공자는 다음처럼 답했다. 물이 스며들어 적시듯이 은근히 던지는 참언이나 살갗에 느낄 만큼 절실한 하소연을 물리칠 수 있는 것이 총명함이다. 나아가 물이 스며들어 적시듯이 은근하게 하는 참언이나 피부로 느껴지는 참소를 폐기할 수 있다면 멀리 내다본다고 말할 수 있다.

子張問明 子曰 浸潤之譖 膚受之愬 不行焉 可謂明也已矣 浸潤之譖 膚受之愬 不行焉 可謂遠也已矣

(6) 정치꾼의 행각

정치가 권력이 되고 그 권력이 세도로 변하면 원망의 대상이 되어 버린다. 정치는 세상을 올바르게 다스린다는 말이다. 그래서 공자는 정치를 정치(正治)라고 했다. 공자의 조국인 노 나라에 권문세도를 이룬 계씨(季氏) 권문이 있었다. 그 권문의 계강자(季康子)가 공자께 정치에 관해 물은 적이 있었다. 공자는 정치의 정(政)은 곧 정(正)이라고 되받아 줌으로써 권세의 폐부를 찔렀다. 정치는 바로잡는 것이다. 윗물이 맑으면 아랫물도 맑고 윗물이 흐리면 아랫물도 흐리다는 것을 정치인이 알면 그는 정치를 정치(正治)로 다스릴 수 있는 일이다.

그러나 정치꾼은 다스리는 것은 군림하는 것이고 군림하기 위해서는 호령을 해야 한다고 우긴다. 이런 무모한 고집 탓에 잘못된 정치가 세상을 어지럽힌다. 폭군이나 독재자의 정치는 항상 정치(正治)가 아니라 정치(征治)로 판을 벌인다. 폭군이나 독재자들은 백성을 억눌러 놓고 권력을 손아귀에 틀어쥔 무리들을 물 만난 고기처럼 떼를 지어 패를 가르게 하고 당을 만들어 이익 집단을 모으게 한다. 그러면 백성을 편안하게 하고 나라를 튼튼하게 하는 정치는 사라지고 결국 나라마저 잃어버리게 된다. 이처럼 정치꾼들의 죄는 하늘에 닿는다.

임금의 시대에는 임금의 눈에만 들면 높은 벼슬을 할 수 있었다. 그러니 백성은 눈에 들어올 리가 없었다. 그러나 지금은 법조문으로 본다면 백성이 임금이 되어 있는 세상이다. 적어도 선거철에는 백성이 임금이 된다. 그러나 표를 찍고 나면 사정은 달라진다. 백성의 머슴이 되겠다던 약속은 어느새 없어지고 백성 위에 군림하려는 정치판을 벌이고 이패 저패로 나누어 입싸움을 하면서 안으로는 실속을 챙기는 꼴만 보여 준다. 이러한 정치꼴을 공자가 보면 뭐라 할까? 정치가 직업이 되어서 그렇다고 퉁을 줄 것이다.

자공이 공자께 정치를 물었다. 그러자 공자는 백성의 배를 부르게 하고 국방을 튼튼히 하는 것이며 백성들을 믿게 하는 것이라고 답해 주었다. 올바른 정치를 하자면 공자의 이러한 말씀을 지켜야 할 것이다. 그리고 그 중에서 제일 중한 것은 백성으로부터 믿음을 얻어야 한다고 공자는 단언했다. 정치가들이여, 공자의 이러한 말씀을 낡았다고 할 것인가? 아니다. 아무리 세상이 변해도 정치는 해야 할 것이요, 세상을 다스리는 정치는 무엇보다 백성의 신임을 얻어야 하는 것은 불변의 진리가 아닌가. 왜 우리의 정치는 항상 불신의 늪에서 헤어나지 못하는가를 알기 위해서는 공자의 말씀을 새겨야 할 것이다. 그리고 정치꾼은 정치라는 직업을 버려야 할 것이다.

🫖 자공과의 담론

자공이 정치란 무엇이냐고 물었다. 이에 공자는 다음처럼 답해 주었다. 먹을 것을 충족시켜 주고 병사를 튼튼히 하며 백성들이 믿게 하는 것이 정치다. 이 말씀을 들은 자공이 부득이 한 가지를 버려야 한다면 그 셋 중에서 무엇을 버리느냐고 물었다. 공자께서는 무기를 버려야 한다고 했다. 다시 자공이 만부득이 또 한 가지를 버려야 한다면 무엇을 버려야 하냐고 물었다. 이에 공자께서는 양식을 버리라고 하면서 언제나 사람은 누구든 한 번은 죽게 마련이지만 백성들이 믿지 않으면 아무것도 존립할 수 없다고 다짐했다.

子貢問政 子曰 足食 足兵 民之之矣 子貢曰 必不得已而去 於斯三者何先 曰 兵去 子貢曰 必不得已而去 於斯二者何先 曰 去食 自古皆有死 民無信不立

🫖 계강자와의 담론

계강자가 공자께 정치에 관해 물었다. 공자께서는 다음처럼 받아 주셨다. 정치의 정이란 바른 것을 말함이니 그대가 손수 바르게 나간다면 누가 감히 부정할 것이오.

季康子問政於孔子 孔子對曰 政者 正也 子帥以正 孰敢不正

(7) 군자와 여문 열매

군자는 여문 열매와 같다. 여문 열매는 모습도 다 갖추었고 맛도 들만큼 들어 있다. 반대로 풋열매의 빛깔은 싱싱한 초록이어서 보기는 싱그럽지만 속은 아직 덜 익어서 맛을 제대로 낼 수 없다. 군자는 여문 열매처럼 몸가짐도 고결하고 마음속도 맑고 밝다. 그러나 군자는 무엇을 꾸미거나 보태지 않는다.

이득을 바라고 일을 하는 것이 아니라 사람으로서 해야 할 일이면 군자는 거리낌없이 한다. 사람으로서 해야 할 일을 군자는 인의라고 믿는다. 어진 일은 가리지 않고 하며 옳은 일은 서슴없이 한다. 소소한 일은 제쳐놓고 큰일만 골라서 하는 것이 아니라 맡은 바 일을 어김없이 완수하려고 한다. 그래서 군자는 침소봉대(針小棒大)를 모른다. 일을 하되 순리에 따르고 언제나 인간을 위한 일을 한다. 이를 군자의 문질(文質)이라고 보아도 된다. 그러므로 군자는 공자가 밝힌 문질빈빈(文質彬彬)을 수행하는 자이다.

문(文)이란 무엇인가? 인간의 것을 말한다. 질(質)이란 무엇인가? 자연의 것을 말한다. 노장은 문을 버리라 하고 질만을 앞세운다. 그러나 공맹은 문과 질이 어울려야 한다고 본다. 벼이삭에 달려 있는 볍씨는 질이지만 그 볍씨의 껍질을 벗긴 쌀은 문이다. 이처럼 자연의 것도 인간을 위해 인간에 알맞게 모습을 바꾸어 놓으면 문이 된다. 그러므로 군자의 문질빈빈은 자연의 것과 사람의 것을 어울리게 한다.

극자성과 자공의 담론

위 나라의 대부인 극자성이 군자는 질박한 바탕을 이루면 되었지 잘 다듬어질 것은 없다고 말했다. 이 말을 들은 자공은 다음처럼 반박했다. 군자에 관한 그대의 설명은 딱합니다. 네 마리가 끄는 수레도 그대의 혀를 따르지 못할 것이오. 내용도 형식만큼 중요한 것이며 형식도 내용만큼 중한 것이지요. 털을 뽑아 버리면 범이나 표범의 가죽도 개나 양의 가죽과 다름이 없는 것이지요.

棘子成曰 君子質而已矣 何以文爲 子貢曰 惜乎 夫子之說君子也 駟不及
舌 文猶質也 質猶文也 虎豹之鞟 猶犬羊之鞟

(8) 덕을 파는 사람

복을 짓는다는 말과 덕을 쌓는다는 말은 같다. 남에게 복을 주면 그
복은 다시 나에게로 돌아오고 덕 역시 그렇게 된다. 불가에서 말하는
복이나 도가나 유가에서 말하는 덕은 매양 같다. 왜 같은가? 모두 남
을 이롭게 하는 까닭이다. 내가 나를 이롭게 하면 불의에 빠지기 쉽지
만 남을 이롭게 하면 그것은 의로 통한다. 그래서 덕은 만물을 이롭게
하는 것이 된다. 그래서 의리지변(義利之辨)에서 이를 완전히 배척하
는 것은 아니다. 다만 나만을 이롭게 하고 남을 해롭게 하려는 이만을
부정할 뿐이다.

부덕한 짓을 범한 뒤에 덕을 앞세워 용서와 이해를 비는 사람들이
많다. 특히 높은 자리에 있는 사람들이 잘못을 범한 뒤에 불민하고 부
덕해서 일이 그렇게 되었노라고 사과를 하는 경우가 많다. 이러한 경
우 덕은 두 번에 걸쳐 상처를 입는다. 덕을 어겨 잘못을 범한 다음 덕
을 팔아서 그 잘못을 넘겨 버리려는 심사를 부리는 까닭이다.

덕을 짓는 사람은 마음이 성실하다. 성실한 마음은 허튼짓이나 어긋
나는 짓을 처음부터 하지 않는다. 설령 과실을 범했다 할지라도 둘러
쳐서 감추려 하지 않고 솔직하게 잘못을 밝히고 용서를 바라는 마음
을 갖는다. 용서를 바라는 마음이 진실하면 자연스럽게 서로의 믿음
을 나누게 된다. 이러한 연유로 공자는 덕을 높이는 것은 성실한 마음
〔忠〕과 믿음〔信〕을 주로 삼아야 한다고 했다.

다른 생각을 품고 의심하기 좋아하면 마음은 총명을 잃어버리고 혹하게 된다. 깨우치지 못해 어긋난 짓을 행하는 사람은 혹을 떼려다 혹을 달게 되는 낭패를 당한다. 그러한 낭패는 부덕이 가져다주는 뒤탈이요 벌이다. 그렇게 벌을 받아 감옥으로 가는 사람들을 보면 낯가죽이 두꺼워 뉘우칠 줄 모른다. 그들은 철면피요 덕이 무엇인지 알려고도 않는다. 자기를 부끄러워하고 뉘우칠 줄 알면 이미 덕은 그의 가까이에 있는 셈이다. 그래서 공자는 불혹(不惑)이라고 밝힌 셈이다.

🫖 자장과의 담론

자장이 덕을 높이고 미혹을 깨치는 방법을 물었다. 이에 공자께서는 다음처럼 밝혀 주었다. 성실한 마음과 믿음을 주로 삼고 올바른 것을 추구하면 덕은 높아진다. 좋아하는 것은 살아 있기를 바라고 싫어하는 것은 죽어 없어지기를 바라지만 살기를 바랬다가 다시 죽기를 바라는 짓 따위가 미혹인 것이다.

子張問崇德辨惑 子曰 主忠信 徙義 崇德也 愛之欲其生 惡之欲其死 既欲其生 又欲其死 是惑也

🫖 번지와의 담론

번지가 공자를 모시고 무우라는 곳을 거닐면서 덕을 높이는 것과 악을 다스리는 것과 미혹을 깨치는 것을 공손히 선생께 여쭈었다. 공자께서는 다음처럼 밝혀 주었다. 일을 앞세우고 얻기를 뒤로 하면 그것이 덕을 높이는 것이 아니겠느냐? 자신의 단점을 엄히 다스리고 남의 나쁜 점을 공격하지 않으면 사악함을 고치고 바로 잡을 수 있지 않겠느냐? 하루 아침의 분을 이겨내지 못해 몸을 잊고 험하게 하여 부모의 속을 태우게 하는 짓이 바로 미혹된 짓이 아닐까?

樊遲從遊於舞雩之下 曰 敢問崇德 脩慝 辨惑 子曰 善哉問 先事後得 非崇
德也 攻其惡 無攻人之惡 非脩慝也 一朝之忿 忘其身 以及其親 非惑與

(9) 잘난 도둑과 못난 도둑

도둑들은 잡히기만 하면 감옥으로 간다. 그래서 감옥에는 이런 도둑
저런 도둑들이 모이게 마련이다. 도둑도 사람이므로 모이면 서로 정
보를 주고받으며 왜 들어왔느냐고 묻는다. 그래서 자연스럽게 감옥
안에서는 도둑들의 집회가 열리게 마련이다. 도둑들의 집회에서도 큰
도둑은 윗자리에 앉고 좀도둑은 아랫자리에 앉는다.

상좌에 앉은 한 도둑이 좌중을 향해 다음과 같이 큰 소리로 외쳤다.

"잘난 도둑은 감옥 안에 있지만 못난 도둑은 감옥 밖에 있는 법이
다. 뇌물을 받는 놈도 도둑이고 뇌물을 바치는 놈도 도둑이다. 급행료
를 받고 일을 봐주는 관리도 도둑놈이고 턱없이 많은 돈을 받고 송사
를 맡아 주는 변호사도 도둑놈이며 없는 병이 있다고 속여서 치료비
를 후리는 의사도 도둑놈이다. 그런데 이런 도둑들은 날도둑인데 잡
히지도 않고 걸려들지도 않는다. 왜냐하면 그놈들은 숨어서 도적질을
하기 때문이다. 그러나 우리는 내놓고 도둑질을 하다 재수가 없어서
감방에 들어왔을 뿐이다. 다들 도둑질로 한몫 보려는 세상에서 차라
리 내놓고 도둑이 되었다가 붙들려 감옥에 왔다고 부끄러울 것은 없
다. 다만 억울하고 분할 뿐이다."

이렇게 큰 도둑이 일갈하자 다른 도둑들이 "옳소." 하면서 박수를
쳤다. 이처럼 돼지의 눈에는 돼지로만 보이는 것처럼 도둑의 눈에는
온 세상이 도둑으로만 보인다.

덤을 노리는 것도 도둑이요, 턱없이 욕심을 부리는 것 또한 도둑이

다. 남보다 더 많이 가지려고 하면 탐욕을 부리게 되고 탐욕은 옳지 못한 방법으로 욕심을 채우려고 덤빈다. 압력으로 돈을 빼앗아도 도둑이고 서로 죽이 맞아 뇌물을 주고받아도 도둑이다. 남의 집 담을 넘어 야밤에 들어가 강도를 하거나 남의 호주머니에 든 지갑을 터는 소매치기만 도둑인 것은 아니다. 공자는 옳지 못한 짓으로 탐욕을 부리는 것을 모두 도둑으로 생각했다. 권문세도의 계강자가 도둑을 걱정하자 공자는 그대가 탐욕을 부리지 않는다면 도둑을 걱정할 것이 없다고 되받아 준 일이 있다. 권력형 축재보다 더 큰 도둑은 없는 것이 아닌가. 공자는 권문세도의 노략질을 상도둑으로 짚었던 것이다.

🫖 계강자와의 담론

계강자가 도둑을 걱정했다. 이에 맞받아 공자께서는 우선 그대가 탐욕스럽지 않다면 백성은 상을 준다 해도 도둑질을 하지 않을 것이라고 일갈했다.

季康子患盜 問於孔子 孔子對曰 苟子之不欲 雖賞之不竊

(10) 남산골 유감

한양의 남산에는 글방 샌님들이 살았다. 그래서 '남산골 샌님'이란 뒷말이 생겼다. 남산에서 보면 경복궁이 마주 보이므로 남산골에는 어느 날이면 저 궁 안에 한 자리를 차지할까를 고대하면서 호시탐탐 출세를 노렸던 샌님들이 진을 치고 글을 읽으며 어렵사리 살았다. 그래서 남산골에는 궁궐을 마다하고 초야의 선비로 묻혀 사는 샌님은 드물었다고 한다. 물론 그 남산골에 무서운 사람들만 모여 살았던 것은 아니다.

한때 서울의 남산에는 무시무시한 사람들이 진을 치고 있었다. 박 대통령 치하에서 현재의 국가 정보원인 중앙 정보부는 가장 무서운 기관이었다. 영장도 없이 사람을 잡아다 겁을 주기도 했고 심하면 구타를 하거나 갖은 고문을 자행하여 눈에 나기만 하면 혼내준다는 기세를 도맡아 치르던 기관이었다. 어느 때나 독재자는 불안을 느끼므로 살기등등한 기관을 두게 마련이다. 그러한 중앙 정보부의 서울 분실이 남산골에 터를 잡고 있었다. 권부의 눈 밖에 나서 그곳으로 끌려가 치도곤을 당하고 나온 사람들이 하나 둘이 아니었다. 그래서 남산 맛을 보겠느냐는 조롱조의 비어가 난무하기도 했었다.

그 시절 남산 분실에 끌려갔다 하면 지독하게 고문을 당하거나 수모를 당해야 했으니 그런 말이 바람처럼 떠돌아 다닌 것은 당연한 일이다. 가장 못난 정치가 정보 정치이고 정보 정치는 살인도 마다하지 않는다. 다만 시키는 말만 잘 듣고 고분고분하면 편안하게 내버려둔다는 단서를 달고 권력을 양날을 지닌 칼인 양 휘둘러대는 것이 정보 정치의 공포이다. 공포 정치는 백성을 주눅들게 하고 모두를 서로 의심하게 한다. 독재는 백성을 믿는 것이 아니라 모반을 의심하고 다스림을 주름잡아 보려는 야심의 분출인 까닭이다. 그래서 공자는 폭군의 독재를 저주했다.

임금을 허수아비로 만들어 놓고 권문세도를 누렸던 계씨 권문의 계강자가 공자께 무도한 사람을 죽여 없애고 백성들로 하여금 도를 지켜 나가게 하면 정치가 되지 않겠느냐고 물었다. 그러자 공자는 "정치를 한다면서 왜 살인을 하려고 하느냐? 당신이 선을 원하면 백성은 착하게 되는 것"이라고 되받아 주었다. 폭군이나 독재자가 말하는 도는 군림하고 호령하는 힘의 도일 뿐 모든 사람을 사랑한다는 인의의 도는 아니다. 공자가 이를 먼저 찔러 권력의 탐욕에 노예가 되어 버린 계강자를 질타한 셈이다. 독재의 하수인들은 한때만은 부귀와 영화를 누리지만 결국 백성의 분노를 사고 만다. 백성은 하늘인 까닭이다. 못된 정치는 영영 감추어지지 않는다. 하늘 아래 숨을 수 있는 것은 하나도 없다. 그래서 공자는 군자의 덕이란 바람과 같다고 타일러 주었다. 하지만 그 말을 계강자가 알아들었을까?

박 대통령 시절에도 계강자와 같은 무리가 되려고 머리를 조아렸던 사람들은 남산에 가지 않아도 되었다. 그러나 그것도 한때일 뿐 오래지 않아 백성의 원망을 사고 군자의 바람에 날아갔다. 군자의 덕은 바람같이 불어서 민초의 뜻을 보살피는 산들바람이지 폭군이 부는 폭풍이 아니다. 산들바람이 폭풍을 밀어내는 법이다. 폭풍이 가고 나면 산들바람만 남는 것이 아닌가.

🫖 계강자와의 담론

계강자가 공자께 정치에 관해 무도한 사람들을 죽여 없애고 백성들로 하여금 도를 향하게 하면 어떻겠느냐고 물었다. 이 말을 들은 공자는 다음처럼 되받아 주었다. 당신이 정치를 하겠다면서 어찌 사람을 죽이려고 하는가. 당신이 선을 원하면 백성은 착하게 된다. 군자의 덕은 바람과 같고 소인의 덕은 풀과 같아 풀은 바람이 불면 반드시 바람에 쏠려 따르게 된다.

季康子問政於孔子曰 如殺無道 以就有道 何如 孔子對曰 子爲政 焉用殺
子欲善而民善矣 君子之德風 小人之德草 草上之風 必偃

(11) 인기 타령

세상에 제 이름을 빛내고 싶어하는 사람은 온갖 술수를 부리게 마련이다. 뭇사람들의 시선을 끌어야 하는 까닭이다. 수말이 암말을 보면 갈기를 펴서 용을 쓰고 수놈 공작이 암컷 공작을 만나면 빛나는 꼬리를 들어 뽐내는 것처럼 이름을 남기려고 벼르는 사람들은 온 세상을 화장대처럼 생각하고 별의별 화장을 하려고 한다. 대중의 시대일수록 대중의 인기를 얻어야 무엇이든 할 수 있다고 믿는 군상들은 대중의 눈치에 따라 속없이 허둥대게 마련이다.

인기에 걸신이 들리면 정신나간 허깨비처럼 듬직할 수 없다. 남으로부터 인정을 받아야 한다는 욕심 때문에 그렇게 된다. 인기가 올라가면 행복하고 내려가면 불행하다고 다짐하는 사람은 어쩔 수 없이 제 자랑을 늘어놓아야 하고 공치사를 해 한몫을 보아야 한다. 그 결과 비위도 없어지고 염치도 없어지고 그저 인기를 얻는 데만 혈안이 된다. 그러나 그런 사람들은 자기를 찾는다는 짓이 결국 자기를 잃고 마는 꼴을 당한다.

윗분의 눈에만 들면 된다고 믿는 장관은 전시 효과만 노리는 행정을 하고 총재에게 잘 보여야 한다고 믿는 의원은 사냥터의 사냥개와 같은 짓을 서슴없이 해치운다. 이러한 장관이나 의원은 한 사람에게만 잘 보이면 되므로 자연히 백성을 무시하는 병에 걸린다.

그러나 대중의 눈에 들어야 하는 연예인이나 배우나 명사들은 사정이 다르다. 마음놓고 돌아다닐 수도 없고 마음대로 말할 수도 없고 뜻대로 행동할 수도 없이 장 속에 든 새처럼 인기를 제조하는 매니저의 조종을 받으면서 꼭두각시처럼 산다. 한 사람의 눈에 들어 이름을 내게 되든 만 사람의 눈에 들어 이름을 내게 되든 자기를 잃어버리는 결과는 같다. 그래서 명사란 것은 결국 빛 좋은 개살구 같은 것이다.

이름을 남기는 것 따위에는 아무런 신경을 쓰지 않으면서 자기가 할 일이 무엇인가를 찾아서 성실하게 하고 만나는 사람에게 정을 주고 서로 이해하면서 믿고 사는 사람은 남들이 모르는 즐거움을 삶의 현장에서 찾는다. 이러한 즐거움은 살맛을 열게 해 주는 열쇠와 같다. 그러한 열쇠를 쥐고 사람들의 가슴에 달려 있는 자물쇠를 열어 줄 수 있는 사람을 달인(達人)이라고 부른다. 명사는 명성에 꽁꽁 묶이고 달인은 홀가분한 마음으로 착실하게 남과 더불어 살아가는 자유인이다. 달인은 걸림없이 자유로움을 누리고 명사는 제 이름을 남기려 애쓰지만 결국에는 잃고 만다는 것을 수천 년 전에 공자는 이미 밝혔다.

🫖 자장과의 담론

선비는 어떻게 하면 통달했다고 할 수 있습니까? 이렇게 자장이 공자께 여쭈었다. 자네가 말하고 있는 통달이라는 것이 어떤 것이냐고 공자께서 되물어 보았다. 이에 자장은 이렇게 응답했다. 나라에서 일을 보아도 반드시 이름이 나고 집에 있어도 반드시 이름이 나는 것입니다. 이 말을 들은 공자께서 다음처럼 고쳐 주었다. 그것은 명성이지 통달은 아니다. 참으로 통달한 사람은 꾸밈이 없고 정직하다. 올바름을 사랑하고 남의 말을 귀담아들어 살펴서 이해하고 남의 속을 잘 살펴서 깊이 생각하고 신중하게 행동을 취하고 남을 대하는 데 항상 공손하다. 이렇게 하면 나라에서나 집안에서나 걸림없이 통달한 것이다. 그러나 명성을 내려고 하는 사람은 겉으로는 사랑의 길을 걷는 것처럼 하지만 행동은 아주 딴판이다. 그런 위선에 살면서도 아무런 뉘우침 없이 만족한다. 그래서 이러한 인간은 나라에 있어서도 겉으로 이름이 나고 집안에 있어서도 겉으로 이름이 난다.

子張問 士何如斯可謂之達矣 子曰 何哉 爾所謂達者 子張對日 在邦必聞 在家必聞 子曰 是聞也 非達也 夫達也者 質直而好義 察言而觀色 慮以下人 在邦必達 在家必達 夫聞也者 色取仁而行違 居之不疑 在邦必聞 在必聞

(12) 벗이 있는 사람

백 사람을 두루 아는 것보다 속을 다 털어 보일 수 있는 한 사람을 아는 것이 낫다는 말이 있다. 그 한 사람이란 누구인가? 그는 곧 벗이다. 벗이란 마음이 서로 통해 두 사람이 한 사람이 되는 경우를 말한다. 달면 삼키고 쓰면 뱉는 것은 이득을 따져 만나고 헤어지는 것이다. 이런 교우는 겉으로만 친하고 속으로는 경쟁하거나 시샘하는 경우가 태반이다. 일하는 곳이 같아서 서로 만나고 헤어지는 것은 공통의 일을 위해 서로 만나는 경우이다. 이러한 만남은 동료의 선을 넘지 못한다.

벗은 허물이 없다. 벗은 상대를 사랑하므로 무엇이든 잘되기를 바란다. 만일 벗이 어떤 결함이나 실수를 할 가능성이 있으면 서슴없이 솔직하게 충고해 준다. 벗이 아니면 충고해 주기 어렵다. 다들 자기만 잘났다는 생각으로 사는 세상에 충고를 하려고 들면 고깝게 듣기 일쑤이다. 좋은 말을 하고 감정을 사는 경우를 얼마든지 볼 수 있다. 남의 일에 관심을 쓸 것이 뭐 있느냐고 하면서 자기나 잘하라고 핀잔을 주기도 한다. 그러나 벗끼리는 쓴 말을 달게 받고 고마워한다. 서로의 믿음에서 그렇게 되는 것이다. 그러나 이러한 믿음을 함부로 다루어서는 안 된다. 서로 믿음을 소중히 갈무리하면서 북돋아 주어야 벗은 난초의 향기처럼 고고하면서도 은근해지는 것이다.

현대는 벗이 없는 세상이라고 말한다. 그래서 이로우면 서로 벗이 되고 손해가 되면 서로 원수가 된다. 이익 때문에 벗이 되는 경우는 없다. 서로 마음이 통해야 벗이 된다. 현대인은 고독한 성주(城主)가 되어 성문을 걸어 잠그고 서로의 내통을 거부하는 단독자처럼 살아간다. 그처럼 누구나 벗을 소망하면서도 벗을 사귀지 못하는 것은 무슨 연유일까? 그것은 사랑하는 마음을 잃어버린 탓일 것이다.

🫖 자공과의 담론

자공이 벗을 사귀는 길을 물었다. 이에 공자께서 다음처럼 가르쳐 주었다. 충고를 하여 좋은 길로 인도하는 것이다. 그러나 충고를 해도 말을 듣지 않으면 그만두어라. 지나친 충고를 해서 도리어 욕을 당하는 경우가 없게 하라.

子貢問友 子曰 忠告而善道之 不可則止 無自辱焉

🫖 증자와의 담론

군자는 글로써 벗을 사귀고 벗이 됨으로써 서로의 인덕을 돕고 높인다.

曾子曰 君子以文會友 以友輔仁

제6장
〈자로(子路)〉편

1. 〈자로(子路)〉편의 체험

(1) 치자(治者)는 누구인가

사람이 사람 구실을 하면서 사람답게 살기 위해서는 다스림[政治]을 떠날 수 없다. 그러므로 사람은 누구나 저마다 나름대로 치자가 된다. 그 다스림은 크게 두 갈래로 나누어진다. 하나는 나를 다스리는 것이고 다른 하나는 남을 다스리는 것이다. 공자는 내가 나를 다스리는 것을 수기(修己)라고도 했고 극기(克己)라고도 했다. 그리고 내가 남을 다스리는 것을 공자는 안인(安人), 또는 치인(治人)이라고 했고 복례(復禮)라고도 했다.

〈자로〉편에서도 내가 나를 다스리는 방법과 내가 남을 다스리는 방법이 강조되고 있다. 내가 나를 다스리는 방법의 요체를 공자는 무엇보다 내가 나를 바르게 하는 것[其身正]이라고 밝힌다. 내가 내 마음을 바르게 하고 내 몸을 바르게 한다면 나는 부끄러워할 것이 없어진다. 바르다는 것은 곧다는 것[直]과 같다. 사람의 삶은 곧은 것이라고 공자가 밝힌 것은 사람의 삶은 올바라야 함을 말한 셈이다. 그러므로 내가 나를 닦는 것은 먼저 내 자신에게 선과 악이 있다는 것을 늘 깨우치면서 경계할 것을 요구한다. 선을 향하는 마음과 행동이 곧 정(正)이며 직(直)인 셈이다.

그렇다면 공자가 밝히는 선이란 무엇인가? 그것은 사랑하는 마음[仁]과 사랑하는 행동[義]이다. 그러므로 어떠한 경우든 치자는 먼저 내 자신이 올바른 사람이 되어야 한다. 〈자로〉편을 읽게 되면 이러한 길을 만나게 된다.

내가 나를 닦는 것은 오로지 나만을 위해 그렇게 하는 것이 아니다. 오히려 남을 위해 그렇게 하는 것이다. 사람은 홀로 살면서도 결코 홀로 살 수 없는 당사자이다. 내 삶이 있는 것처럼 남의 삶 또한 있다. 나의 삶과 남의 삶이 어울려야 세상이 열리고 그 열림은 우리 모두가 더불어 사는 삶이 되어야 하는 것이다. 사람들이 더불어 살기 위해 남을 불안하게 할 것이 아니라 편안하게 하라 함이다. 이것이 안인(安人)이요 치인(治人)이다. 그리고 이를 위해 나를 앞세우려 하지 말고 남을 앞세울 것을 공자는 강조한다. 이를 복례(復禮)라고 한다. 더불어 살기 위해 남을 다스리는 것의 요체를 〈자로〉 편에서는 남보다 먼저 앞서서 일하라〔先之勞之〕고 밝힌다.

호령만 하고 제 몸을 사리는 사람은 치자가 될 자격이 없다. 치자를 명령만 하고 일은 남에게 시키는 사람으로 아는 자는 온 세상이 자기를 위해서 있기를 바라는 자이다. 이러한 사람은 자신을 편안히 할 줄은 알아도 남을 편하게 할 줄은 모른다. 내가 잘살기 위해 남을 못살게 하는 사람보다 더 무서운 인간은 없다. 이러한 자가 남을 다스리게 되면 세상은 시끄럽고 무너져 뒤죽박죽이 되기 쉽다. 그래서 공자는 폭군이 되지 말 것이며 권력을 좇는 무리가 되지 말라고 한다. 폭군이나 세도가는 남을 편안하게 하려는 자들이 남에게 겁을 주어 군림하려고 하는 자들이다. 그들은 자기를 올바르게 돌보지 않고 남에게만 복종하라고 강요한다. 그러한 강요는 힘으로 밀어붙이려고만 한다. 그러면 다스림은 어렵게 되고 만다. 이것은 다스림이 아니라 군림이다. 〈자로〉 편을 읽게 되면 우리가 군림하지 말아야 하는 이유를 체험할 수 있다.

임금이나 대통령만 치자인 것은 아니다. 세상을 살아가는 사람이라면 누구나 나름대로 치자이다. 그러므로 정치인만 치자인 것은 아니다. 한 가족의 가장만 그 가족의 치자인 것은 아니다. 가족 모두가 그 가족을 위해 모두 나름대로 치자가 된다. 이와 같이 한 나라의 사회도 매양 같다. 다만 위아래가 있을 뿐 그 위아래가 서로 통해야 나라도 잘되고 사회도 잘되어 간다. 그러자면 윗자리에 있는 사람일수록 궂은 일을 앞서서 하고 빛나는 일은 아랫사람의 몫으로 돌린다면 아랫사람은 저절로 윗사람을 따르게 마련이다. 이를 공자는 군자의 덕풍(德風)이라고 말했다.

〈자로〉편을 읽게 되면 그러한 덕풍을 맞보게 된다. 서로 밀어 주고 끌어 주는 사랑의 다스림이 무엇인가를 만나게 된다. 그리고 먼저 제몸을 바르게 하면 사람과 사람 사이가 얼마나 쉽게 풀리는지를 알 수 있다.

(2) 선비는 누구인가

선비는 벼슬에 오르거나 학문을 한다고 되는 것은 아니다. 먼저 나를 다스릴 줄 알고 남을 다스릴 줄 아는 사람이라야 선비가 된다. 그러므로 학문이나 무슨 관직에 의해 선비가 되는 것은 아니다. 삶의 세상에서 무엇이 옳고 그른가를 잘 헤아리면서 행동함에 부끄러움이 없어야 선비의 길을 걸을 수 있다. 〈자로〉편에서 자공이 선비란 어떤 사람이냐고 공자께 묻는다. 그러한 물음에 공자는 자신의 행동에 부끄러움을 아는 사람이라고 먼저 밝혀 준다.

세상에는 수많은 생명들이 산다. 그러나 부끄러워할 줄 아는 목숨은 사람밖에 없다. 노장(老莊)은 만물의 목숨은 모두 같다고 했고 공맹(孔孟)은 사람의 목숨만은 다른 목숨과 다르다고 했다. 사람만이 선악을 분별할 줄 알기 때문에 사람은 다른 짐승과는 다르다고 본 것이다. 사람에게는 헤아리는 마음이 있지만 다른 짐승에는 느끼는 것밖에 없다. 부끄러워함은 헤아리는 마음이다. 그리고 선을 그리워하고 악을 두려워하는 마음이다. 만약 악을 범하고도 부끄러워할 줄 모른다면 그는 뻔뻔한 인간이고 잔인하고 무서운 인간이다. 이러한 인간은 올바름(義)을 모른다. 올바름의 부정이 악이며 올바름의 부정은 곧 사랑함(仁)의 부정이다. 선비는 이러한 부정을 무서워하고 부끄러워한다.

선비라면 집안에서는 효자가 되어야 하고 가까운 사람들로부터 효자라는 칭찬을 받아야 한다고 공자는 추가한다. 높은 자리만 탐하는 사람은 그 자리에 오르면 세상을 얕보려고 덤빈다. 그러나 부모를 모실 줄 아는 효성은 모든 사람을 겸손하게 대한다. 거만하고 오만한 사람은 선비가 아니라고 공자는 밝혀 준 셈이다.

청운의 꿈을 품어라. 그리고 벼슬을 해서 집안을 빛내라. 이러한 말들이 조선조의 양반 세상에서는 인기를 끌었다. 지금은 원통하거나 억울하다면 출세를 하라고 말한다. 출세를 해서 원한을 갚고 출세를 해서 억울함을 벗으라는 말이다. 이러한 생각으로 출세를 바란다면 그 뒤는 어떻게 될 것인가? 권력의 살풀이를 할 가능성이 농후할 뿐이다. 그래서 〈자로〉편에 보면 선비가 되려는 사람은 남을 위해 헌신할 각오가 있어야 함을 밝히고 있다. 말하자면 봉사하라는 것이다. 백성을 위해 머슴이 되라는 말이다. 그러나 우리에게는 관존민비란 생각이 깊다. 이러한 생각 속에는 공자가 말하는 선비란 없다.

뇌물을 써야 일이 이루어지고 말로 되는 일은 없다고 백성들이 불평하면 그러한 관료 체제 속에는 선비 정신이 없다는 것을 말한다. 벼슬을 빙자하여 자기 욕심을 채우고 배를 불리는 사람은 도둑일 뿐 선비가 아니다. 선비는 자기가 일한 만큼의 보수에 만족하고 땀흘린 만큼 보답을 바란다. 그 이상의 것을 바라면 부끄러워 견디지를 못하는 사람이 선비인 셈이다.

선비는 치자의 모범을 보여 준다. 나를 다스릴 줄 알기 때문에 남을 다스릴 자격을 간직한 사람인 까닭이다. 그래서 선비는 토굴에서 홀로 도를 닦는 도인도 아니며 법당에서 깨우침을 정진하는 스님도 아니다. 그는 세상 사람들을 위해 몸을 바치는 사람이다. 그러므로 참으로 봉사하는 사람은 선비의 길을 실천하는 사람이라고 보아도 된다.

선비는 일을 앞세우기보다는 인간을 앞세운다. 인간을 위해 일을 하는 것이지 일에다 인간을 매달지 않는다. 인간미가 없는 일꾼은 기계일 뿐이다. 로봇이 아무리 일을 잘해도 그것은 기계일 뿐이다. 그러므로 꼼꼼하고 빡빡하게 임무에만 충실하다고 선비가 되는 것은 아니다. 자기가 하는 일로 백성이 기뻐하기를 바라고 땀을 흘리는 자가 곧 선비인 것이다.

행하지 않고 말로만 하는 사람도 선비는 아니다. 아는 것은 실천하고 모르는 것은 배워서 모든 사람을 편하게 하려고 일하는 사람이 선비인 셈이다. 공자는 군자가 선비가 되면 세상이 편하다고 생각했던 것이다. 왜냐하면 군자는 남을 사랑할 줄 알기 때문이다. 〈자로〉 편에 보면 그렇게 사랑하는 방법들이 여러 측면에서 나타난다. 선비란 누구인가? 마음과 행동이 깨끗해서 부끄러움이 없는 사람이다. 〈자로〉 편은 이를 확인하게 한다.

(3) 화(和)와 동(同)에 대하여

물에 기름 방울이 떨어져 물기름이 되는 법은 없다. 물은 물대로 기름은 기름대로 갈라지게 된다. 물방울은 물방울끼리 기름방울은 기름

방울끼리 따로따로 엉킨다.

참새 떼가 있는 곳에 비둘기 떼가 오면 참새 떼는 날아가 다른 곳에 무리를 짓고 앉는다. 왜 비둘기 떼와 참새 떼는 한곳에 어울려 있지 않고 서로 갈라져 참새는 참새끼리 비둘기는 비둘기끼리 따로 떨어져 무리를 짓는 것인가? 같은 것끼리 한패가 되고 싶어서 그렇게 하는 것이다. 모든 동물은 이처럼 패를 갈라 같은 것끼리만 무리를 이룬다.

물과 기름처럼 비둘기 떼와 참새 떼처럼 서로 같은 부류끼리만 합쳐져 무리를 이루려고 하는 것을 동(同)이라고 한다. 사람 역시 예외가 아니다. 머나먼 타국에서 한국 사람이 한국 사람을 만나면 무조건 반가워한다. 동족이기 때문이다. 그러나 나라 안에서는 고향이 어디냐고 먼저 묻는다. 고향이 같음을 알게 되면 단번에 반가워한다. 동향인 까닭이다. 그리고 성씨를 물어 보아 성이 같으면 반가워한다. 종씨인 까닭이다. 학교를 물어보고 같은 학교를 나왔다면 더더욱 반가워하고 친해지려고 한다. 동문인 까닭에서이다. 같은 일을 한 직장에서 하면 가깝다고 한다. 동료인 까닭이다. 이처럼 사람은 패를 갈라 친교를 트려고 하는 기질이 있다. 들새나 산짐승이 패거리를 이루는 것처럼 사람도 같은 것끼리 패를 이루어 친하려고 한다. 그래서 동은 친애를 불러온다.

본래 친애란 편애의 옆집과 같다. 더 사랑하는 것이 있으면 그만큼 덜 사랑하는 것이 있게 된다. 사랑의 짙고 옅음이 드러나면 미워하는 틈이 생기는 법이다. 그 틈이 넓어지거나 깊어지면 원한이 되는 법이다. 그래서 미움과 원한은 항상 짝이 되게 마련이다. 이렇듯 동은 내 편과 네 편으로 갈라놓는다. 이렇게 갈라지면 벗은 없어지게 된다.

공자는 멀리서 벗이 찾아오니 이 또한 기쁘지 않느냐고 했다. 여기서 우리는 멀리서 벗이 온다는 말의 숨은 뜻을 잘 헤아려야 한다. 그것은 동족이 아니어도 되고 동향이 아니어도 되고 종씨가 아니어도 되고 동문이나 동료가 아니어도 된다. 그것이 친하고 덜 친하고의 조건이 되지는 않는다. 다만 서로가 아무런 걸림없이 어울릴 수 있는 마음을 주고받을 수 있어서 기쁠 뿐이라는 속뜻이 서려 있다는 것을 헤아린다면 〈자로〉 편에 나오는 다음과 같은 말을 이해할 수 있다. 군자는 어울리지만 같은 것끼리 몰리지 않는다. 그러나 소인은 어울릴 줄을 모르고 같은 것끼리 패를 짓는다〔君子和而不同 小人同而不和〕.

어울리는 것이 화(和)이다. 조선조의 문중 사상(門中思想)은 동(同)의 사상이지 화(和)의 사상은 아니었다. 그 문중 기질은 파당을 지어 결국 동인(東人)이 서인(西人)을 헐뜯었고 서인은 동인을 헐뜯으면서 나라를 허하고 약하게 했다. 해방이 되었을 때 이 대통령은 뭉치면 살고 갈라지면 죽는다고 했지만 그것은 한편으로 뭉치면 살고 떠나면 죽는다는 발상이지 이패 저패를 따질 것 없이 서로 벗이 되어 살자는 큰 생각은 아니었다. 그러므로 이 대통령의 뭉침은 화에서 먼 동이었다. 차라리 남북을 넘나들며 동족이면서 어찌 갈라져서 살아야 하느냐고 물었던 백범의 생각이 화에 더 가까운 동이었던 셈이다.

소인은 파당을 지을 줄 알지만 화합할 줄을 모른다. 오늘의 동료가 내일은 적이 되는 경우를 세상일에서 흔히 본다. 이러한 연유로 달면 삼키고 쓰면 뱉는다고 하는 속담이 생겨난 것이 아닌가. 달고 솔깃하면 친하고 쓰고 덤덤하면 멀어지는 것은 이해를 따져 사람과 사람의 관계를 고려하고 행동하는 짓에 불과하다. 이러한 것을 동류 기질이라고 보아도 된다. 군자는 이러한 기질을 멀리한다. 편애한다는 것은 불인과 부덕의 징조라는 것을 군자는 알기 때문에 그것을 멀리한다. 선하면 칭송하고 기뻐하며 악하면 비난하고 미워하는 것이 아니라 고쳐 주려고 한다. 남을 이해하는 사람이 남을 오해하는 사람보다 용서

하는 마음이 크고 넓어 많은 사람의 마음을 돌봐 줄 수 있다. 군자의 마음은 이처럼 크고 넓다. 그래서 공자는 '군자는 그릇이 아니다〔君子 不器〕'라고 했던 것이 아닌가. 그릇이란 아무리 커도 얼마를 담으면 넘치게 마련이다. 그러나 군자의 마음은 그윽하고 넓다.

(4) 인(仁)에 가까운 것들

마음이 곧고 굽지 않아 명암이 없다면 무엇을 감추거나 숨기지 않는 다. 떳떳하고 당당한 마음은 걸림이 없다. 〈자로〉 편에 보면 이러한 마음을 강(剛)이라고 했다. 공자의 이러한 강은 강(强)한 것이 약한 것이 고 약한 것이 강하다는 노자의 말을 연상시킨다. 강(强)은 힘을 믿지 만 강(剛)은 사랑함〔仁〕을 믿는다. 강(剛)은 안긴 손자를 바라보는 할 아버지의 눈빛 같은 것이다.

걸림이 없는 마음은 행동하는 데 망설임이 없다. 해야 할 일이면 반 드시 하고 하지 말아야 할 일이면 무슨 일이 있어도 하지 않는다. 하 지 않으면서 하는 척하거나 못하면서도 할 수 있다고 허세를 부리는 것은 마음과 행동이 서로 통하지 않음을 말해 준다. 옳은 생각이 옳은 행동으로 이어질 때 우리는 의연하다고 한다. 의연함이란 겉과 속이 다름이 없음을 말한다. 비굴하거나 야하거나 교만을 떨면 의연할 수 없다. 수작을 부리거나 꾸미는 것은 어딘가 힘이 있는 까닭이다. 혹 떼려다 혹 붙인다는 것은 결국 의연하지 못해서 얻어지는 탈인 셈이 다. 쇠뿔도 단김에 빼라고 하지 않는가. 해야 할 일을 두고 머뭇거리 지 말 것이며 허물이 있으면 서슴없이 밝혀서 용서를 구하는 것이 밝 고 맑고 시원하다. 이렇게 상쾌한 몸가짐을 〈자로〉 편에서 공자는 의 (毅)라고 했다. 여기서 의란 옳음〔義〕을 실천하는 모습이다. 그것은 바로 올바른 일을 하는 아들을 바라보는 어머니의 눈길 같은 것이다.

　바랄 것도 없고 부러워할 것도 없다면 꾸미지 않는다. 있는 그대로 만족한다. 체면을 따지고 신분을 따지면서 걸맞아야 한다고 하면서 무엇인가를 꾸며서 표를 내려는 것은 티를 내는 짓에 불과하다. 티를 내면 탈을 내게 마련이다. 호사다마(好事多魔)란 말이 있지 않은가. 좋은 일이 있으면 궂은 일이 뒤따라온다는 것은 좋은 일을 너무 앞세워 티를 내는 탓으로 탈이 생기는 법이다. 꾸미는 것은 결국 무엇인가를 숨기는 것이다. 왜 숨기려고 하는가? 나쁜 것인 줄 알면서도 좋은 것처럼 둔갑시키려고 할 때 이러한 마음이 생긴다. 그러면 거짓을 짓게 되고 거짓은 다른 거짓을 불러오고 만다. 거짓이란 때는 밀면 밀수록 더 불어난다. 이는 마치 부스럼이 만지면 만질수록 덧나는 것과 같다. 긁어 부스럼을 만들지 말라고 하지 않는가. 이러한 경우를 당하지 않으려면 아무것도 꾸미지 말아야 한다. 꾸미지 말라는 것을 공자는 목(木)이라고 했다. 여기서 목은 노장의 자연과 같다. 있는 그대로일 뿐 더하지 말 것이며 보태지도 말 것이다.

　나무는 있는 그대로 생긴 그대로 산다. 뿌리를 내린 자리가 비옥하다고 우쭐거리지 않고 박하다고 짜증을 내지 않는다. 바위 틈새에 사는 찌든 소나무가 살진 땅에서 사는 낙락장송을 탐하지 않는다. 명당을 찾아 이사를 하는 사람과는 다르다. 있는 그대로를 만족하면 질박(質朴)하다. 그러한 질박을 공자는 목이라고 했다. 꾸미지 마라. 꾸미면 거짓이고 거짓은 잔재주를 부리게 마련이다. 그러면 위선이다. 위선은 사랑할 줄을 모르고 사랑을 이용하여 뭉개려고 한다. 그래서 꾸밈이 없는 목은 인에 가깝다고 공자는 〈자로〉 편에서 밝히고 있다.

　공자의 제자 중에서 말을 잘했던 사마우란 제자가 있었다. 그 사마우가 공자께 인이란 무엇이냐고 물었을 때 말하기를 어려워하는 것이

인이라고 대답한 적이 있다. 하는 말이 비단결처럼 고우면 의심스럽기도 하고 입이 청산유수 같이 말을 잘하면 믿기 어렵다고 말하기도 한다. 거짓말치고 험하게 나오는 법이 없고 언제나 달콤하게 소곤거린다. 상대편을 솔깃하게 해서 속이려는 마음에서 그렇게 말이 잦아지는 법이다. 말을 함부로 하는 사람은 말을 낭비하는 사람이다. 낭비하다 보면 말은 신용을 잃어버리고 그렇게 되면 그 사람은 천해진다.

속담에 짖는 개는 물지 못한다고 했다. 이것은 말만 덩그렇게 앞세울 뿐 하는 일이나 되는 일이 없다는 것을 의미한다. 빛 좋은 말은 빛 좋은 개살구처럼 속이 텅 빈 것이다. 말로써 사람을 속이지 마라. 이러한 뜻으로 공자는 〈자로〉 편에서 눌(訥)이라고 했다. 이것은 해야할 말만 하는 것을 뜻한다. 하는 말이 사랑함에 가깝다면 미소로 충분하지 않은가.

2. 공자의 어록

(1) 시(詩)와 정치

세상을 다스릴 사람이라면 무엇보다 시를 읽어야 한다고 말한 사람은 공자밖에 없을 것이다. 물론 치자에게 시인이 되라는 말은 아니다. 시가 말하는 것을 듣고 그대로 실천에 옮기면 세상을 다스리는 일이 잘 풀리는 까닭으로 공자는 그렇게 말했던 것이다.

처음에 시는 왜 생겼을까? 사람이 사람을 사랑하고 싶은 마음 때문에 시가 생기게 되었다. 이를 살핀 공자는 시를 인(仁)의 씨앗을 심은 밭처럼 생각했던 모양이다. 그래서 공자는 여기저기 흩어져 있었던 시들을 모아 《시경(詩經)》이란 밭을 일구어야 했을 게다. 그리고 군자는 시와 같은 밭이 되어야 한다고 공자는 생각했던 모양이다. 공자는 '시와 같은 마음의 밭에는 생각에 사악함이 없다〔思無邪〕.'고 밝혔다.

무사(無邪)를 알면서 실천하지 않거나 못한다면 시를 읽어 무슨 소용이 있느냐고 공자는 반문한다. 무사를 알아야 하고 반드시 실천에 옮겨야 하는 사람은 누구인가? 공자는 그가 바로 치자라고 믿었다.

치자는 왜 무사해야 하는가? 치자는 선한 사람이 되어야 하는 까닭이다. 본래 사(邪)는 선을 부정하고 악을 긍정하는 모든 것들을 말한다. 말하자면 사랑한다고 다 선은 아니다. 편을 갈라 사랑하면 그 사랑이 증오를 불러온다. 편애가 미움을 사게 되는 연유로서 우리는 사랑이라는 선이 불선이 되어 버리고 나아가 그 불선이 악이 되는 꼴을 얼마든지 볼 수 있다. 무사한 마음은 항상 공평하다. 공평한 마음이어야 총명하고, 총명한 마음이어야 한쪽으로 치우치지 않고 온 백성을 고루 사랑할 수 있게 된다. 그래서 공자는 마음에 있는 사를 물리치라고 했던 셈이다.

마음이 무사하면 그 마음이 곧 군자의 마음이다. 공평하여 총명한데 무엇을 두려워하고 무엇을 겁낼 것인가. 마음이 무사하여 백성을 고루 사랑하게 하는 시를 읽고 알아서 실천한다면 어느 치자나 세상을 잘 다스리는 정치를 할 수 있다고 공자는 확신했다. 공자가 말하는 시란 백성의 마음이 담겨져 있는 노래를 주로 말한다. 백성의 마음을 읽고 알아 그것에 따라 실천한다면 왜 정치를 못할 것인가? 못할 리가 없다. 이것은 지금도 여전히 진실이다. 민심을 따르는 치자는 민심을 무서워하지 않는다. 오히려 민심을 언덕으로 삼고 의지한다.

그러나 민심을 무서워하는 치자는 백성을 어기고 다스리는 것을 훔치는 짓으로 생각하여 겁을 낸다. 그리고 백성을 탄압한다. 백성을 탄압하는 것보다 더한 악은 없다. 그러한 악을 철저하게 부정하는 무사한 마음을 언제쯤에나 백성은 맞이할 수 있을까? 지금도 요원하다.

🌱 공자의 말씀

《시경》을 읽었으면서도 다스리는 일을 맡기면 잘하지 못하고 사방으로 내보내 일을 시켰을 때 홀로 처리할 수 없다면 많이 안다고 한들 무슨 소용이 있느냐고 공자께서 반문했다.

子曰 誦詩三百 授之以政 不達 使於四方 不能專對 雖多 亦奚以爲

(2) 탈을 쓴 사람들

우상은 항상 사람들을 허망하게 한다. 우상은 썩은 고깃덩어리와 같아서 아무리 보자기로 싸서 덧칠을 해도 결국 썩은 냄새를 풍긴다. 한 번 썩은 고기는 끓는 물에 아무리 삶아도 생고기로 돌아오지 않는다.

속을 들여다보면 이미 썩은 인간일수록 사람들 앞에서는 싱싱한 고기처럼 냄새를 피우려고 덤빈다. 천하에 좋은 말만 골라서 하고 남을 위해 봉사하는 일꾼처럼 떠벌리지만 뒤로는 온갖 잡일을 일삼으면서 오직 들통이 나지 않기만을 바라고 턱없이 사기를 친다. 그러나 이러한 사기 행각은 오래 가지 못한다. 꼬리가 길면 밟히는 법이고 긴 꼬리는 아무리 감추어도 그 끝이 보이게 마련이다. 그 꼬리 끝에서 믿음이 배신으로 돌변하는 흉한 꼴을 당할 때까지 탈을 쓰고 버티지만 결국 들통이 나고 만다. 세상을 속일 수 있다고 여기는 사람보다 더 어리석은 사람은 없다. 그것은 마치 손바닥으로 하늘을 가렸다고 장담하는 짓과 같은 까닭이다.

관리들이 늘어져 빈둥거린다고 엄한 훈령을 내려도 먹혀들지 않을 때는 높은 자리에 있는 사람들이 먼저 반성할 때이다. 높은 자리가 탈을 쓰면 아래 자리들은 광대가 되어 한술 더 뜨려고 한다. 선한 원님이 오면 아전의 허리가 굽혀지고 독한 원님이 오면 아전의 목이 길어진다고 하지 않았던가. 윗사람이 제대로 하면 아랫사람은 그냥 따라오게 마련이다. 그러나 위가 바르지 못하면 아래는 빈둥거리면서 무서운 것이 없다는 듯이 춤을 춘다.

옛날에는 이러한 춤을 탐관오리들이 관청에서 추었지만 지금은 뇌물을 받고 딴살림을 차리려고 한다. 썩은 관리들이 많다는 것은 위가 더 썩어 있음을 말하는 것이고 바르지 못함을 말한다. 위아래가 없는 세상을 두고 보통 사람들은 개판이라고 한다. 하나의 밥통에 두 마리의 개가 입을 대면 개들은 주인도 물어 버린다. 이처럼 위아래가 부정하면 백성만 죽어날 뿐이다.

🌸 공자의 말씀

다스리는 자가 바르면 명령을 내리지 않아도 잘 행해지며 다스리는
자가 바르지 못하면 엄한 훈령을 내려도 먹혀들지 않는다고 공자께
서 밝혔다.

子曰 其身正 不令而行 其身不正 雖令不從

(3) 졸부(猝富)들의 마을

과거 한강 북쪽에 소양댐이 생기면서 잠실 자갈밭이 각광을 받았었
다. 해마다 여름이 되면 한강에 홍수가 나서 잠실벌은 항상 물바다가
되어 버렸기 때문에 지금과는 달리 그저 주인 없는 땅 위에 미루나무
들만 얼기설기 자라는 못난 강변에 불과했다.

그러나 소양댐이 건설되자 잠실 자갈밭은 금밭으로 변했다. 홍수의
위험이 없어지면서 버려졌던 자갈밭 위에 아파트 단지가 들어서고 덩
달아 상가와 시장이 들어서게 되었다. 그 덕분에 잠실 들에서 논농사
를 지어 어렵게 살던 농부들은 하룻밤 사이에 떼부자가 되었다. 가난
했던 마을이 졸지에 벼락부자 마을이 되자 남들의 부러움이 자자했
다. 평당 몇 백 원에도 팔리지 않던 논들이 평당 몇 십만 원에도 없어
서 못 팔 지경이 되었으니 그럴 만도 했다. 이렇게 땅값이 치솟자 그
동안 궁했던 농부들은 너도나도 다투어 땅을 팔아 넘겨 수십억, 수백
억 원을 한손에 쥐게 되었다. 그렇게 하루아침에 부자가 되자 그들은
가난했던 지난날의 한이라도 풀 듯 돈을 마구 써 댔다.

가난했을 때는 안팎으로 손에 못이 박히도록 일을 해야 겨우 목에
풀칠을 할 수 있었지만 그래도 가난한 마을은 서로 오순도순 살았었
다. 그러나 벼락부자가 되자 양옥이나 아파트를 사서 이사를 갔고 이

내 벼락부자 마을은 없어지고 말았다. 좋은 집을 사서 뿔뿔이 이사를 간 벼락부자 마을 사람들은 바빠졌다. 부자 연습을 하고 부자 흉내를 내느라 그렇게 되었던 것이다.

벼락부자의 남편은 신사 바람을 피우고 아내는 유한마담 바람을 피우고 아이들은 망나니 바람을 피우기 시작했다. 있는 것은 돈뿐이라고 부자들이 사는 것은 무엇이든 앞다투어 사들여 놓고는 사용할 줄을 몰라 그저 전시품으로 온 집안에 늘어놓았다. 말하자면 '나는 부자다.'라고 과시하는 꼴밖에는 안 되었던 것이다. 그러자 벼락부자에게 손님들이 찾아왔다. 천하의 사기꾼들이 모여들어 회장님으로 모시겠다고 해 놓고는 별의별 회사를 차린 다음 헛바람이 들대로 든 농사꾼 벼락부자를 울궈먹기 시작했다. 그러나 이렇게 한 삼 년 회장님 소리를 들었던 벼락부자는 있는 돈 다 털리고 알거지가 되고 말았다.

본래 벼락부자는 하룻밤 사이에 이루어졌으므로 그렇게 망하는 법이다. 묵은 부자 삼 대 가기도 어려운 일인데 벼락부자는 벼락처럼 치다가 사라질 뿐이다. 헛배가 불렀던 잠실벌 농사꾼은 이러한 이치를 몰랐던 것이다. 알거지가 다된 농사꾼은 결국 송충이는 솔잎을 먹어야 한다는 것을 뒤늦게 알고 졸부 행진을 멈추고 먼 시골로 내려가 날품을 팔며 살아갈 수밖에 없었다. 이렇게 소양강댐을 막고 강남을 개발하는 과정에서 하루살이 졸부들이 많이 생겼다가 없어졌다.

🌱 공자의 말씀

공자께서 위 나라 임금의 서자인 형이 규모 있게 살림을 꾸렸던 점을 들어 다음처럼 평했다. 그는 가재를 알뜰하게 다스렸다. 약간의 가재가 생겼던 처음에는 이제 겨우 소용될 만한 것들을 다 모았다고 했다. 그 후 좀더 가재가 늘어나자 이제 갖출 것을 다 갖추었다고 말했다. 그 후 풍부하게 가재를 갖추게 되자 이제 비로소 화려하게 되었다고 말했다.

子謂衛公子荊 善居室 始有 曰 苟合矣 少有 曰 苟完矣 富有 曰 苟美矣

(4) 백만 달러 가방을 들고 간 사람

한때 유언비어가 난무했던 적이 있었다. 전 대통령의 임기가 말기로 접어들 무렵의 일이다. 그 유언비어는 가랑잎처럼 서울 장안을 휩쓸고 다녔다. 친구들을 만나면 "자네가 백만 달러가 든 가방을 들고 LA로 도망간 줄 알았더니 서울에 있었구만." 이런 농담을 하면서 서로 악수를 했다. 백만 달러를 가방에 넣어 수행한 그 사람은 누구인가? 높은 분의 막내 동생이 낭패를 당했다고 비아냥거리면서도 어찌된 일인지 그 도망친 자를 날강도로 몰아붙이지 않으니 세상 인심이란 참 묘한 것이다.

어디 그뿐인가. 대통령의 척족에 대한 뒷말들은 꼬리에 꼬리를 물고 장안의 입들은 쉴 줄 몰랐다. 이렇게 되면 분명 다스리는 사람에게 문제가 있는 법이다. 피붙이에 대한 인정은 많을지 모르지만 나라 살림을 경영하는 데는 총명하지 못함을 말해 주는 셈이다.

선한 치자가 되려면 먼저 총명해야 한다. 공자께서 총명한 사람은 물처럼 적시듯이 파고드는 속삭임을 멀리하고 살갗을 간지럽게 하는 달콤한 소리를 멀리할 수 있어야 총명해질 수 있다고 말하지 않았던가. 총명하려면 피붙이나 측근의 말을 잘라 들을 줄 알아야 하고 담 밖에 멀리 사는 백성의 소리를 들을 줄 알아야 한다. 치자는 선인이 되어 백성을 잘살게 하지 자기 피붙이가 잘살도록 권세를 사사로이 이용하지 않는다. 권력의 윗자리에 있는 사람으로서 피붙이를 위하려

면 냉정해야 한다. 후하게 해 주면 뒤가 좋지 않아 아까운 피붙이의
손목에 쇠고랑을 차게 하는 법이다.

🌱 공자의 말씀

착한 사람이 나라를 백 년 다스리면 잔인하고 포악한 치들을 눌러 이
기고 사형 제도를 없앨 수 있다 하거늘 이 말은 참으로 옳은 말이구
나. 이렇게 공자께서 말했다.

子曰 善人爲邦百年 亦可以勝殘去殺矣 誠哉是言也

만일 하늘의 명을 받은 임금이 나타난다면 틀림없이 한 세대 이후에
는 사람을 사랑하는 일이 행해질 것인데. 이렇게 공자는 술회하였다.

子曰 如有王者 必世而後仁

선한 사람이 칠 년 동안 백성을 가르치면 백성들을 전쟁에 나가게 할
수 있다(전쟁이 일어나지 않을 것이니 말이다). 이렇게 공자는 둘러
말했다.

子曰 善人教民七年 亦可以卽戎矣

백성을 가르치지 않고 전쟁만 하게 하는 것은 백성을 버리는 짓일 뿐
이다. 이렇게 공자는 단언했다.

子曰 以不教民戰 是謂棄之

(5) 힘으로 밀어붙이는 정치

힘으로 정치를 하면 치자에게는 가장 쉽다. 사람이 아니라 힘이 정

치를 맡기 때문이다. 법만 앞세워 정치를 하는 것도 쉽다. 이 또한 사람이 아니라 법이 하기 때문이다. 그러나 덕으로 정치를 하면 치자에게는 가장 어렵다. 정치를 사람이 해야 하는 까닭이다.

힘으로 우겨다지는 정치는 백성에게 가장 힘들고 법대로 하는 정치는 백성에게 짐만 지워 허리를 휘게 한다. 덕으로 하는 정치가 되어야 백성은 편하다. 이처럼 치자가 가장 하기 쉬운 정치는 백성에게는 가장 힘들고 치자가 가장 하기가 어려운 정치는 백성에게는 가장 쉽다.

가장 못난 정치가 힘의 정치이다. 그래서 치자 중에 가장 아래치가 폭군과 독재자이다. 힘만 믿고 우격다짐으로 사람을 부려서 세상을 다스리는 폭군이나 독재자는 항상 겁을 주어 공포라는 폭풍을 불어서 백성을 숨도 못 쉬게 위협한다. 그런 치자는 세상 다스리는 일을 마음대로 하고 사람을 마음대로 불러서 쓰다가 마음 밖에 나면 쫓거나 감옥에 가두고 아니면 추방한다. 그러나 이러한 치자는 반드시 뒤끝이 좋을 리 없다. 백성의 눈 밖에 나기 때문이다.

이승만 대통령은 고전적으로 독재를 하다 쫓겨갔고 박 대통령은 무력 독재를 하다 생목숨을 측근에게 앗겼다. 전 대통령은 힘의 정치와 법의 정치 중간에서 울타리를 타다 신용을 잃었다. 정치에서 가장 무서운 것은 무엇인가? 공자는 백성에게서 믿음을 잃은 것이라고 말했다. 이것은 틀림없는 말이다.

왜 대통령마다 백성의 믿음을 얻지 못하고 말았는가? 자기 몸을 바르게 다스리지 못한 까닭이다. 그래서 하는 일마다 정치는 부딪치고 꼬이고 뒤틀려 백성만 골탕먹는다. 그러므로 다스리는 자가 먼저 몸을 바르게 해야 한다. 이들이 모두 백성들의 믿음을 잃은 것은 다스리는 자가 가장 먼저 갖추어야 할 덕목인 몸을 바르게 하는 일을 저버렸기 때문이다.

🌿 공자의 말씀

제 몸가짐을 바르게 한다면 정치하는 것은 아무것도 아닌 것처럼 쉽다. 그러나 제 몸가짐을 바르게 하지 못한다면 어찌 남을 바르게 다스릴 수 있다는 말이냐? 이렇게 공자는 단언했다.

子曰 苟正其身矣 於從政乎何有 不能正其身 如正人何

(6) 조병옥의 고집

1956년 5월 해공 신익희 선생이 급서하자 백성들은 울었다. 그리고 몇 해도 지나지 않아 유석 조병옥 선생마저 암에 걸려 타계하자 백성들은 국운이 쇠하는 모양이라고 하면서 참으로 아쉬워했다. 그러나 권좌에 앉은 이승만 대통령은 균형을 잊어버리고 노욕을 부리며 간신들의 달콤한 말만 믿고 밥이 없으면 빵을 먹고 고기가 없으면 달걀을 먹으면 될 것이 아니냐는 뚱딴지 같은 소리만 했다. 나라는 형편없이 가난해 미국의 원조 물자로 지탱하는 거지꼴이 되어 가고 일자리는 없어 실업자가 우글거리는 판에 그런 말을 하는 대통령은 권좌에서 물러나야 했다. 그러나 오뉴월 쇠불알처럼 늘어지게 붙어서 팔십 노구를 권좌에 붙어 있도록 갖은 아첨만 하는 무리들만 우글거렸다. 이미 민심은 떠났고 우국지사였던 이 대통령은 이미 골목대장이 되어 가고 있었다.

대통령이 노망을 부리고 간신들이 자리를 탐하며 별 짓을 다할 때 유석은 과격한 발언을 했다. "빈대를 잡자고 초가삼간을 태울 수는 없는 일이니 갈아치우자."라고. 그러자 세상의 온 백성이 박수를 쳤다. 유석은 진실을 위해 과격했고 선을 위해 가시밭길의 외고집을 부렸던 셈이다. 차라리 균형 감각〔中庸〕을 잃었을 때라면 진취적인 과격파가

낮고 나쁜 짓을 범하지 않는 옹고집이 낫다고 말한 공자의 말을 유석이 생각케 했다. 그러던 유석이 암으로 죽자 백성들은 울었다.

🌱 공자의 말씀

중용을 갖추지 못한 사람을 사귈 바에는 반드시 과격한 사람이나 고집쟁이를 택하겠다. 과격한 자는 진취적이어서 선을 행하려 할 것이며 고집쟁이는 절대로 나쁜 짓을 하지 않는 바가 있다. 이렇게 공자는 실토했다.

子曰 不得中行而與之 必也狂狷乎 狂者進取 狷者有所不爲也

(7) 점을 치는 사람들

콩 심은 데 콩 나고 팥 심은 데 팥 난다. 사는 일이 이런 속담 같다면 아무도 점을 보려고 점집을 드나들지 않을 것이다. 사람은 누구나 성공을 바라지 실패를 원치 않는다. 행복을 바라지 불행을 누가 바랄 것인가. 시험에 붙기를 바라지 떨어지기를 바랄 사람은 없다. 선거에 당선되기를 바라지 낙선되기를 어떤 후보자도 바라지 않는다. 인간들에게 이러한 바람이 있다는 것은 항상 변치 않는 사실이다. 그래서 입시철이나 선거철이 되면 점쟁이들은 메뚜기가 제철 만난 듯 대목을 누리게 된다. 점쟁이치고 약지 않은 사람은 없다. 점을 치러 온 사람의 소원이 무엇인지 족집게처럼 찍어내 맞추어 주면 용하고 용하다고 복채를 두둑이 놓고 단골이 당굴[巫]의 손을 잡는다.

점을 치는 사람들은 모두 자기의 소원을 위해 점집을 찾는다. 남을 위해 점을 치러 가는 사람은 없다. 그러므로 군자 같은 이는 무슨 일이 있어도 점 같은 것은 보지도 않는다. 군자는 남을 사랑하고 그 사랑을 실천하여 올바르게 되려고 자기를 닦고[修己] 자기를 이겨내는 일[克己]을 게을리하지 않기 때문에 성사는 분명하다. 남을 도와주는 일은 안 되는 일이 없다. 남을 해롭게 하고 자기만을 이롭게 하려고 할 때 하는 일마다 꼬이고 매듭이 생기는 법이다.

시험에 붙을 것인지를 두고 점을 치는 것은 요행을 바라는 것일 뿐이다. 차라리 시험을 치를 당사자에게 솔직하게 물어보고 얼마나 공부를 착실하게 했느냐를 살피는 것이 보다 더 확실하다. 마음이 굳고 깊은 사람은 이렇게 할 뿐 붙는다고 아양을 떠는 점쟁이 말에 해해거리지 않는다.

무슨 선거든 후보자의 아내 되는 여인은 점집을 드나든다. 당선이 되겠느냐고 점부터 쳐 보는 것이다. 떨어진다고 점괘를 놓으면 복채가 날아갈 것이고 붙는다고 점괘를 둘러대면 복채가 배로 늘어난다는 것을 어느 점쟁이가 모를 것인가. 오히려 한술 더 떠서 반드시 당선되는 비방이 있노라고 하면 사족을 못쓰고 달라붙게 마련임을 점쟁이는 거울을 보듯 훤히 안다. 왜냐하면 변함없는 소원은 바로 당선에 있기 때문이다.

이와 같이 자기만을 위한 소원에 대해 변함없이 집요하게 붙들고 늘어지는 근성이 소인의 것이다. 이런 소인도 변할 줄 모르는 사람[有恒者]일 것이다. 그러나 공자가 말하는 유항자는 대인을 말한다. 대인은 누구인가? 성인, 군자, 선인 등을 말한다. 그렇다면 성인은 누구인가? 사람의 마음과 행동이 인의를 저버리지 않음을 믿는 사람들이다. 그래서 성인, 군자, 선인을 변함이 없는 사람이라고 부른다. 세상 사람들이 이처럼 모두 선인이라면 누구나 점을 쳐도 맞출 수 있을 것이고 어떤 의사라도 마음의 병을 고칠 수 있을 것이다. 선인에게 있는 점괘란 남이 잘되기를 바라는 것뿐인 까닭이고 선인에게 병이 있다면 남을 사랑하는 병밖에 없는 까닭이다. 그러나 사촌이 논을 사면 배를 아파하는 소인의 마음은 종잡을 수 없이 밤낮으로 변덕을 부린다. 그래서 맞추기가 어려워 약은 점쟁이가 있는 법이다.

🌱 공자의 말씀

남인이 한 말이 있는데 다음과 같다. 사람이 사람으로서 변함이 없다면 무당이나 의사 노릇을 못할 것이다. 《주역》에 보면 덕행이 일정하지 않으면 수모를 당한다고 했다. 이렇게 말한 다음 공자는 그런 것은 점을 치지 않아도 뻔한 것이라고 말했다.

子曰 南人有言曰 人而無恒 不可以作巫醫 善夫 不恒其德 或承之羞 子曰
不占而已矣

군자를 섬기기는 쉬워도 기쁘게 하기는 어렵다. 바른 방법이 아닌 것으로 기쁘게 해도 군자는 기뻐하지 않는다. 군자가 사람을 쓸 때는 각자의 능력과 기능을 살펴서 맞게 쓴다. 이와는 반대로 소인은 섬기기는 어렵지만 기쁘게 하기는 쉽다. 옳지 않은 방법으로 기쁘게 해주어도 소인은 기뻐한다. 그리고 소인이 사람을 쓸 때는 한 사람에게 모든 기능이 구비되기를 바란다(군자는 편애를 모르고 소인은 편애를 일삼는다). 이렇게 공자께서 밝혔다.

子曰 君子易事而難說也 說之不以道 不說也 及其使人也 器之 小人難事
而易說也 說之雖不以道 說也 及其使人也 求備焉

(8) 군자와 소인

사기꾼에게 사기를 당하고 분하다고 하면 할수록 사기를 당한 자도 사기꾼의 사촌처럼 보인다. 싼 비지떡을 비싼 값으로 사겠다고 한들 제대로 비지 값을 못 받는 법이다. 사기꾼은 본래 사람들이 저마다 지니고 있는 탐욕을 노려서 훔치고 속인다. 그러나 사기를 당한 뒤 자신을 부끄러워할 줄 알면 군자의 팔촌쯤은 될 수 있다.

소인은 패를 갈라서 싸움을 벌여 승패 짓기를 좋아하고 어디서든 황소가 못되면 수탉이라도 되려고 속을 태우고, 그것마저도 여의치 않으면 졸개라도 좋다고 침을 흘린다. 소인은 한통속이면 좋아하고 그렇지 않으면 적으로 간주하고 경계를 늦추지 않는다. 패를 지어 똘똘 뭉쳐 이익 집단이 되는 것을 공자는 동(同)이라고 했다. 우리는 동문이 아니냐, 우리는 동향이 아니냐면서 지역 감정으로 뭉쳐 있는 모습은 정말로 부끄럽다.

그러나 군자는 누구와도 화합한다. 이익은 그대가 먼저 취하고 옳은 것은 서로 나누어 즐기자고 하는 군자를 누가 싫어할 것인가. 군자는 이익을 밝히지 않는다. 그것은 탐욕일 뿐이다. 남을 위해 일한 만큼 받아 분수에 맞게 살면 그저 만족한다. 명성이 탐이 나서 수작을 부린다거나 재물이 탐이 나서 훔칠 생각을 아예 모른다. 이러한 선인을 누가 싫어할 것인가? 아무도 없다. 소인에게는 동료만 있지 벗은 없다. 그러나 군자에게는 벗만 있을 뿐이다. 벗이란 누구인가? 속을 털어놓고 회포를 풀 수 있으며 서로 하나가 되는 사람이다.

🌿 공자의 말씀

군자는 화합하되 패를 갈라 뭉치지 않는다. 그러나 소인은 뇌동은 하되 화합하지는 않는다. 이렇게 공자는 잘라 말했다.

子曰 君子和而不同 小人同而不和

(9) 난버섯과 쌀버섯

요사이는 들을 수 없는 말이지만 일제 때만 해도 산 사람들이 자주 썼던 말 중에 난 버섯과 쌀 버섯이란 말이 있었다. 먹으면 독이 되어 사람의 목숨을 앗아가는 버섯을 난버섯이라 했고 먹어서 살로 가는 버섯을 쌀버섯이라 했다. 그러니 난 버섯은 독버섯을 그렇게 말했던 셈이다.

곡식이란 곡식은 일본인들이 모조리 앗아가서 먹을 것이 궁하던 일제 때, 겨울만 가면 철따라 버섯을 따러 다니던 한 할아버지와 손자가 있었다. 어린 손자는 눈에 뜨이는 버섯을 조막손으로 한 움큼 따서 버섯 망태에 넣었다. 양식거리 버섯을 따서 들고 와 망태를 본 할아버지는 손자를 불렀다. 그러면서 손자에게 망태 속에 있는 빛깔 고운 버섯을 모두 가려내라고 타일렀다. 손자는 할아버지가 칭찬하려고 그러시는 줄 알고 쫑알대면서 열심히 골라냈다. 조막손의 일이 다 끝나자 할아버지는 손자에게 조용히 이야기를 했다.

"산에 피는 꽃 중에서 가장 빨간 꽃을 아느냐?"

"나리꽃."

"산새 중에서 제일 노래 잘하는 새를 아느냐?"

"뻐꾸기."

"산짐승 중에서 제일 잘 짖는 놈을 아느냐?"

"살쾡이."

할아버지는 야무지고 똑똑한 손자의 머리를 쓰다듬으면서 빛깔이 수수한 진달래꽃은 먹어도 괜찮지만 새빨간 나리꽃을 먹으면 배가 아프다고 일러 주었다.

"좋은 목소리로 울어 대는 뻐꾸기는 뱁새 집을 훔쳐서 알을 낳고 도망을 치지. 호랑이는 배가 부르면 옆에서 토끼가 잠을 자도 잡아먹지 않지만 살쾡이는 잘 짖지만 닥치는 대로 닭장의 닭을 죽인단다."

이렇게 이야기를 한 다음 다시 할아버지는 손자에게 물었다.

"산꽃 중에서 나쁜 꽃이 무엇이지?" "나리꽃."

"산새 중에서 나쁜 새는 무엇이지?" "뻐꾸기."

"산에서 나쁜 짐승은 무엇이지?" "살쾡이."

똑똑하다고 손자의 머리를 쓰다듬으며 할아버지는 이렇게 말했다.

"내년이면 너는《소학》을 읽게 될 것이다. 그러면 인을 배우게 될 것이다. 인은 사람을 귀하게 여기고 목숨을 아끼는 것을 말한다. 그러한 인은 항상 수수하여 꾸미지 않지만 나쁜 것에는 항상 엄하며 말을 잘하는 사람을 멀리한다. 이러한 인을 너는 배울 것이다. 빛깔이 고운 난버섯은 먹으면 독이 올라 사람이 죽지만 수수해서 눈에 잘 뜨이지 않는 이 쌀버섯은 배고픈 사람이 먹으면 살로 가 목숨을 이어 준다. 네가《소학》을 읽게 되면 난버섯은 불인의 버섯이고 쌀버섯은 인의 버섯임을 알게 될 것이다."

이러한 이야기를 들은 손자는 어서 내년이 오기를 바랐다. 그러나 그 손자는 아직 어려 할아버지가 공자의 '강의목눌근어인(剛毅木訥近於仁)'이라는 말씀을 풀어서 이야기했다는 것을 미처 몰랐다.

🌿 공자의 말씀

강직하면서도 수수하며 말이 무거운 사람은 인에 가깝다. 이렇게 공자는 밝혔다.

子曰 剛 毅 木 訥 近仁

3. 문답의 담론

(1) 치자가 되려면

사람이 사는 세상은 수많은 제도를 간직하게 마련이다. 갖가지 사람들이 모여 사는 사회를 잘 이끌기 위해 그러한 제도들이 생겨났다. 인간과 제도와의 관계에서는 항상 다스림[治]이라는 문제가 대두된다. 그 문제는 다시 다스리는 쪽과 다스려지는 쪽으로 나누어 놓는다. 그리고 다스림은 이 두 쪽의 관계를 잘 맺느냐 맺지 못하느냐에 따라 다스림이 잘될 수도 있고 잘못될 수도 있는 것이다. 공자는 어진 사람이 다스리면 잘되지만 어질지 못한 사람이 다스리게 되면 다스림이 잘못된다는 것을 맨 처음 제시했다. 정치는 어진 사람[仁者]이 해야 한다. 왜 인자가 정치를 해야 하는가? 남보다 앞서서 일을 하고 백성을 아까워하면서 도울 수 있는 사람이 인자인 까닭이다. 목에 힘을 주고 백성을 업신여기는 자가 다스림의 자리에 있으면 한손에 매를 들고 한손에 고삐를 들고 백성을 소처럼 부려먹기만 하려고 덤빈다. 백성이 관을 무서워하면 세상이 잘될 리 없다. 관청의 문턱이 높아 일반 사람들이 관가를 무서워하면 그 관가의 장이 힘으로 군림한다는 것을 말해준다. 원님이 불인하면 아전들은 망나니 춤을 추고 백성들은 곯아야한다. 이렇게 어질지 못한 사람이 권력을 쥐면 썩은 고깃덩어리에 붙은 개미 떼처럼 간신들이 제철을 맞는다.

어진 사람은 현명한 사람을 찾아 쓴다. 현명한 사람은 선을 행하고 악을 멀리하므로 못할 짓을 하지 않는다. 또한 현명한 사람은 일에 따라 맞는 인재를 골라 쓸 줄 안다. 그래서 사람의 과실을 빌미로 모질게 대하기보다는 용서를 하면서 더욱 분발하게 하는 넓은 마음을 간직한다. 현명한 사람은 사람을 알아볼 줄 안다. 그래서 현명한 사람이 정치를 하게 되면 부정부패 따위는 일어나지 않는다. 등치는 짓이 가장 독한 악임을 현명한 사람은 알기 때문이다.

어진 사람 옆에 가까이 있으면 마음이 편하다. 그러므로 어진 사람의 밑에서 일을 돕는 사람은 마음이 기쁘고 즐겁다. 그러나 엄한 것만을 앞세우는 사람 옆에 있으면 찬바람만 난다. 마음이 놓이지 않아 조마조마할 뿐 편할 순간이 없다. 겁이 나서 일하는 것과 기쁘게 일하는 것 중에서 어느 것이 더 능률이 오를지는 물을 필요도 없다. 그런데도 엄한 자는 겁을 주어 사람을 부리려고 한다. 윗사람 비위나 맞추면서 일을 하는 척만 하면 된다고 생각하는 풍토는 윗사람들이 다스릴 여력이 없는 까닭에 그런 바람이 분다.

'인자의 덕은 산들바람과 같다. 백성의 덕은 풀과 같다.' 이렇게 공자가 비유했다. 다스리는 사람이 덕풍을 불면 멀리 있는 백성들은 따라오게 마련이다. 그러나 군림하는 치자는 폭풍만 불게 한다. 그러면 풀잎들은 꺾이고 상처를 입는다. 그래서 공자는 궁궐에 있는 폭군을 깨우치게 하려고 애를 썼다. 그러나 폭군은 공자를 멀리했을 뿐이다.

이제 폭군은 없어졌지만, 여전히 높은 벼슬에 앉아 있으면 힘을 빌려서 무슨 공적을 남기려고 수를 부리고 재주를 떠는 관리들이 많다. 장관의 성질에 따라 정책이 바뀌는 꼴을 우리는 수시로 본다. 다스리는 자가 이랬다저랬다 하면 나라는 흔들리게 되고 백성들은 땅 위에 살면서도 뱃멀미를 앓아야 한다. 이것처럼 괴롭고 고통스러운 것은 없다. 그러한 멀미 때문에 여전히 밤새 안녕하냐는 인사를 우리는 나눈다.

욕심 많은 치자가 생기면 권력층 비리가 난무하고 이익을 얻는 쪽은 아군이 되고 피해를 입는 쪽은 적군이 되어 서로 으르렁거리면서 나날이 싸움질만 하게 된다. 두 마리의 개가 고깃덩어리를 물고 서로 많이 먹겠다고 으르렁대는 꼴이 되는 것이다. 이처럼 치자가 이익을 탐하면 권력은 천하의 상권이 되어 하룻밤 사이에 재벌을 만들어낼 수도 있다는 오만에 사로잡힌다.

정치가 장사 노릇을 하면 모든 은행의 금고 열쇠는 한 사람의 손에 있게 된다. 왜 이렇게 되는가? 작은 이득을 탐하기 바빠 나라가 멍드는 것은 안중에도 없기 때문에 그렇게 되는 것이다. 그래서 공자는 치자가 이득을 탐하면 큰일을 망친다고 했다. 큰일은 백성을 편하게 하도록 세상을 다스리는 일이다. 그러한 일을 인자가 해야 생선 가게의 고양이를 물리칠 수 있는 것이다.

🫖 자로와의 담론

자로가 정치에 관해 물었다. 이에 공자께서 다음처럼 알려 주었다. 백성들에 앞서서 일하고 백성을 아끼고 돕는 것이다. 그러자 자로가 좀더 자세히 가르쳐 주기를 바랐다. 다시 공자는 게을러서는 안 된다고 단언했다.

子路問政 子曰 先之 勞之 請益 曰 無倦

🫖 중궁과의 담론

중궁이 권문세도의 계씨의 신하가 된 뒤 공자께 정치에 관해 물었다. 먼저 아랫사람들에게 적절한 일을 맡겨 하게 하고 작은 잘못은 너그럽게 용서해 줄 것이며 현명한 사람을 불러 써라. 이렇게 공자는 타일렀다. 어떻게 현명한 인물인지 알 수 있느냐고 다시 중궁이 물었다. 자신이 잘 아는 사람들 중에서 현명한 사람을 골라 보라. 그렇게 하면 자신이 모르는 현명한 사람을 남들이 버려두겠는가? 이렇게 공자는 반문했다.

仲弓爲季氏宰 問政 子曰 先有司 赦小過 擧賢才 曰 焉知賢才而擧之 曰 擧爾所知 爾所不知 人其舍諸

🍵 **섭공과의 담론**

섭공이 정치에 관해 물었다. 공자께서 가까이 있는 사람들을 기쁘게 하면 멀리서 덕이 있는 사람이 찾아온다고 답해 주었다.

葉公問政 子曰 近者說 德者來

🍵 **자하와의 담론**

자하가 거보라는 고을의 원님이 되어 다스림을 어떻게 하면 되겠느냐고 선생께 물었다. 공자는 다음처럼 답해 주었다. 조급하게 서둘지 말고 작은 이득 따위를 노리지 말 것이다. 일을 졸속으로 하면 완전하게 하지 못하고 작은 이득 따위를 밝히면 큰일을 이루지 못한다.

子夏爲莒父宰 問政 子曰 無速欲 無見小利 欲速 而不達見小利 則大事不成

(2) 딸을 파는 아비

욕심이 많고 약은 한 농부가 두메에 살았다. 두 섬지기 논을 머슴 없이는 지을 수 없다는 것을 뻔히 알면서도 머슴에게 주어야 할 새경이 아까워 꾀를 내서 자기 딸에게 마음을 두고 있던 한 소년과 삼 년 동안 새경 없이 머슴살이를 하면 딸을 주겠다고 약조를 했다. 그 소년은 열일곱 살, 농부의 딸은 열다섯 살이었다.

소년은 열심히 그리고 묵묵히 삼 년 동안 일했다. 소년은 자기가 마음에 둔 처녀가 지어주는 밥을 먹으면서 일하는 것이 더없이 행복했다. 이미 처녀도 일을 잘하고 믿음직한 사내에게 마음을 주고 있었다. 그러나 욕심 많은 농부는 오로지 논에서 나는 곡식만을 생각했고 곡식을 팔아서 궤에 넣을 엽전만을 생각했다. 삼 년이 지나 소년은 스무 살 청년이 되었고 처녀는 방년 십팔 세가 되었지만 그 농부는 다시 꾀를 냈다. 딸애가 아직 어려 시집을 보내기 어려우니 다시 삼 년을 새경 없이 머슴살이를 하라고 했다. 수더분한 그 젊은 사내는 못내 제안을 받아들였다.

딸은 아버지가 야속했다. 아비는 엽전의 수량을 늘리는 일만 생각했고 딸은 사내의 가슴에 안기기만을 소망했다. 그런데 다시 삼 년을 기다려야 하다니. 딸은 속으로 욕심 많은 아비를 원망하며 아비의 밥상보다 머슴의 밥상을 더 정성들여 차리기로 앙심을 품었다. 달라지는 밥상의 찬들을 보고 젊은이는 놀랐다. 주인 밥상에 오를 찬이 머슴 밥상으로 왔다고 여긴 젊은이는 밥과 국만을 먹은 뒤 상을 그대로 부엌으로 들고 가 아무 말 없이 처녀에게 상을 물려주었다.

그렇게 몇 날이 지난 뒤 처녀가 참지 못해 왜 밥상의 찬을 들지 않느냐고 사내에게 물었다. 그러자 사내는 다정한 목소리로 이렇게 타일렀다.

"주인장이 먹을 찬을 머슴이 먹으면 명분을 잃는 것이오. 당신과 내가 부부될 날을 기다리면서 열심히 일할 뿐이오. 약속을 지키지 않는 당신의 아버지를 나는 원망할 수 없소. 당신의 아버지는 내 장인이 될 분이오. 처부모도 부모인데 어찌 내가 부모를 원망한단 말이오. 그래서 다시 믿고 머슴살이를 하는 중이오. 그러니 거기는 아버지의 밥상을 정성들여 차리고 내 밥상은 머슴 밥상으로 차려야 명분에 맞는 것이오. 다시 삼 년을 참고 열심히 일하면 당신 아버지께서도 두 번한 약속을 어기지는 않을 것이오."

이 말을 들은 처녀는 사내의 가슴에 안겼다. 사내는 안기는 처녀를 따뜻하게 안아 준 뒤 소에게 쇠죽을 주어야 할 짬이라면서 부엌일을 마저 하라고 타일렀다.

약은 아비가 숨어서 이 광경을 엿들었다. 아비는 그날 밤 뜬눈으로 밤을 새웠다. 딸이 아침 밥상을 들고 들어오자 아비는 모른 척하고 밥상을 보았다. 옛날의 밥상으로 돌아왔음을 보고 딸아이를 밥상 옆에 앉게 한 다음 열흘 뒤에 혼례를 치를 작정이니 이제 머슴 밥상을 차리지 말고 겸상으로 차려서 사위될 놈하고 같이 먹게 해 달라고 했다. 하룻밤 사이에 군자가 생겨난 셈이다. 말을 했으면 그대로 지키는 것에서 군자가 생겨남을 보여 준다.

공자는 정명(正名)을 무엇보다 소중히 했다. 정명이란 무엇인가? 참말이면 하고 그 참말대로 실천하는 것이며 무슨 일이 있어도 거짓말은 하지 않으며 설혹 거짓말을 했다 하더라도 그것을 뉘우치고 자신을 부끄럽게 여기고 참말을 하면 이 또한 정명일 게다. 약은 꾀로 거짓말을 했던 농부는 정명이 무엇인가를 밤새 터득했던 셈이다. 의젓해진 아버지를 놀랍게 바라보다 얼굴이 붉어진 딸은 그 말을 듣고 쇠죽을 끓이고 있던 머슴에게 달려가 어젯밤처럼 다시 안겼다.

이와 같은 이야기는 머슴들이 모여서 밤일을 하는 사랑방에서 자주 구술되던 옛 이야기이다. 주인은 명분을 잃어 부끄러움을 알았고 머슴은 약속을 지키는 것이 곧 명분임을 보여 준 셈이다. 명분이 따로 있고 실리가 따로 있다고 생각하게 되면 거짓말이 생겨나는 법이다. 옳지 않은 것이면 말을 하지 않고 옳은 것이면 반드시 말을 하고 말을 했으면 말한 대로 반드시 실천해야 하는 것이 공자가 밝힌 정명이다.

공자는 치자는 무엇보다 정명해야 한다고 말했다. 치자라면 거짓말을 말라 함이다. 치자가 거짓말을 일삼으면 결국 나라의 모든 문물이 흔들려 백성은 발붙일 곳을 잃게 된다고 공자는 밝혔다. 지금은 공약을 밥먹듯이 한 다음 공약(空約)이 되게 해 놓고도 부끄러워할 줄 모르는 치자들이 너무나 많다. 사람을 잡아먹는 호랑이보다 더 무서운 것이 거짓말투성이의 정치라고 공자는 이미 밝혔다. 거짓말을 일삼는 치자는 약조를 어긴 것을 부끄러워해야 한다. 그들은 딸을 준 그 농부만도 못한 치들이다.

🫖 자로와의 담론

위 나라 임금이 선생께 정치를 부탁한다면 가장 먼저 무엇을 하시겠느냐고 자로가 물었다. 이에 공자는 서슴없이 명분을 바로잡는 일부터 하겠다고 단언했다. 자로가 다시 입을 놀렸다. 그렇습니까? 선생님의 말씀은 너무나 고상하십니다. 왜 참말을 하는 것을 먼저 잡으려고 하십니까? 유야 너는 참으로 무식하고 무례하구나. 군자는 자기가 모르는 일에는 입을 다물고 있을 뿐이다. 명분이 바로 서지 않으면 말이 순조롭게 전해지지 못하고 말이 순조롭지 못하면 모든 일이 성취되지 못하고 모든 일이 그렇게 되면 예악이 흥성하지 못하고 예악이 그렇게 되면 형벌이 적중하지 못하고 형벌이 그렇게 되면 백성들의 손발을 둘 곳이 없어져 버린다. 그러므로 군자가 사물에 이름을 붙일 때는 말로써 순조롭게 전달되게 할 것이며 말로써 전달되었다면 무슨 일이 있어도 실천해야 하는 것이다. 군자는 말에 있어서 조금이라도 소홀함이 있어서는 안 된다. 이렇게 공자는 면박을 주었다.

子路曰 衛君待子而爲政 子將奚先 子曰 必也正名乎 子路曰 有是哉 子之迂也 奚其正 子曰 野哉 由也 君子於其所不知 蓋闕如也 名不正 則言不順 言

不順 則事不成 事不成 則禮樂不興 禮樂不興 則刑罰不中 刑罰不中 則民無
所措手足 故君子名之必可言也 言之必可行也 君子於其言 無所苟而已矣

(3) 시원하시겠습니다

자유당 시절 친한 사람을 만나면 서로들 빙그레 웃으면서 "시원하
십니까?"라는 농담을 주고받으면서 수인사를 나눈 적이 있었다. 세상
에 허튼 소리가 우스갯소리로 난무하면 세상이 그만큼 썩었다는 반증
이다. '그간 별고 없었느냐?' 는 문안 인사나 '밤새 안녕하셨느냐?' 는
인사는 걸핏하면 인간이 사약을 내리던 시절에 떠돌았던 것처럼 그
당시 가장 인기가 있었던 말짓 중의 하나는 '밤새 시원하셨습니까?'
라는 인사였다.

이 대통령 밑에서 이모 씨라는 사람이 농림부 장관을 맡고 있었다.
그 장관은 농민을 시원하게 해 주는 일보다는 대통령의 속을 시원하
게 해 주는 일에 더 신경을 쓰고 있었던 모양이다. 하루는 대통령이
큰소리가 나게 방귀를 뀌었다는 게다. 대통령의 방귀 소리를 듣자 그
장관은 "각하, 시원하시겠습니다."라고 하며 아양을 떨었다는 것이다.
이러한 연유가 세상에 알려지자 그만 "시원하시겠습니다."란 말이 동
요처럼 세상 사람들의 입질에 오르게 되었다. 백성에게 살기가 시원
하냐고 묻는 장관이 많으면 많을수록 세상은 좋아지지만 대통령의 눈
치나 살피면서 아양을 떨고 아부를 일삼는 장관이 많아지면 세상은
녹아나는 법이다.

그러나 이 대통령은 시원하게 대통령 자리를 마감하지 못했다. 오히
려 아주 불편하게 끝을 맺고 말았다. 주변에 진을 치고 있었던 간신들
탓에 옹고집 대통령은 밀려서 하야를 해야 했고 세상은 뒤집어지고

말았다. 그의 속이 시원하기를 바랐던 간신들의 무능 탓에 대통령은 심히 속상한 꼴을 당했던 셈이다. 백성이 시원해야 치자도 결국 시원하게 된다는 것을 간신들은 모른다. 황소의 사타구니에 붙어서 피를 빠는 가분지처럼 사욕으로 배가 빵빵하게 찰 때까지 제 배가 터지는 줄도 모르고 아부만 하는 것이 간신의 속성이다. 여기에 놀아나면 남아날 나라가 없다.

한 나라의 우두머리가 간신들로 둘러싸여도 나라는 망하고 우두머리의 성질이 포악해도 나라는 남아나지 못한다. 연산군처럼 포악한 군주가 세상을 다스렸을 무렵 다음 같은 입질이 바람처럼 백성의 입에서 불었다고 한다. '견소의로고(見笑矣慮古) 구질기로고(仇叱其慮古) 패아로고(敗阿慮古).' 여기서 '견소의로고'는 하는 짓이 도리에 어긋나 남의 웃음거리가 된다는 말이고, '구질기로고'는 하는 짓거리가 더럽고 거칠고 음란해 구질구질함을 말하는 것이고, '패아로고'는 패하여 망해 망신을 당한다는 말이다. 궁궐 속의 나리들은 연산군의 포악한 성질머리를 알면서도 입을 다물었지만 백성이 그것을 먼저 알고 그렇게 노래를 불렀던 것이다. 세상이 잘되어 가면 흥겨운 민요가 바람처럼 불지만 세상이 잘못되어 가면 빈정대는 우스개 말짓들만이 폭풍처럼 휩쓸고 다닌다.

5공 시절에는 식인종 시리즈 개그가 판을 쳤다. 그리고 싹쓸이 고스톱이 판을 치기도 했다. 국민들은 남아날 것 없이 싹 먹어치우는 권부를 원망했고 그러한 원망들이 식인종 시리즈라는 말짓으로 퍼져 바람처럼 불었던 것이다. 연산군 시절에는 임금이 포악해 '견소의로고 구질기로고 패아로고.'라 하며 진담을 농으로 풀었고 5공 시절에는 대통령의 척족들이 너무나 탐욕스러워 싹쓸이 고스톱이 판을 쳤다.

임금하기 어려운 줄 알면 세상은 잘되고 신하되기 쉽지 않음을 알면

이 또한 세상이 잘 풀린다고 공자가 말했다. 이제는 임금이란 말 대신에 대통령이나 수상이란 말로 바꾸면 된다. 만일 대통령들이 대통령하기가 얼마나 어려운 일인가를 가장 가까운 사람들로부터 깨우쳤다면 지금처럼 국민들의 크나큰 원성을 사지는 않아도 되었을 것이다.

🫖 정공과의 담론

노 나라 정공이 한 마디로 나라를 흥하게 할 수 있는 말이 있느냐고 공자께 물었다. 말이란 본래 한 마디로 뜻한 바를 다 나타낼 수 없는 것이지요. 그러나 근사한 뜻으로 사람들이 전하는 말에 의하면 임금되기 어렵고 신하되기 쉽지 않다는 말이 있지요. 만약 임금되기가 참으로 어려움을 안다면 바로 이러한 말이 나라를 흥하게 하는 말에 가까운 것이 아닐까요? 이렇게 공자가 말해 주었다. 다시 정공이 한 마디로 나라를 망하게 하는 말은 없겠느냐고 물었다. 그러자 공자는 다음처럼 응해 주었다. 말이란 원래 그렇게 한 마디로 뜻한 바를 다 전할 수 있는 것은 아니지요. 그러나 근사한 뜻으로 사람들이 전하는 말에 의하면 나는 임금이 된 것을 즐거워하지 않지만 오직 내가 말하면 아무도 반대하지 않아야 기쁘다는 말이 있지요. 만약 임금의 말이 착하고 아무도 반대하지 않고 따르면 어찌 좋지 않을 것인가요. 그러나 임금의 말이 옳지 않음에도 아무도 반대하지 않는다면 이것이 바로 나라를 한마디로 망하게 하는 말에 가까운 것이겠지요.

定公問 一言而可以興邦 有諸 孔子對曰 言不可以若是 其幾也 人之言曰 爲君難 爲臣不易 如知爲君之難也 不幾乎一言而興邦乎 曰 一言而喪邦 有諸 孔子對曰 言不可以若是其幾也 人之言曰 予無樂乎爲君 唯其言而莫與違也 如其善而莫之違也 不亦善乎 如不善而莫之違也 不幾乎一言而邦馥乎

(4) 순진한 염탐꾼들

빨치산으로 고생을 하던 지리산 자락 산중 고을 파출소에 독한 소장이 부임한 일이 있었다. 그는 초등학교 4~5학년을 중심으로 염탐꾼 노릇을 시켜 부모가 빨치산 놈들에게 먹을 것을 주면 알려 달라고 부탁한 다음 말을 잘 들으면 상도 주고 반장도 시켜 준다고 꼬셨다. 그렇게 세너를 시킨 뒤로 아이들은 살짝살짝 와서 고자질을 하게 되었다. 그 아이들의 부모들은 붙잡혀 가 혼쭐이 나고 돌아와 몸이 병들어 한해 농사를 못 지을 형편이 되는 경우가 많았다. 이 얼마나 무서운 일인가.

이처럼 얄밉고 잔인한 짓을 눈치챘던 한 선생이 아이들에게 정직에 관해서 다음과 같은 이야기를 들려주었다. 어머니는 아들이 살인을 하고 돌아와 집에 숨어 있어도 고발을 하지 않는다. 부정직해서가 아니라 어머니는 아들을 사랑하기 때문이다. 서로 사랑하는 것은 정직한 것보다 더 소중하다. 그런데 어떤 어머니가 못된 죄를 범했다고 자신의 몸에서 나온 아들을 고발하고 후한 상금을 탔다고 하자. 그러면 세상 인심이 그 어머니를 강직하다고 칭찬을 하지 않고 매정하고 상금밖에 모르는 여자라고 욕을 하게 된다. 이처럼 사랑보다 정직을 앞세운 강직이란 천하에 못된 짓이다. 만일 반대로 아버지나 어머니의 행동을 살폈다가 남에게 알리는 아들이 있다면 그 또한 욕을 먹어야 한다. 듣고 본 대로 거짓없이 말한다고 다 참말이 되는 것은 아니다. 남을 이롭게 하는 말이 참말이지 남을 병들게 하면 참말이 거짓말보다 더 무서운 짓을 범할 수도 있다. 선생이 이러한 이야기를 아이들에게 해 주자 몇몇 아이들은 스스로 그 선생을 찾아가 울면서 자기들 아버지가 몸져 누울 줄도 모르고 염탐꾼 노릇을 했노라고 실토했다.

그러나 선생은 무서운 소장에게 불려가 혼쭐이 났으며 반동분자라는 폭언과 함께 건방지게 공무 방해를 하지 말라는 엄중 경고를 받았다. 이 얼마나 무서운 세상인가. 요사이 남부군이나 빨치산, 남도부를 떠들면서 미화하려는 사람들이 부쩍 늘어나고 있지만 그들은 실제로 겪어 보지 않은 사람들이기 때문일 것이다. 지리산 부근에서 당해 본 사람들은 그 당시 전투 경찰도 싫고 빨치산도 싫었다고 할 만큼 몸서리를 칠 것이다. 그들이 한 말은 그 진저리나는 일을 미처 모르고 멋대로 한 소리들일 것이다.

🫖 섭공과의 담론

섭공이 마을에 궁이라는 정직한 사람이 있는데 그는 자기 아버지가 양을 훔친 것을 증언했다고 자랑했다. 이 말을 들은 공자는 다음처럼 응해 주었다. 우리들이 말하는 정직이란 그런 것이 아니오. 어버이는 자식을 위해 숨기고 자식은 어버이를 위해 숨겨 줍니다. 정직은 이렇게 부자 사이의 사랑 속에 있어야 하는 것이지요.

葉公語孔子曰 吾黨有直躬者 其父攘羊 而子證之 孔子曰 吾黨之直者異於是 父爲子隱 子爲父隱 直在其中矣

(5) 어진 사람

입술을 닫아 두지 못하고 혀를 바쁘게 내돌리는 사람들은 주변 사람들이 자기를 어떻게 보는지를 미처 모른다. 쓸데없는 허튼 말을 주워 섬기면서 무료한 시간을 보내면 즐겁지 않느냐고 반문하지만 말이 많고 경솔한 사람은 남에게 믿음을 얻기 어렵다. 말이 많은 사람은 소문난 잔칫집처럼 부산만 떨지 알맹이는 없다. 이런 사람들은 허풍쟁이

들일 뿐이다.

　주먹을 믿는 깡패나 돈을 믿는 졸부는 통하는 데가 있다. 깡패는 주먹의 힘으로 사람의 값을 따지고 졸부는 돈의 힘으로 사람의 값을 점치려고 한다. 사람의 마음을 보고 공손한 것이 아니라 깡패의 졸개들은 주먹의 힘이 가장 센 두목 앞에서 벌벌 떠는 것이다. 졸부들이 모였을 때 그중에서 돈이 제일 많은 자가 우두머리 노릇을 하면서 돈 자랑을 하면 너도나도 돈을 더 많이 벌어야 한다는 속셈을 가지면서 돈이 더 많은 자에게 조아리며 굽신거린다.

　어진 사람은 사람을 가장 귀하게 여긴다. 어진 마음에는 높은 사람과 낮은 사람이 따로 있지 않다. 왜냐하면 그런 사람은 사람의 목숨이란 모두 소중하고 그 목숨을 서로 사랑해야 한다는 마음을 갖고 있기 때문이다. 그래서 어진 마음은 누구에게나 공손하다.

　어진 사람은 모든 일에 정성을 다한다. 꾀를 부리거나 게으름을 피우면 남에게 해를 입힐 수 있다는 것을 알고 모든 일을 신중하게 처리하면서 소홀함이 없는가를 항상 살핀다. 일은 시작이 반이라면서 떠들어 놓고 끝마무리를 소홀히 하는 사람은 눈속임으로 세상을 살아가려고 한다. 어진 마음은 처음부터 끝까지 자신이 해야 할 일을 마무리한다. 이러한 심정 때문에 어진 마음 앞에서는 머리가 숙여진다. 이것은 복종이 아니라 감복인 것이다. 이처럼 어진 사람의 일은 주변 사람을 깨우치는 힘을 갖는다.

　어진 사람이 사람을 사귀면 누구나 벗으로 여긴다. 속마음을 털어내 상대편의 마음을 편안하게 한다. 마음이 사나운 사람들은 마치 사냥감을 찾는 것처럼 이용할 만한 가치가 있는가에 관심을 두고 냄새를 맡아보려고 코를 벌름거린다. 이용할 가치가 있으면 친한 척하고 쓸모가 없다 싶으면 매정하게 돌아서서 흉을 본다. 마음이 여물지 못해 그렇게 되는 것이다. 어진 마음은 충실하게 사람을 맞이한다. 충실한 마음은 어떤 것일까? 그것은 울어야 할 일이면 같이 울고 웃어야 할 일이면 같이 웃는 마음일 것이다. 쓰면 뱉고 달면 삼키는 사람에게는 마음이 성실하고 충실하기를 바랄 수 없다. 현대인들은 왜 벗이 없을까? 저마다 상대편을 이용하려고 할 뿐 서로 돕고 사랑하려는 마음이 인색한 까닭이다.

🫖 번지와의 담론

번지가 인에 대해 물었다. 공자께서 이렇게 답해 주었다. 언제나 공손하게 처신할 것이며 맡은 일을 신중하게 온 정성을 들여 할 것이며 사람을 사귈 때에는 성실하고 충실한 마음으로 할 것이다. 이러한 것은 오랑캐의 땅에서 가서도 버릴 수 없는 것들이다.

樊遲問仁 子曰 居處恭 執事敬 與人忠 雖之夷狄 不可棄也

(6) 청백리(淸白吏)와 쥐꼬리 봉급

선비가 가난하면 대접을 받던 때가 있었다. 관직에 있는 선비가 가난하면 더더욱 대접을 받았던 때가 있었다. 조선 시대의 백성들은 그러한 선비를 모실 줄 알았다. 물론 조선의 관료제는 썩을 대로 썩어 있었다. 돈으로 자리를 사고 돈을 받고 자리를 팔았던 탓에 한 자리를 차고 앉은 고을 원님들은 본전을 뽑기 위해 갖은 짓거리를 부렸다. 위쪽에 상납을 잘해야 자리를 부지할 수 있었으니 백성들을 후려서 재물을 뜯어낼대로 뜯어내 착복하고 바치고 별짓을 다했다. 그래서 탐관오리란 말이 생겼다. 그것은 권력을 탐하는 무리와 더러운 관리라는 말이다. 그래도 조선 시대에는 드물기는 했지만 굵직굵직한 청백리가 있었다.

　요사이는 높은 관직에 있는 청백리를 만나기 어렵다. 없다고 보아도 틀린 생각은 아니다. 가난한 고급 관리를 볼 수 없다. 받는 봉급을 보면 개인 기업체의 과장급인데 사는 모양은 보면 중소기업 사장만큼이나 산다. 관리는 달마다 받는 봉급으로 살아가야 한다. 그렇게만 하면 청백리는 저절로 되는 법이다. 그러나 묘한 재주를 부려서 뒷돈이 들어올 수 있는 줄이 없으면 쥐꼬리 봉급을 가지고 여우 꼬리처럼 호화롭게 살 수 없는 이치가 아닌가. 그래서 고급 관리들은 쉬쉬하면서 몸조심하고 숨어살 듯 시늉을 부리는 경우가 많다. 겉보기로는 검소하게 사는 척하면서 뒤로는 부귀영화를 누리는 관리들은 따지고 보면 자기를 남 앞에서 속이는 것이다.

　사람이 사람을 속이는 것보다 더 부끄러운 짓은 없다. 가장이 속이는 짓을 하면 온 가족이 속이는 짓을 하게 되어 식솔 전체가 부끄러운 탈을 써야 한다. 겉으로는 청렴한 척하면서 뒤로는 정반대의 짓을 해서 뇌물을 받아 부동산에 투자를 한다거나 고리채를 놓는다거나 기업체에 음성 자금을 대 주고 달마다 이자를 챙기는 짓들을 일삼는 관리들은 탐관오리일 뿐이다. 그리고 그 자리에서 물러나면 떵떵거리며 산다. 그래도 세상은 어떻게 재산을 모았느냐고 입방아만 찧지 형벌은 눈먼 장님처럼 모른 척한다. 만일 뒤로 끌어들인 돈을 앞으로 토하게 한다면 탐관오리는 없어질 것이다. 공자는 예악이 순조롭지 못하면 법이 법대로 서지 못한다고 했다. 그렇게 되면 수치스러운 짓이 뻔뻔스럽게 되어 정직하고 순진하게 사는 사람들이 오히려 바보가 되어 버린다. 그래서 똥싼 놈이 방귀 뀐 사람을 욕한다는 속담이 생겨난 것이 아닌가.

　자공이 공자께 선비에 관해 물었을 때, 선생은 부끄러운 줄 알면서 말을 삼가고 행동을 조심하는 자라고 밝혀 주었다. 자리를 보전하고 윗사람의 눈밖에 날까 봐 겁이 나고 부정한 짓들이 탄로날까 봐 말을 삼가거나 행동을 조심하는 것이 아니라 자신을 부끄러운 사람이 되지 않으려고 말을 삼가고 행동을 조심하는 자가 선비가 된다면 쥐꼬리 봉급을 가지고도 당당하게 사는 청백리가 있을 수 있는 일이 아닌가. 그러나 봉급만 가지고 가난하게 사는 고급 관리나 장관이나 기관장을 본 적이 있는가? 아마도 보았다고 할 사람은 별로 없을 게다. 그러니 어진 세상이 될 수 없다. 관료는 세상의 소금이 되어야 하는데 스스로 썩는 짓을 범하니까 천하는 도둑의 세상으로 변해 가는 것이다.

🍵 자공과의 담론

자공이 어떻게 하면 선비라고 할 수 있느냐고 물었다. 이에 공자는 다음처럼 답해 주었다. 언제나 부끄러워하는 마음을 지니고 말을 삼가며 행동을 조심하고 사방에 나아가 임금의 명을 받아 맡은 바 일을 완수하여 임금을 욕되게 하지 않는 자라고 볼 수 있다. 그 다음 가는 선비는 어떠냐고 감히 자로가 다시 물었다. 일가 친척들로부터 효자란 말을 들으며 온 마을 사람들에게서 우애롭다고 칭찬을 받는 자라고 선생은 대답했다. 다시 그 다음 가는 선비는 어떤 사람이냐고 감히 물었다. 말한 것은 반드시 실천하고 실행해서 반드시 성과를 거두면 빡빡하고 강직해서 소인이라 하겠지만 그래도 그 다음쯤은 갈 수 있는 선비라고 타일러 주었다. 자로가 다시 오늘날 정치를 맡고 있는 사람들은 어떠냐고 여쭈었다. 이에 공자는 다음처럼 반문했다. 아 한 말들이 밖에 안 되는 작은 기량을 지닌 사람들이 논할 것이 뭐 있겠느냐?

子貢問曰 何如斯可謂之士矣 子曰 行己有恥 使於四方 不辱君命 可謂士

矣 曰 敢問其次 曰 宗族稱孝焉 鄕黨稱弟焉 曰 敢問其次 曰 言必信 行必
果 硜硜然 小人哉 抑亦可以爲次矣 曰 今之從政者何如 子曰 噫 斗筲之
人 何足算也

어떻게 하면 선비라 칭할 수 있느냐고 물었다. 이에 공자는 다음처럼
말해 주었다. 간곡하게 서로 선을 권하고 잘못을 고치게 서로 애쓰고
또한 화락하면 선비라고 할 수 있다. 다시 말하자면 벗에게는 서로
선을 간곡하게 권하고 잘못을 고치도록 애를 쓰고 형제간에는 부드
럽게 화락한다.

子路問曰 何如斯可謂之士矣 子曰 切切偲偲 怡怡如也 可謂士矣 朋友切
切偲偲 兄弟怡怡

(7) 편집된 명사(名士)

유명한 사람은 유명세를 치른다고 투덜댄다. 그것은 유명세를 치르
기가 싫다는 것이 아니라 불평을 해서 자기 자랑을 늘어놓는 고등 술
법쯤으로 여겨도 된다. 진정 유명세를 치르고 싶지 않다면 유명해지
려고 발버둥칠 필요가 없는 까닭이다. 그러나 속을 들여다보면 좀더
유명해지려고 별의별 전략을 짜내고 수를 부려서 대중들로부터 인기
를 얻기 위해 수작을 부린다. 결국 유명세 때문에 사생활이 없어져 불
만이라고 투덜대는 소리는 남들에게 알아달라는 넋두리에 불과하다.

대중의 인기를 차지하는 사람들이 정말로 인간다운 세계를 형성해
서 그렇단 말인가? 그렇지 않다. 사생활을 들여다보면 더러운 사람도
있고 부끄럽기 짝이 없는 면모를 더덕더덕 붙이고 있으면서도 잔꾀를

부려서 감추고 숨기려고 갖가지 편법을 쓰는 사람도 있다. 말하자면 명사들은 자신의 삶을 보기 좋게 꾸미려고 용을 쓴다. 그러나 삶의 향기란 것은 없다. 만들어진 가짜 꽃이 그렇듯이 겉만 요란하고 번지르르할 뿐 마음속에는 인기를 탐하는 욕심으로 가득차서 제 한 몸 뽐내는 데만 기를 쓸 뿐이다.

모란꽃을 보라. 시선을 사로잡을 만큼 화려하지만 향기라곤 없고 꿀샘 하나도 없다. 이를 아는 벌과 나비는 모란꽃에 앉지 않는다. 베풀 줄 모르는 꽃임을 벌과 나비도 알기 때문이다. 모란꽃 같은 명사들은 몇 번쯤은 대중으로부터 박수갈채를 받지만 시간이 가면 본색이 드러나 대중의 인기로부터 멀어진다. 이러한 명사가 되고 싶어하는 사람은 결국 인생을 헛살았다는 쓰디쓴 맛을 나중에서야 깨우치는 법이다. 인생은 허영이 아니다. 그리고 남에게 호감을 사려고 꾸미면서 사는 인생은 꼭두각시에 불과하다. 남에게 찬사를 받고 싶어서 가짜 삶을 살 것인가, 아니면 스스로를 다지면서 마음을 닦아 자신이 자신에게 부끄럽지 않은 사람으로 살 것인가? 이러한 물음에 대해 공자는 뒤편의 사람이 진실로 좋은 사람임을 깨우치게 한다.

🍵 자공과의 담론

마을 사람들이 모두 좋아하면 어떠냐고 자공이 물었다. 이에 공자는 이렇게 대답했다. 좋아하는 것만으로 다 되는 것은 아니다. 마을 사람들이 다 미워한다면 어떻습니까? 이에 공자는 다음처럼 풀어 주었다. 그 또한 좋지 못하다. 마을의 선한 사람들이 좋아하는 것은 선하지 못한 사람들이 미워하는 것만 못하다(악한 사람이 미워하는 자는 진실로 선한 자이지만 선한 자들이 좋아하는 것은 잘 몰라서 그렇게 하는 수도 있는 까닭이다).

子貢問曰 鄉人皆好之 何如 子曰 未可也 鄉人皆惡之何如 子曰 未可也 不
如鄉人之善者好之 其不善者惡之